# ENSAIOS DE DIREITO PENAL

# E PROCESSUAL PENAL

KAI AMBOS

# ENSAIOS DE DIREITO PENAL E PROCESSUAL PENAL

Tradução

ALEXEY CHOI CARUNCHO
DIEGO REIS
MARGARETH VETIS ZAGANELLI
ORLINDO BORGES JUNIOR
PABLO RODRIGO ALFLEN
RAQUEL LIMA SCALCON

Marcial Pons
MADRI | BARCELONA | BUENOS AIRES | SÃO PAULO

CEDPAL
GEORG-AUGUST-UNIVERSITÄT GÖTTINGEN

*Ensaios de direito penal e processual penal*
Kai Ambos

*Tradução*
Alexey Choi Caruncho / Diego Reis / Margareth Vetis Zaganelli / Orlindo Borges Junior / Pablo Rodrigo Alflen / Raquel Lima Scalcon

*Preparação e Editoração eletrônica*
Ida Gouveia / Oficina das Letras®



**CIP-Brasil. Catalogação na Publicação. Sindicato Nacional dos Editores de Livros, RJ**

A528c

Ambos, Kai

Ensaios de direito penal e processual penal / Kai Ambos ; tradução Alexey Choi Caruncho ... [et alii] – 1. ed. – São Paulo: Marcial Pons ; Centro de Estudos de Direito Penal Latino-Americano do Instituto de Ciências Criminais da Georg-August-Universität Göttingen, 2016.

ISBN 978-85-66722-38-3

1. Direito. 2. Direito penal – 3. Direito processual penal. 4. Criminologia. I. Título.

16-30420 CDU: 343.2



Platz der Göttinger Sieben 5, 37073, Göttingen, Alemanha
☎ +49 551-39-7834 www.cedpal.uni-goettingen.de – cedpal@uni-goettingen.de



Av. Brig. Faria Lima, 1461, Conj. 64/8, Torre Sul, CEP 01452-002 São Paulo-SP
☎ +55 11 3192.3733 www.marcialpons.com.br – contato@marcialpons.com.br

Impresso no Brasil [02-2016]

*Para Lara e Analu*

# APRESENTAÇÃO

Este livro reúne alguns textos inéditos no Brasil. Trata-se de artigos originariamente publicados em alemão, inglês ou espanhol, em revistas científicas estrangeiras e que, até o momento, não haviam sido publicados em língua portuguesa.

Agradeço aos tradutores, em particular ao meu colega e amigo Pablo Alflen por sua ajuda (adicional) na versão final do livro completo.

Também agradeço muito especialmente ao amigo e colega Cláudio Brandão por ter dedicado seu tempo para elaborar o prólogo deste livro.

Por fim, agradeço à editora Marcial Pons, especialmente ao Sr. Marcelo Porciuncula, por ter aceitado publicar o presente trabalho.

Göttingen, Alemanha, novembro de 2015.

KAI AMBOS

# PRÓLOGO

Kai AMBOS brinda o leitor brasileiro com uma obra que contém as reflexões sobre os pontos-chave para a compreensão do direito penal contemporâneo. O seu livro reúne temas que vão desde a crítica histórica ao direito penal liberal até o uso da tecnologia cibernética, como meio da própria guerra e a aplicação do direito internacional penal àquela "guerra cibernética". Abrange, assim, este livro, as questões fulcrais da reflexão hodierna sobre o crime – a penal e a lei penal.

Apenas para exemplificar a importância das questões tratadas neste livro, tomemos os seguintes exemplos.

Ao tratar sobre Beccaria e o seu festejado "Dos delitos e das penas", AMBOS aborda o cerne da questão histórica da ilustração penal, apresentando as críticas feitas àquele autor por alguns penalistas, os quais afirmam em síntese que o nobre milanês não sistematiza uma teoria com aplicabilidade prática, tampouco nos apresenta nada de novo em sua obra. Todavia, com a crítica lúcida que lhe é peculiar, Kai AMBOS alerta que aquela obra deve ser compreendida à luz tanto de sua época, quanto da finalidade político-criminal que tem. Assim, alerta-nos o autor que: "o 'folheto' (libricino) de Beccaria, entendido como manifesto político-criminal, é um marco da ilustração e, em definitivo, da abolição – em todo caso normativa – da tortura e da pena de morte. Segue sendo expressão do Direito penal liberal clássico, tanto se for ele considerado apto para a solução dos problemas atuais da sociedade de risco, quanto se não o for. A obra, portanto, continua a merecer leitura crítica, especialmente nos países com um sistema de justiça penal anti-ilustrado". Note-se ainda que, ao fazer a comparação sobre as críticas daquele nobre à tortura, o autor desvela uma série de reflexões sobre a nossa época, mostrando-nos que Beccaria foi ilustrado tomando como referencial o seu tempo histórico.

Em outro capítulo, Kai Ambos investiga a prova obtida por meio de tortura e o seu uso transnacional. É digna de nota a posição do autor em defender a vedação de forma absoluta do emprego deste tipo de método de obtenção de prova, sobretudo em face do seu caráter antiético e ilícito, visto que ele viola de forma completa a dignidade da pessoa humana, fazendo materialmente com que o processo perca sua legitimidade. Segundo o nosso autor: "Penso que a prova obtida mediante tortura não deve ser admitida sob nenhuma circunstância, independentemente de sua proveniência. Dado o status da proibição de tortura como 'um dos standards mais fundamentais da comunidade internacional', esta não pode ser comparada com lesões ordinárias ou menores de regras de processo."

No capítulo referente aos terroristas e o devido processo legal, o autor pesquisa duas questões das mais atuais submetidas à ciência penal: de um lado, a aplicação do Direito Internacional humanitário àqueles que estão detidos, a mais das vezes sem acusação formal, sob a alegação de terrorismo, que é a questão mais geral de sua investigação, bem como os limites formais e materiais do devido processo legal aplicado àquele caso, que é a questão específica. Após demonstrar a aplicabilidade do Direito Internacional humanitário para esses casos, traga-se à colação o coerente posicionamento de Ambos: "O direito a um devido processo é plenamente aplicável em relação a presumidos terroristas no marco da 'guerra contra o terror'. Constitui um direito humano fundamental consagrado em vários regimes que criam um âmbito de proteção às garantias judiciais básicas. Nunca pode ser derrogado e deve ser respeitado tanto em tempos de paz, como em tempos de conflito armado."

Registre-se ainda um capítulo em especial. Profunda é a reflexão do autor sobre os delitos de posse. Com efeito, a criminalização da posse de objetos traz *de per si* inúmeros problemas, que devem ser enfrentados pela ciência do direito penal. Ao tratar desses delitos, Ambos enfrenta a estruturação da criminalizarão antecipatória, que se afasta da lógica penal na qual normalmente se fundamenta a dogmática: a proteção em face da lesão ou perigo concreto de lesão aos bens jurídicos. Ressalte-se dita problemática a partir das próprias palavras do autor: "os delitos de posse constituem 'crimes duplamente incipientes', antecipando a responsabilidade de uma forma dupla, não só no que diz respeito ao dano real ou a lesão de um bem jurídico, mas também mesmo antes da fase de tentativa". Enfrentando as questões decorrentes da própria natureza desses delitos, Kai Ambos defende que tais infrações não são propriamente delitos de conduta, mas sim delitos que se baseiam na criminalização de certos estados existenciais, por isso é "incoerente invocar uma conduta anterior para colocar esses delitos em unissonância com o princípio da culpabilidade". Para o autor, deve ser feita uma interpretação autônoma e restritiva, baseada na culpabilidade, na qual o elemento subjetivo seja uma resultante da vontade de possuir e no conhecimento mínimo sobre a coisa possuída. Para o autor, será esse padrão mínimo o ponto de partida para a discussão das questões mais concretas, indispensáveis à afiliação dogmática do caso concreto.

Este livro nos mostra que Kai Ambos é um dos pensadores mais originais da atualidade, quiçá o *primus inter pares*. Professor titular de direito penal da Universidade de Göttingen e diretor do Centro de Pesquisas em Direito Penal daquela Universidade (CEDPAL), que se debruça sobre o direito penal da América Latina, está o autor capitaneando a vanguarda da ciência penal. É para mim uma grande honra proemiar esta obra; muito aprendi com a sua leitura e testemunho, por ser neste caso a expressão da realidade, que ela vem preencher uma lacuna na reflexão contemporânea da nossa ciência.

Recife, verão de 2014.

Cláudio Brandão

Professor Titular de Direito Penal da UFPE e da Faculdade Damas da Instrução Cristã

# SUMÁRIO

# ABREVIATURAS

Add. – Addendum

App. – Application (pedido)

Art. – Artigo

art. – artigo

BGH – *Bundesgerichtshof* (Tribunal Federal da Alemanha)

BGHSt – *Entscheidungen des Bundesgerichtshofes in Strafsachen* (decisões do Tribunal Federal da Alemanha em matéria penal)

BKA – *Bundeskriminalamt* (Escritório Federal de Criminalidade da Alemanha)

BT-DrS – *Bundestags-Drucksache* [Impressos do Parlamento Federal]

BVerfG – *Bundesverfassungsgericht* [Tribunal Constitucional Federal]

CADHHDP – Carta Africana de Direitos Humanos e Direitos do Povo

Cal.L. Rev – *The California Law Review* (Revista EUA)

CArDH – Carta Árabe de Direitos Humanos

CCPR – *Covenant on Civil and Political Rights* (Pacto de Direitos Civis e Políticos)

CDFUE – Carta dos Direitos Fundamentais da União Europeia

CDI – Comissão de Direito Internacional

CDH – Comitê de Direitos Humanos da ONU

CEDH – *Convención Europea de Derechos Humanos*

Cfr. – Conforme (conferir)

CG – Convenções de Genebra

CG I – Convenção de Genebra para Melhorar a Situação dos Feridos e Doentes das Forças Armadas em Campanha

CG II – Convenção de Genebra para Melhorar a Situação dos Feridos, Doentes e Náufragos das Forças Armadas no Mar

CG III – Convenção de Genebra Relativa ao Tratamento dos Prisioneiros de Guerra

CG IV – Convenção de Genebra Relativa à Proteção das Pessoas Civis em Tempo de Guerra

CICR – Comitê Internacional da Cruz Vermelha

CIJ – Corte Internacional de Justiça

CNA – *Computer network attack*

Colum. J. of Trans. L. – *The Columbia Journal of Transnational Law* (Revista EUA)

Corte IDH – Corte Interamericana de Direitos Humanos

crít. – crítica

CRS – *Congressional Research Service* (Serviço de Pesquisa do Congresso)

CSJ-PSPT – Corte Suprema de Justiça da República do Peru, Primeira Sala Penal Transitória

CSJ-SPE – Corte Suprema de Justiça da República do Peru, Sala Penal Especial

CSRT – *Combatant Status Review Tribunal* (Tribunal para a Revisão do Estatuto de Combatente)

CP – Código Penal

CT-ONU – Convenção Contra Tortura da ONU

CUP – *Cambridge University Press*

DADDH – Declaração Americana dos Direitos e Deveres do Homem

DIDH – Direito Internacional de Direitos Humanos

DIH – Direito Internacional Humanitário

DJT – *Deutschen Juristentag* (Revista alemã)

DTA – *Detainee Treatment Act* (Lei de Tratamento de Detentos)

Ed. – editor

EUA – *United States of America*

EJIL – *The European Journal of International Law* (Revista internacional)

eds. – editores

GA – *Goltdammer's Archiv für Strafrecht* (Revista alemã)

GG – *Grundgesetz* [Lei Fundamental]

GoJIL – *The Goettingen Journal of International Law*

HRC – *United Nations Human Rights Committee* (Comitê de Direitos Humanos das Nações Unidas)

IAGMR – *Interamerikanischer Gerichtshof für Menschenrechte* (Corte Interamericana de Direitos Humanos)

ICC – *International Criminal Court*

ICJ – *International Court of Justice*

ICRC – *International Committee of the Red Cross* (Comitê Internacional da Cruz Vermelha)

ICTY – Tribunal Penal Internacional para a antiga Iugoslávia

i.e. – isto é

Int'l L. Stud. – *The International Law Studies*

IRRC – *The International Review of the Red Cross*

Isr.L.Rev – *The Israel Law Review* (Revista internacional)

JA – *Juristische Arbeitsblätter*

J.C. & S. L. – *The Journal of Conflict & Security Law* (Revista internacional)

J. Crim. L. & Criminology – *Journal of Criminal Law and Criminology* (Revista EUA)

JICJ – *Journal of International Criminal Justice* (Revista internacional)

J.L. & Cyber Warfare – *The Journal of Law and Cyber Warfare* (Revista internacional)

LCM – Leis de Comissões Militares

LJIL – *The Leiden Journal of International Law* (Revista internacional)

L.L.M. – *Magister Legum* (mestrado em Direito)

MCA – *Military Commission Act*

MCO – *Military Commission Order*

MPC – *Model Penal Code* [Código Penal Modelo; EUA]

MPEPIL – *Max Planck Encyclopaedia of Public International law* (Enciclopédia Max Planck de Direito Internacional Público)

New Cr.L.Rev. – *New Criminal Law Review* (Revista EUA)

New England J. of Intl & Comparative L. – *The New England Journal of International and Comparative Law* (Revista EUA)

NJW – *Neue Juristische Wochenschrift* (Revista alemã)

n. – número

n.m. – nota marginal / número marginal

NStZ – *Neue Zeitschrift für Strafrecht* (Revista alemã)

N.T. – Nota do tradutor

OEA – Organização dos Estados Americanos

ONU – Organização das Nações Unidas

*op. cit.* – *opus citatum* [obra citada]

OPP – Ordenação Processual Penal Alemã

OrgKG – Exposição de Motivos da Lei de Criminalidade Organizada

OUP – *Oxford University Press*

p. – página (s)

PA – Protocolos Adicionais

PA I – Protocolo Adicional I das Convenções de Genebra

par. – parágrafo

PIDCP – Pacto Internacional de Direitos Civis e Políticos

RPP – Regras de Procedimento e Provas

SIAC – *Special Immigration Appeals Commission* (Comissão de Apelação Especial de Imigração)

SJZ – *Süddeutsche Juristenzeitung*

SPE/CSJLI – Corte Superior de Justiça de Lima, Primeira Sala Penal Especial

ss. – seguintes

StV – *Strafverteidiger* (Revista alemã)

SWGCA – *The Special Working Group on the Crime of Aggression of the Assembly of States Parties to the Rome Statute of the International Criminal Court*

TEDH – Tribunal Europeu de Direitos Humanos

The New Zealand L.J – *The New Zealand Law Journal* (Revista de Nova-Zelândia)

TPI – Tribunal Penal Internacional

TPIR – Tribunal Penal Internacional para Ruanda

TPIY – Tribunal Penal Internacional para a Antigua Yugoslavia

Tulane J. of Intl. & Comp. L. – *The Tulane Journal of International and Comparative Law* (Revista EUA)

UCMJ – *Uniform Code of Military Justice* (Código Uniforme da Justiça Militar)

UE – União Europeia

UN – *United Nations* (Nações Unidas)

UNTS – *United Nations Treaty Series*

US – *United States* (Estados Unidos)

*vs.* – *versus*

*v.g.* – *verbi gratia*

Vill.L.Rev – *The Villanova Law Review* (Revista EUA)

vol. – volume

WCA – *War Crimes Act* (Lei de Crimes de Guerra)

YJIL – *The Yale Journal of International Law* (Revista EUA)

ZIS – *Zeitschrift für internationale Strafrechtsdogmatik* (Revista alemã)

ZStR – *Schweizerische Zeitschrift für Strafrecht* (Revista Suíça)

ZStW – *Zeitschrift für die gesamten Strafrechtswissenschaften* (Revista alemã)

# 1

# CESARE BECCARIA E A HUMANIZAÇÃO DO DIREITO PENAL. UMA LEITURA CRÍTICA COM ESPECIAL ÊNFASE EM SEUS ARGUMENTOS CONTRA A PENA DE MORTE E A TORTURA*

## I. A RECEPÇÃO TRADICIONAL E A RECEPÇÃO CRÍTICA DE BECCARIA

Segundo a recepção tradicional de Beccaria, o Direito penal inserido em um Estado de Direito, secular e humanitário, fundamenta-se com a obra "Dos delitos e das penas".[1] Esta obra teria exercido uma influência

---

* Este texto baseia-se em meu trabalho "Cesare Beccaria y la tortura. Comentários críticos desde una perspectiva actual", em: J. P. Matus (coord.), *Beccaria 250 años dei delitti e delle pene*, Montevideo, Buenos Aires (editorial B de F), 2011, p. 155-167; reproduzido em *Derecho Penal Contemporâneo* (Legis, Colômbia), n. 36 (julho-setembro de 2011), p. 5-28. Agradeço a meu doutorando Diego Fernando Tarapués Sandino (Cali, Colômbia; LL.M. Göttingen) por sua ajuda na atualização e reformulação deste trabalho em relação à posição de Beccaria sobre a pena de morte. Traduzido do espanhol ao português por Raquel Lima Scalcon.

1 Sigo aqui a tradução moderna ao alemão elaborada recentemente por Th. Vormbaum (Beccaria, C. Von den Verbrechen und den Strafen. Berlin: [1764] 2005). Ademais, baseio-me na versão original italiana (*Dei delitti e delle pene*, disponível em: <www.liberliber.it>, 2. ed. Electr. 2003) e na tradução espanhola

significativa nas conquistas de um Direito penal garantista e conforme as pautas do Estado de Direito.[2] Concretamente, haver-se-ia logrado através dela, por um lado, a abolição da pena de morte e da de tortura, assim como do processo inquisitivo secreto e, por outro, a introdução do princípio da legalidade.[3] Podemos dizer que é esta a leitura dominante de Beccaria, sobretudo na América Latina. Ali esta obra se encontra entre as "altas cúpulas" do Direito penal, sendo mencionada em nível de igualdade com a de autores como Carrara e von Liszt, entre outros[4] (na Colômbia, especialmente o Prof. Nodier Agudelo elogia Beccaria neste sentido). Sobretudo a chamada criminologia crítica confere a essa obra um valor significativo não apenas político-criminal, como também

---

de Juan Antonio de las Casas (*Tratado de los delitos y de las penas:* Madrid, 1774).

2 Cfr. sobre a pena de morte, por exemplo, E. Weis, Cesare Beccaria und seine Wirkung auf Deutschland, insbesondere auf die Reformen des Strafrechts, em: M. Stolleis AA.VV. (ed.), *Die Bedeutung der Wörter. Studien zur europäischen Rechtsgeschichte, Homenagem a Sten Gagnér pelo seu 70.º aniversário*, p. 535 y ss. ("consequência imediata... que a pena de morte e, sobretudo, o modo e frequência de sua aplicação foi colocado em questão"). Em relação à orientação humanista, veja-se, por exemplo, M. Barbero Santos, Cesare Beccaria, la pena de muerte y la tortura, *Actualidad y Derecho* (Madrid) n. 11, 18 de março de 1990, p. 139 e ss. (139, 152), (também em Centro Nazionale, *infra* nota 4, p. 61 y ss.), para quem a obra abriu as portas para um Direito penal moderno e humano; também J. Lekschas, Nachwort, in: K.F. Hommel, *Des Herrn Marquis von Beccaria unsterbliches Werk von Verbrechen und Strafen*, Breslau 1778 (na edição de J. Lekschas, Berlin 1966), p. 223 s.

3 A esse respeito, especialmente Küper, Cesare Beccaria und die kriminalpolitische Aufklärung des 18. Jahrhunderts, *JuS* 1968, p. 548 e s.; crítico, todavia, W. Naucke, *infra* nota 13, bem como o texto principal.

4 Cfr., por exemplo, N. Agudelo Betancourt, Estudio preliminar, in: C. Beccaria, De los delitos y de las penas, 3. ed. 2003, 5. Impressão, 2010, p. IX s.; *o mesmo*, in: Centro Nazionale die Prevenzione e Difesa Sociale (ed.), Cesare Beccaria and modern criminal policy, Mailand 1990, p. 401 e ss.; *L.* Aniyar de Castro, in: *op. cit.*, p. 404 e ss.; B. Beiderman, in: *op. cit.*, p. 414 e ss.; J. P. da Costa, in: *op. cit.*, p. 420 e 421; E. Zaffaroni, in: *op. cit.*, p. 422 e ss. (quem, no entanto, ao menos considera que Beccaria não foi um filósofo, p. 423, e mostra sua influência no Direito penal latino-americano, p. 426 e ss.). Tendencialmente J. de Faria Costa, Ler Beccaria hoje, Boletim da Faculdade de Direito, LXXIV (1998), p. 89 e ss., para quem o raciocínio jurídico-penal preventivo de Beccaria é "um verdadeiro programa político-criminal" (101).

filosófico e dogmático jurídico-penal.[5] Assim referiu, por exemplo, Alessandro Baratta:

> "Este tratado é... a expressão de um movimento de pensamento no qual conflui toda a filosofia política do Iluminismo europeu... A consequência disso para a história da ciência penal... é a formulação pragmática dos pressupostos de uma teoria jurídica do delito e da pena, assim como do processo, no marco de uma concepção liberal de Estado e de direito, baseada no princípio utilitarista da máxima felicidade para o máximo número, e nas ideias de contrato social e de divisão de poderes."[6]

Contra esta opinião, taxada por Wolfgang Naucke, de modo um tanto pejorativo, como "esquema-Beccaria" (BECCARIA-SCHEMA),[7] levantam-se uma série de autores, os quais se estima serem antes pertinentes ao Direito penal clássico e à dogmático jurídico-penal e que, por isso, questionam criticamente, em especial, a fundamentação jurídico-penal teórica das teses de Beccaria. Esses autores reconhecem o histórico mérito de Beccaria por ter denunciado, no lugar correto e no momento oportuno, os abusos do Direito penal medieval, religiosamente fundamentado. No entanto, duvidam da eficácia dessa crítica e questionam sua falta de fundamentação e de sistematização teórica.[8] Assim já Ludwig

---

5 O resgate de Beccaria para essa nova criminologia está inclusive em ANIYAR DE CASTRO, *supra*, nota 4, p. 404 e ss.

6 A. BARATTA, *Criminología crítica y crítica del derecho penal*, 8. ed. México/ Buenos Aires, 2004, p. 25. No original: "Este tratado es ... la expresión de un movimiento de pensamiento en el que confluye toda la filosofía política del Iluminismo europeo ... La consecuencia de esto para la historia de la ciencia penal ... es la formulación programática de los presupuestos de una teoría jurídica del delito y de la pena, asi como del proceso, en el marco de una concepción liberal del Estado y del derecho basada en el principio utilitarista de la máxima felicidad para el máximo número, y en las ideas del contrato social y de la división de los poderes". Sobre a concepção utilitarista de Beccaria cfr., por exemplo, G. NEPPI MODONA, em: *Centro Nazionale*, *supra*, nota 4, p. 77 e ss. (85 e ss.).

7 W. NAUCKE, Einführung, in: VORMBAUM (ed.), *supra*, nota 1, p. XIII e ss. com referências na nota 9. Crítico também NAUCKE, Die Modernisierung des Strafrechts durch Beccaria, in: G. DEIMLING (ed.), *Cesare Beccaria. Die Anfänge moderner Strafrechtspflege in Europa*, Heidelberg 1989, p. 37 e ss.

8 Cfr. K. ESSELBORN, Beccarias Leben und Werke, in: C. BECCARIA, Über Verbrechen und Strafe, Leipzig: Engelmann, 1905 (edição e tradução de Esselborn), p. 17 e ss. (19: "A fundamentação teórica deixa ... bastante a desejar,

von Bar, em sua lendária história do Direito penal alemão, se bem reconheceu o "mérito indiscutível e inolvidável" [9] de Beccaria em relação ao combate dos abusos do Direito penal da época, lamentou não haver podido encontrar no seu escrito "nada novo" que fosse além de uma exposição "popular" (*popülar[e]*).[10] Da mesma forma, *von Bar* criticou a falta de "coerência e exatidão" (*Folgerichtigkeit und Genauigkeit*) na fundamentação teórica.[11]

---

... o que não prejudica seu indiscutível e imortal mérito..."); Küper, *JuS* 1968, p. 547, coluna direita com referência a Frank, entre outros; G. Kräupl, *Die Gesellschaft, der Einzelne und das Verbrechen – Beccarias kriminologisches Verständnis*, in: Deimling, *supra*, nota 7, p. 155, 161; Th. Vormbaum, Beccaria und die strafrechtliche Aufklärung in der gegenwärtigen strafrechtlichen Diskussion, in: H. C. Jacobs (ed.), *Gegen Folter und Todesstrafe*, Frankfurt/M 2007, p. 305, 317 ("Respeito pela... disposição ao anticonformismo e pela ... coragem civil..."); em relação à falta de sistematização, ver K. F. Hommel, Prefácio, in: Hommel, *supra*, nota 2, p. 7; também J. Llobet R., *Garantías y sistema penal. Releyendo hoy a Cesare Beccaria*, 1999, p. 33. Para uma crítica geral da ilustração, Vormbaum, *op. cit.*, p. 317 ("crítica ilustrada" da teoria jurídico-penal da Ilustração); M. Cattaneo, *Aufklärung und Strafrecht*, 1998, p. 42.

9 L. von Bar, *Handbuch des deutschen Strafrechts. Erster Band: Geschichte des deutschen Strafrechts und der Strafrechtstheorien*, Berlin 1882, p. 234 s. No original: „unbestreitbare(s), unvergessliche(s) Verdienst". Nesse sentido, já referia *Hommel* no ano de 1778, *supra*, nota 2, a obra "imortal" de Beccaria.

10 Em especial, nada novo em relação ao rechaço de um Direito penal fundado pela Divindade (von Bar, cit., p. 235). A esse respeito, também Küpper, *JuS*, 1968, p.550 coluna esquerda, para quem Beccaria colocou o Direito penal em uma "nova base racional".

11 Por um lado, a respeito da "opinião superficial e desacertada" que "as leis penais poderiam prescindir de uma interpretação científica" (von Bar, cit., p. 233); por outro lado, em relação à fundamentação preventivo-geral e contratual da pena, pois apoia-se na "ficção do consentimento" da pena e no sacrifício para a intimidação de outros (*idem*; cfr. I. Kant, *Methaphysik der Sitten*, 1797, edição Meiner 3. ed. 2009, p. 155, que conhecidamente censura Beccaria e, em geral, os representantes das teorias preventivas, por colocar o homem "entre os objetos do Direito das coisas", isto é, por querer usá-lo como meio para os fins do Estado e da sociedade; cfr. também Küper, *JuS* 1968, p. 550 col. direita), e dito consentimento não pode ser revogado só parcialmente em relação à pena de morte (com base em uma teoria "parcial" do contrato social, Küper, *JuS* 1968, p. 552 coluna direita), no entanto, outras penas privativas de liberdade também eram extremamente cruéis e, por consequência, não eram passíveis

De maneira mais radical, Naucke vê Beccaria como o crítico do antigo e tradicional Direito penal religiosamente fundamentado, mas, ao mesmo tempo, também como o fundador ou reforçador de um novo Direito penal (duro) público orientado à efetividade e à utilidade social, no qual, com efeito, a fundamentação religiosa do Direito penal é substituída por uma secular.[12] As exigências de Beccaria (abolição da pena de morte e da tortura) e seus princípios (proporcionalidade, legalidade[13] e dano social) seriam demasiado superficiais e mal fundamentados para poderem fixar os limites insuperáveis do Estado de direito correspondente a um Direito penal humano.[14] Sua teoria geral é demasiado pouco concreta, seu "sentimento de humanidade" (*Gefühl für Humanität*)[15] é "irracional", além de estar "carente de conteúdo" (*zu wenig inhaltsreich*), para ser capaz de opor-se aos excessos inumanos do Direito penal em sua configuração e aplicação concreta.[16] Para tanto, necessita-se não de um jurista bem intencionado e ilustrado (secular), mas sim de um jurista "(que não há em Beccaria) bem formado nas técnicas jurídicas, porém cético frente a toda forma de domínio".[17] O contrato social "inevitável" de Beccaria, do qual nada pode safar-se, conduz inevitável e necessariamente ao castigo e, com ele, a um Direito penal ainda mais poderoso.[18] A fundamentação utilitarista do Direito penal de Beccaria faz com que os princípios por ele postulados não sejam discutidos "como limites absolutos de todo o

---

de consentimento (assim, em definitivo, von Bar, cit., p. 234). Crítico também Küper, *JuS* 1968, p. 552 s., segundo o qual falta o contra-argumento essencial da irreparabilidade da pena de morte; também Naucke, Introducción, *supra*, nota 6, p. XXV s., segundo o qual a fundamentação de Beccaria é de uma "superficialidade politicamente negligente" e sua pena privativa de liberdade alternativa é o "inferno secularizado".

12 Naucke, em: Deimling, *supra*, nota 7, p. 42 e ss. (42, 50); *idem*, Einführung, *supra*, nota 7, p. XL e ss.

13 Um princípio de legalidade entendido de forma absoluta conduz a um poder jurídico sem limite, ao qual deve submeter-se o cidadão (Naucke, in: Deimling, *supra*, nota 7, p. 49 s.; *idem*, Einführung, *supra*, nota 7, p. XXIX s.).

14 Naucke, Einführung, *supra*, nota 7, p. XXV e ss.

15 *Idem*, p. XIX.

16 *Idem*, p. XXII e ss.

17 *Idem*, p. XXIV. No original: "Techniken gut ausgebildete[n], aber gegen jede Herrschaftsform mißtrauische[n] Jurist[en] (den es bei Beccaria nicht gibt)".

18 Naucke, in: Deimling, *supra*, nota 7, p. 45; *idem*, Einführung, *supra*, nota 7, p. XLI.

Direito penal, mas sim (...) como justificação da finalidade do castigo";[19] trata-se, portanto, de fundamentação (legitimação), não de limitação do Direito penal.

Ademais, a explicação utilitarista é intercambiável: não apenas serve ao Direito penal racional e liberal, como também a todas as formas de Direito penal, desde o liberal-humanista até o inumano-brutal,[20] sendo o poder de turno o que pode decidir, por si mesmo, graças à "cláusula geral de dano social, que pode ser preenchida arbitrariamente",[21] quanto de e qual tipo de Direito penal necessita para a conservação do poder.[22] Deste modo, o Estado de Direito jurídico-penal de Beccaria evidencia-se como um "Estado de segurança legalmente reforçado e com conteúdos mutáveis".[23] O Direito penal de Beccaria pode ser tudo, principalmente secular; todavia, "humano não é" (*human ist es nicht*).[24]

Essas opiniões, aparentemente contraditórias, podem superar-se ou, ao menos, aproximar-se, caso seja a obra de Beccaria valorada como aquilo que ela é, ou seja, como um *manifesto* ou *programa político-criminal*,[25]

---

19 Naucke, in: Deimling, *supra*, nota 7, p. 50. No original: "(nicht) also absolute Grenzen jeden Strafens, sondern ... als Unterstützungen der Zweckmäßigkeit des Strafens".

20 Naucke, in: Deimling, *supra*, nota 7, p. 52; *idem*, Einführung, *supra*, nota 7, p. XLI.

21 *Idem*, p. XXXI. No original: "nur mit Willkür zu füllenden Generalklausel der Sozialschädlichkeit".

22 *Idem*, p. XXXI.

23 *Idem*, p. XLII. No original: "gesetzlich verstärkte Sicherheitsstaat mit wechselnden Inhalten".

24 *Idem*, p. XLIII.

25 Em sentido similar, Faria Costa, *supra*, nota 4, p. 91 e *passim* ("programa de política criminal"); E. Malarino, Pietro Verris "Betrachtungen über die Folter" und die Debatte über die Abschaffung der Folter in der österreichischen Lombardei, in: T. Vormbaum (ed.), Pest, Folter und Schandsäule, Berlin, 2008, p. 171, 197 ("panfleto"); em espanhol Malarino, Las "Osservazioni sulla Tortura" de Pietro Verri en el marco del debate sobre la abolición de la tortura en la Lombardía Austriaca, in: P. Verri, Observaciones sobre la tortura, y en particular sobre los efectos que produjo en ocasión de las unciones maléficas a las cuales se atribuyó la pestilencia que devastó Milán el año 1630, (tradução, apresentação, notas e ensaio preliminar de Ezequiel Malarino) Hammurabi, Buenos Aires, 2012, p. 17-86.

cujo êxito – mediante sua rápida difusão a distintos idiomas[26] – radica justamente na proclamação popular[27] e na forma de tese das demandas centrais do Estado de Direito, que devem ser vistas como impostergáveis no curso da Ilustração, bem como exigências verdadeiramente revolucionárias para aquele tempo.[28] Este manifesto não contém uma pretensão teórica maior, pois a fundamentação utilitarista do contratualismo[29] – proposta por Beccaria – é um fundamento filosófico (demasiado) elementar para que seja formulada uma teoria do delito concreta com base nele.[30] Em especial, sua "particular combinação de exigências humanitárias com reflexões utilitárias"[31] conduz a abertas contradições,[32]

---

26 Weis, *supra*, nota 2, p. 538 ("eco como poucos livros da história do pensamento").

27 Von Bar, cit., p. 235. Aniyar de Castro, *supra*, nota 4, p. 407, fala da "elegância literária da linguagem beccariana".

28 Instrutivo sobre o contexto alemão de um Direito penal feudal-absoluto Lekschas, *supra*, nota 2, p. 229 e ss.

29 W. Rother, Zwischen Utilitarismus und Kontraktualismus: Beccarias Kritik an der Todesstrafe im philosophischen Kontext, in: Jacobs, *supra*, nota 8, p. 186. Instrutivo a respeito Küper, *supra*, nota 3, *JuS* 1968, p. 548 e ss.

30 Cfr. também G. Deimling, Kriminalprävention und Sozialkritik im Werk Cesare Beccarias "Über Verbrechen und Strafen" (1764), in: GS Hilde Kaufmann, Berlin/New York 1986, p. 63, segundo o qual as exigências preventivo-criminais de Beccaria não se baseiam em uma "teoria explícita do delito", senão que sua divisão dos delitos e das penas regia-se exclusivamente segundo o dano social provocado (a respeito também Küper, *supra*, nota 3, *JuS* 1968, p. 550 col. esq.).

31 Küper, *supra*, nota 3, *JuS* 1968, p. 551, coluna direita: humanidade não como fim em si, mas como mandado da razão. Dito de outra forma: somente o Direito penal humanitário é racional, enquanto eficiente e útil. No original: "eigentümliche Kombination humanitärer Forderungen mit utilitaristischen Zweckerwägungen". Cfr. também Naucke, in: Deimling, *supra*, nota 7, p. 44, quem vê no "humanitarismo e efetividade" as bases do Direito penal beccariano, onde o argumento humanitário, em definitivo, subordina-se às reflexões utilitaristas, pois humanitarismo serve "como meio de crítica a uma administração de justiça improdutiva" (p. 47 e ss., 49). Humanitarismo e efetividade deveriam, no entanto, ser mantidos separados, caso se pretenda limitar o Direito penal (p. 52 e s.).

32 Cfr. Beccaria, Von den Verbrechen, *supra*, nota 1, p. 28 e s. (cap. X: perguntas sugestivas, declarações), onde, por um lado, considera "antinatural" que "um acusado se autoincrimine diretamente", por outro lado, todavia, quer castigar severamente aquele que "em um interrogatório resiste tenazmente a

que somente podem ser resolvidas em definitivo mediante a substituição de reflexões humanitárias[33] por interesses do bem-estar comunitário. Antes de mais nada, para Beccaria a "certeza e infalibilidade das penas" (*Gewißheit und Unverbrüchlichkeit der Strafen*) é indisponível, pois embora corresponderia ao humanismo, estaria em contradição com o interesse comum cuja expressão mais característica é o "direito a castigar" (*Recht zum Strafen*);[34] o perdão e a graça alimentam somente "a incitação à impunidade" (*die Verlockung der Straflosigkeit*) e debilitam, assim, o Direito Penal.[35] Uma pena é justa quando é necessária.[36]

Depois de tudo, é possível extrair do pensamento de Beccaria baseado no contrato social e no dano social[37] um *conceito objetivista*

---

dar uma resposta às perguntas realizadas" (crítico sobre isso, Jerouschek, *ZStW* 1998, p. 671, segundo o qual detrás se encontra "o âmago da coação à confissão ... em roupagem preventivo-geral"). Beccaria, *op. cit.*, p. 48 e ss. (cap. XVI sobre a pena de morte), onde, por um lado, qualifica a luta contra a pena de morte como uma luta pela humanidade (p. 49); por outro, entretanto, exige por razões de prevenção (geral) penas privativas de liberdade mais cruéis que a pena de morte (p. 50: "reduzido a estas condições de vida longa e miserável ..."; p. 52: "em uma jaula de ferro, ... para a recordação de todos os instantes desgraçados da escravidão, inclusive é, talvez, mais dolorosa" que a pena de morte; ... "e justamente essa é a vantagem da pena de escravidão, que aquele que confia nela contribui a atemorizar mais que aquele que a tolera...") e novamente contraditório ao considerar "não útil" a pena de morte justamente por sua crueldade (p. 54). Para Mondolfo, Cesare Beccaria, 1960, p. 65 (citado segundo Cattaneo, *supra*, nota 8, p. 47), Beccaria não reconheceu uma contradição entre o princípio humanista e a fundamentação utilitária da pena.

33 Assim, sobretudo, Beccaria, Von den Verbrechen, *supra*, nota 1, p. 77: "Onde as leis permitem que o homem, sob certas circunstâncias, deixe de ser pessoa e seja tratada como objeto, ali não existe liberdade" (in: *Dei delitti*, *supra*, nota 1, cap. XX, p. 26). Para Agudelo B., em *Centro Nazionale*, *supra*, nota 4, p. 402 e s., evidencia-se ali a concordância de Beccaria com Kant sobre seu postulado acerca da dignidade humana, que proíbe confundir o homem com os objetos (*supra*, nota 11).

34 Cfr. Beccaria, Von den Verbrechen, *supra*, nota 1, cap. XX. "Certeza e infalibilidad de las penas. Gracias", p. 64 ("o direito a punir é (...) de todos os cidadãos ou do senhor").

35 *Idem*, p. 65.

36 *Idem*, p. 98.

37 Küper, *supra*, nota 3, *JuS* 1968, 550 col. esq., 551 col. dir., com mais referências.

*de delito*[38] – em todo caso comum para a ilustração burguesa do século XVIII[39] – e uma justificação-base para uma concepção material de injusto. Assim, pode-se ver na hoje dominante teoria do bem jurídico uma concretização da teoria do dano social.[40] Isso, todavia, não altera em nada o fato de que tal teoria possa ser abusada ou manipulada, especialmente em sua versão real-socialista-soviética da perigosidade social,[41] para a aplicação do Direito penal como instrumento político para disciplinar a "contrarrevolução" (*Konterrevolution*).[42] Por isso

---

38 Cfr. Beccaria, Von den Verbrechen, *supra*, nota 1, cap. XXIV. Modelo del delito, p. 72: o verdadeiro parâmetro do delito é o "dano para a sociedade", não "a intenção de quem o comete". Ver recentemente L. Gracia Martín, Über die notwendige Modernisierung des Strafrechts in der deutschen und spanischen Doktrin, *GA* 2010, 323, 334 (dano social como consequência da infração das condições do contrato).

39 Cfr. Lekschas, *supra*, nota 2, p. 250 e ss.

40 Cfr. Recentemente, por exemplo, N. Wrage, *Grenzen der staatlichen Strafgewalt: Überlegungen zu einer Renaissance des materiellen Verbrechensbegriffes*, Frankfurt/M 2009, p. 42 e ss., que parte de uma concretização pela teoria do bem jurídico. Cfr. também Y. Meng, *Die Strafbarkeit der Vorbereitungshandlung des Delikts nach dem deutschen und chinesischen StGB*, Frankfurt/M 2009, p. 114: "A teoria do bem jurídico abre a porta para evidenciar o dano social, segundo o qual o principio de proteção do bem jurídico serve para evitar ações sociais danosas". Sobre o uso sistêmico do dano social como parâmetro material em Amelung e Jakobs (crít.) S. Swoboda, Die Lehre vom Rechtsgut und ihre Alternativen, *ZStW* 122 (2010), 24 (41 e ss.) com mais referências. Também sobre bem jurídico e dano social ver K. Ambos, "Bien jurídico y *harm principle*: Bases teóricas para determinar la "función global" del derecho penal internacional. Una segunda contribución para una teoría coherente del derecho penal internacional", in: A. van Weezel (ed.) *Humanizar y renovar el derecho penal: Estudios en memoria de Enrique Cury,* Santiago (Legalpublishing), 2013, p. 429-465.

41 Cfr. S. Lammich, Das neue russische StGB von 1996, *ZStW* 109 (1997), p. 417, 422 e s.; J. Rinceanu, Auf der Suche nach einem Straftatbegriff in Rumänien, *ZStW* 121 (2009), p. 792, 802 e ss.

42 Crítico, por exemplo, Lammich, *supra*, nota 41, 423; Rinceanu, *supra*, nota 41, 806 s. Cfr. também § 13c do Código penal chinês (baseado no § 7 do Código penal soviético), o qual estabelece que são delitos, entre outros, "todos os ataques socialmente danosos" contra a ditadura do proletariado, o sistema socialista" (citado segundo Yang/Richter, em: Sieber/Cornils [ed.], *Nationales Strafrecht in rechtsvergleichender Darstellung*, tomo II, Freiburg i.Br. 2008, p. 353).

o ceticismo de NAUCKE[43] está completamente justificado – apesar do potencial limitador que deve ser reconhecido em relação à ideia de dano social.[44] De todo modo, é justo afirmar que Beccaria colocou o Direito penal, com sua libertação de elementos religiosos e com sua orientação ao dano à sociedade e ao bem comum, "em uma nova base racional"[45] e "ao lado da ordem social",[46] ainda quando suas considerações humanistas tiveram, no melhor dos casos, uma importância secundária,[47] se é que não quiseram ver realizada, com primazia, a prevenção de delitos.[48] O resultado, por conseguinte, trata-se para Beccaria não de um Direito penal *per se* humano e justo, mas sim eficiente e socialmente útil.[49]

---

[43] *Supra*, nota 20, e texto principal.

[44] Cfr. novamente o § 13c do Código penal chinês, do qual se segue a função limitada do dano social nas ações que, no entanto, por seu "pouco significado não representam danosidade social" e, portanto, não são delitos (a chamada cláusula de bagatela); assim também YANG/RICHTER, *supra*, nota 42, p. 354; RINCEANU, *supra*, nota 41, p. 802 e ss.; sobre o Código penal polonês vigente (Art. 1 §§ 1-3) E. WEIGEND/W. WRÓBEL, Neue Tendenzen im polnischen Strafrecht, *ZStW* 122 (2010), p. 259, 260.

[45] KÜPER, *supra*, nota 3, *JuS* 1968, 551 coluna esquerda. No original: "auf eine neue rationale Basis gestellt". Sobre a orientação antirreligiosa HOMMEL, *supra*, nota 2, p. 2 ("não devem situar-se os pecados, delitos e ações repudiáveis no mesmo nível"), 10 ("tribunais de Deus e tribunais humanos são coisas heterogêneas e tão difícil de misturar como azeite e água, pois suas partes constitutivas e suas fontes são diferentes"); também VORMBAUM, *supra*, nota 8, p. 317.

[46] KÜPER, *supra*, nota 3, *JuS* 1968, 551 coluna esquerda. No original: "im Diesseits der sozialen Ordnung angesiedelt".

[47] Mais positivo KÜPER, *supra*, nota 3, *JuS* 1968, 551 coluna direita ("como instituição humana a serviço de fins humanos", fragmentos de citação aqui não reproduzidos se encontram na nota 45, com texto principal).

[48] BECCARIA, De los delitos, *supra*, nota 1, cap. XLI Como são prevenidos delitos, p. 107 e ss., p. 107: "É melhor prevenir delitos que castigá-los".

[49] W. ALFF, Einführung, in: *o mesmo* (ed.), Über Verbrechen und Strafen (tradução da edição de 1766), Frankfurt/M 1988, p. 39, refere que em Beccaria a palavra "humanidade" não aparece, senão só "sensibilidade" no sentido de suscetibilidade ao prazer e à dor. Distinto CATTANEO, *supra*, nota 8, p. 42, que vê um conceito humano de Direito penal junto a teorias preventivas da pena e, p. 47, uma declaração pela dignidade humana. Nesse sentido, também G. PISAPIA, in: *Centro Nazionale*, *supra*, nota 4, p. 60; W. MUELLER, in: *op. cit.*, p. 102; M. DELMAS MARTY, in: *op. cit.*, p. 141; Agudelo B., in: *op. cit.*, p. 402 e s.

Com estas limitações, o "folheto" (*libricino*) de Beccaria, entendido como manifesto político-criminal,[50] é um marco da Ilustração[51] e, em definitivo, da abolição – em todo caso normativa – da tortura e da pena de morte.[52] Segue sendo expressão do Direito penal liberal clássico,[53] tanto se for ele considerado apto para a solução dos problemas atuais da sociedade de risco, quanto se não o for.[54] A obra, portanto, continua a merecer leitura crítica, especialmente nos países com um sistema de justiça penal anti-ilustrado.[55]

## II. SOBRE A VERSÃO RELEVANTE DE "DEI DELITTI E DELLE PENE"

Ao analisar os próprios argumentos de Beccaria, deve-se primeiro aclarar que a tradução espanhola de Juan Antonio de las Casas (1774),[56] baseia-se, todavia, na versão italiana original.[57] Não obstante, já em 1776, Morellet havia elaborado uma tradução francesa completamente nova[58]

---

50 Cfr. *supra*, nota 25.

51 Sobre o "significativo impulso" que implicou a tradução da obra de Beccaria para a Ilustração alemã, ver Lekschas, *supra*, nota 2, p. 242.

52 Malarino, *supra*, nota 25, p. 197.

53 Cfr. recentemente Schünemann, Der deutsch spanische Strafrechtsdialog im Zeitalter der autoritär dilettantischen Gesetzgebung, *GA* 2010, p. 353, p. 359.

54 Sobre o discurso de resistência da assim chamada – como tal não existente – Escola de Frankfurt *versus* as posições modernas de um Direito penal de duas velocidades ou de um Direito penal social y democrático, que justamente pretende proteger também bens jurídicos coletivos, ultimamente J.M. Silva Sánchez, Herausforderungen eines expandierenden Strafrechts, *GA* 2010, p. 307 e ss. e Gracia Martin, *supra*, nota 38, p. 323 e ss.

55 Assim se explica o êxito permanente na América Latina (sobre sua atualidade neste subcontinente cfr. Agudelo B., *supra*, nota 4, p. X e ss.; Llobet R., *supra*, nota 8, p. 84 e ss.; Beidermann, *supra*, nota 4, p. 414 e ss.; Da Costa, *supra*, nota 4, p. 420 s.), ao passo que os autores europeus têm uma opinião dividida sobre o significado atual de Beccaria (cfr. por exemplo Küper, *supra*, nota 3, *JuS* 1968, 553 col. direita, para quem a "atualidade das reflexões", todavia, hoje se torna "uma proveitosa leitura", e Faria Costa, *supra*, nota 4, p. 104, para quem é "imperioso" ler, hoje em dia, Beccaria, enquanto que para Vormbaum, *supra*, nota 8, p. 317, Beccaria "já não tem muito a dizer acerca do Direito penal atual").

56 Cfr. *supra*, nota 1.

57 Cfr. *supra*, nota 1.

58 Sobre a história do seu estabelecimento Esselborn, *supra*, nota 8, p. 26 e ss.

que, após uma crítica inicial,[59] foi seguida também por Beccaria em sua 5ª edição,[60] impondo-se depois em toda parte, inclusive na América Latina, na edição de Temis[61] e na recente tradução ao alemão de Vormbaum.[62] Conquanto esta edição introduza somente modificações formais (o número de capítulos mudou de XII a XVI, assim como algumas frases), o texto ganha em lógica interna, razão pela qual as linhas que seguem têm por base esta versão renovada.

## III. OS ARGUMENTOS DE BECCARIA CONTRA A PENA DE MORTE

A posição utilitarista de Beccaria resulta clara também em suas considerações sobre a pena de morte:[63] de um lado, promove esta pena se ela conseguisse "distanciar os demais do cometimento de delitos",[64] ou seja, enfatiza o possível efeito dissuasivo; de outro lado, exige, com base nessas reflexões de eficácia preventivo-general, penas privativas de liberdade ainda mais cruéis.[65]

Sobre o primeiro, deve-se precisar que Beccaria critica a pressuposta legitimidade em que se ampara a pena de morte, refutando a legitimidade de um "direito" baseado na soberania e nas leis para a impo-

---

59 Segundo Grimm, citado por Esselborn, *supra*, nota 8, p. 27, Beccaria estava tão indignado pelas modificações de Morellet, que começou a buscar outro tradutor francês.

60 Cfr. Esselborn, *supra*, nota 8, p. 199 e ss.

61 *C.* Beccaria, *De los delitos y de las penas,* 3. ed., Bogotá (Temis) 2003, 5. reimpr., 2010.

62 *C.* Beccaria, Von den Verbrechen, *supra*, nota 1. A obra foi traduzida ao alemão por Butschek já um ano depois do aparecimento do original no ano de 1765 (sobre as traduções alemãs e outras traduções, cfr. Esselborn, *supra*, nota 8, p. 28 e ss.; uma bibliografia cronológica oferece Kreutziger, *supra*, nota 63, p. 179 e ss.). Até a tradução de Fladen editada por Hommel (Breslau 1778, cfr. *supra*, nota 2; Hommel esclarece em seu prólogo, p. 7, que o tradutor foi Philip Jacob Fladen, apesar de ser ele quem apareça na capa como tradutor!), as traduções alemãs seguem a versão modificada de Morellet.

63 Cfr. *supra*, nota 32. Sobre a recepção no século 18, ver B. Kreutziger, Argumente für und wider die Todesstrafe(n), em: Deimling, *supra*, nota 7, p. 99 e ss.

64 Beccaria, Von den Verbrechen, *supra*, nota 1, p. 49.

65 Cfr. *supra*, nota 32.

sição de tal pena,[66] já que vê aquela sanção como uma "guerra da nação" contra um cidadão porque se "julga necessária ou útil a destruição do seu ser".[67] Não obstante, dentro de sua própria visão utilitarista focada na proteção da sociedade, Beccaria concebe dois casos para a aplicação da pena de norte como *ultima ratio*:[68] o primeiro deles tem lugar quando um cidadão, em que pese se encontre privado de sua liberdade, conserva ainda o poder e as relações necessárias que podem chegar a ameaçar a segurança da nação, de tal forma que "sua existência pode produzir uma perigosa revolução em forma de governo estabelecido".[69] O segundo caso refere-se à possibilidade de tomar esta pena como meio intimidatório e dissuasório para outros potenciais delinquentes, de maneira que aquela pena de morte sobre um cidadão represente "o verdadeiro e único freio para dissuadir os demais de cometer delitos".[70] Em outras palavras, Beccaria não rechaça a pena de morte de maneira absoluta.

No que tange à proposta de Beccaria de estabelecer penas privativas de liberdade ainda mais cruéis que a própria pena de morte, deve-se revisar a fundamentação de sua posição mais detalhadamente. Em concreto, seus argumentos centrais relacionados a este tema baseiam-se em reparos sobre se a pena de morte é "realmente útil e justa".[71] Nesse sentido, seus argumentos tratam de demonstrar que a pena de morte "não é útil, nem necessária"[72] e que, como alternativa, dever-se-ia fixar "a pena de escravidão perpétua", a qual teria uma maior eficiência dissuasória

---

[66] BECCARIA, De los delitos y de las penas, *supra*, nota 61, p. 41. A respeito, NAUCKE considera que aquele argumento que sustenta não ser possível executar a pena de morte porque o condenado não consentiu com sua morte no contrato social constitui uma reflexão acadêmica errada.. Cfr. NAUCKE, Einführung, *op. cit.*, p. XXV-XXVI.

[67] BECCARIA, De los delitos y de las penas, *supra*, nota 61, p. 41. Veja-se, ademais, KREUTZIGER, *supra*, nota 63, p. 109 y VORMBAUM, *supra*, nota 8, p. 313.

[68] De maneira crítica frente à fundamentação brindada por Beccaria para tomar como "legítimos" estes dois casos, veja-se KREUTZIGER, *supra*, nota 63, p. 109 e ss.

[69] BECCARIA, De los delitos y de las penas, *supra*, nota 61, p. 41. Veja ainda NAUCKE, Einführung, in: *op. cit.*, p. XXV.

[70] BECCARIA, *op. cit.*, p. 42.

[71] *Idem*, p. 41.

[72] *Idem*, p. 41. NAUCKE enfatiza que a consideração principal de Beccaria neste aspecto é que "a pena de morte é inútil preventivamente", cfr. Einführung, in: *op. cit.*, p. XXVI.

que a de morte.[73] Esta postura é defendida a partir de *sete argumentos* que se entrelaçam em suas ideias utilitaristas e de prevenção geral:

*1.* A duração das penas supera a intensidade das mesmas no que tange aos maiores efeitos no "ânimo do homem".[74] É dizer, é mais efetiva – e portanto muito mais útil – uma sensação longa e duradoura no homem, do que uma forte, porém curta. A esse respeito, Beccaria refere expressamente que "não é o terrível, mas passageiro espetáculo da morte de um criminoso, senão o longo e continuado exemplo de um homem privado de liberdade, convertido em besta de serviço, que recompensa com suas fadigas a sociedade a qual ofendeu, que constitui o freio mais poderoso frente aos delitos".[75]

*2.* Na pena de morte, desloca-se o efeito dissuasório que ela deve cumprir e que Beccaria descreve como "o salutar (*sic!*) terror que a pena quer promover",[76] já que para os espectadores de uma pena de morte, esta passa a ser vista como um "espetáculo" e para outros como algo "objeto de compaixão com mescla de desprezo",[77] de modo que aquilo que deveria ser a mensagem direta para intimidar a outros potenciais delinquentes passa a um segundo plano.

*3.* O nível de intensidade de uma pena deve ajustar-se ao grau necessário que permita afugentar os homens de cometer delitos. É dizer, deve ser medido racionalmente e isso a pena de morte não é capaz. Beccaria analisa a visão racional do homem e afirma que "não há ser racional que possa eleger a total e perpétua perda da própria liberdade, por mais vantajoso que possa ser um delito".[78] Esse mesmo argumento de eleição racional é retomado ao exemplificar o raciocínio feito por um ladrão ou por um assassino, ao decidir delinquir para desfrutar "algum tempo" dos benefícios produzidos por seu ato delituoso frente a um "breve tempo" ou momento – pena de morte – em que o paga.[79]

---

[73] BECCARIA, De los delitos y de las penas, *supra*, nota 61, p. 42 e ss. Veja-se também KREUTZIGER, *supra*, nota 63, p. 110 e ss.
[74] BECCARIA, *op. cit.*, p. 42-43.
[75] *Idem*, p. 42.
[76] *Idem*, p. 43.
[77] *Idem*, p. 43.
[78] *Idem*, p. 43.
[79] *Idem*, p. 44-45.

*4.* A pena de morte não tem efeito algum frente a certas pessoas como aquelas que delinquem por fanatismo ou por vaidade, que – como disse o próprio Beccaria – é algo que "quase sempre acompanha o homem para além da tumba".[80] Ele afirma que esse tipo de pessoa "vislumbra a morte com rosto sereno e firme",[81] razão pela qual a pena de morte não tem nenhum efeito no momento de dissuadi-las para que não delinquam, ao passo que a ameaça de uma pena de escravidão perpétua logra promover esse conteúdo dissuasório naquele tipo de pessoa. Talvez seja esse o único argumento contra a pena de morte – um argumento de falta de efetividade – que pode servir, todavia, no discurso atual abolicionista.

*5.* A pena de morte implica um delito e para que ela seja efetivamente dissuasória na sociedade, requer-se o cometimento de muitas execuções que, por sua vez, seriam numerosos delitos, enquanto a pena de escravidão representa somente um delito que confere muitos exemplos duradouros.[82] Nesse sentido, a pena de morte resulta contraditória, na medida em que, para que os homens vejam o poder das leis materializado na pena de morte, requer-se que aquelas execuções não sejam muito diferentes entre si, o que pressupõe certa frequência na execução desta, todavia "para que esse suplício seja proveitoso, é necessário que não exerça sobre os homens toda a sensação que poderia produzir, é dizer, que seja útil e não útil ao mesmo tempo".[83]

*6.* Frente ao argumento de que a pena de escravidão perpétua é igual em dor e crueldade à pena de morte, tal como acima foi mencionado, Beccaria argumenta – de maneira defensiva, ainda que pobre – que, conquanto a somatória de momentos de desprezo que venha a sofrer o sentenciado à escravidão possa ser efetivamente maior, aqueles momentos se espalham ao longo da vida e não se concretizam de maneira intensificada em um único momento, como sucede com a pena de morte.[84]

*7.* Por último, Beccaria sustenta que "não é útil a pena de morte pelo exemplo de atrocidade que dá aos homens".[85] Poder-se-ia dizer que este é o argumento mais "humanista"; sem embargo, suas palavras,

---

80 *Idem*, p. 43-44.
81 *Idem*, p. 43-44.
82 *Idem*, p. 44.
83 *Idem*, p. 44.
84 *Idem*, p. 44.
85 *Idem*, p. 45.

que ressaltam aqui a atrocidade da referida pena, subordinam-se, uma vez mais, à palavra útil e a seu pensamento "utilitarista" enlaçado em um contratualismo elementar.[86] Sua argumentação está reduzida ao rechaço de que as leis, enquanto "moderadoras da conduta dos homens" e "expressão da vontade pública",[87] castiguem o homicídio, mas, ao mesmo tempo, fomentem a morte jurídica, de tal forma que para "afastar os cidadãos de assassinato, ordenem um em público".[88]

Em suma, a defesa de Beccaria no sentido de abolição da pena de morte não decorre de seu "entusiasmo" ou "humanismo", senão de um "cálculo utilitarista amedrontador".[89] Ainda que não tenha fundamentado nem ética, nem moralmente (muito menos de maneira jurídico-filosófica) a supressão da pena de morte, em todo caso, com sua defesa utilitarista, contribuiu, em parte, para a redução desta.[90] Entretanto, não se deve olvidar que seus argumentos utilitaristas contra a pena de morte constituem, por sua vez, argumentos que defendem uma penal igualmente "vergonhosa",[91] tal como o é a pena de escravidão perpétua, que coloca em questão qualquer leitura de um humanismo em seus argumentos sobre o tema.

## IV. OS ARGUMENTOS DE BECCARIA CONTRA A TORTURA E A PERSPECTIVA ATUAL

Ao analisar os argumentos próprios de Beccaria contra a tortura, deve-se primeiro aclarar que a tradução espanhola de Juan Antonio de las Casas (1774),[92] declarada "autêntica" por nosso Humboldt Kolleg, baseava-se, todavia, na versão italiana original,[93] não obstante que Morellet, já no ano de 1776, tenha elaborado uma tradução francesa completamente nova,[94]

[86] Cfr. *supra*, nota 29.

[87] BECCARIA, *De los delitos y de las penas, supra*, nota 61, p. 45-46.

[88] *Idem*, p. 46.

[89] KREUTZIGER, *supra*, nota 63, p. 111.

[90] *Idem*, p. 123-124. NAUCKE refere de modo similar que "não deve restar importância a tal glória". Cfr. Einführung, in: *op. cit.*, p. XXV.

[91] *Idem*, *supra*, nota 1, p. XXVI.

[92] Cfr. *supra*, nota 1.

[93] Cfr. *supra*, nota 1.

[94] Sobre a história do seu estabelecimento ESSELBORN, *supra*, nota 8, p. 26 ss.

que, após uma crítica inicial,[95] foi seguida também por Beccaria em sua 5ª edição[96] e que se impôs posteriormente em todas as partes, também na América Latina na edição de Temis[97] e na recente tradução ao alemão de Vormbaum.[98] Ainda que esta edição introduza somente alterações formais – os números dos capítulos mudaram de XII a XVI e também algumas frases –, o texto ganha em lógica interna, razão pela qual as próximas linhas seguirão essa versão renovada.

Em uma leitura atenta, é possível extrair, da parte pertinente do novo texto, argumentos com distinto poder de persuasão:

A tortura é uma pena antecipada e, ao mesmo tempo, uma infração da presunção de inocência, uma vez que se torturaria justamente para comprovar a culpabilidade, sem prévia verificação da mesma, o que afeta também o inocente.[99] O perigo de torturar inocentes é alto, porque a maioria dos cidadãos – no sentido da prevenção geral negativa – segue as leis, é dizer, são inocentes.[100]

A tortura infringe a proibição de autoincriminação, pois o "acusador é, ao mesmo tempo, acusado", o torturado deve incriminar a si mesmo.[101]

A tortura é "prova infame da verdade" (*infame crociuolo della verità*) e *irracional*, porque *privilegia o forte*, resistente e insensível à dor frente ao fraco e, desse modo, é tão irracional como a prova de Deus do medievo.[102] "De dois homens igualmente inocentes ou igualmente culpáveis, absolve-se o mais forte ou valente..., condena-se o fraco ou medroso...".[103]

---

95 Segundo GRIMM, citado por ESSELBORN, *supra*, nota 8, p. 27, Beccaria estava tão indignado pelas modificações de Morellet, que começou a buscar outro tradutor francês.

96 Cfr. ESSELBORN, *supra*, nota 8, p. 199 ss.

97 C. BECCARIA, *De los delitos y de las penas*, Bogotá 3. ed. 2003; 5. reimpr., 2010.

98 C. BECCARIA, *Von den Verbrechen*, *supra*, nota 1.

99 BECCARIA, *Von den Verbrechen*, *supra*, nota 1, p. 31.

100 *Idem*, p. 31 s.

101 *Idem*, p. 32. No original: „Ankläger zugleich Angeklagter".

102 *Idem*, p. 32 s., 33 s.

103 *Idem*, p. 33. No original: „Von zwei gleichermaßen unschuldigen oder gleichermaßen schuldigen Menschen wird der starke und mutige freigesprochen..., der schwache und ängstliche verurteilt".

A tortura privilegia o culpado frente ao inocente, pois enquanto este tem "todas as possibilidades contra si" (*alle Möglichkeiten gegen sich*) – ou confessa ou é castigado por isso, ou é declarado não culpável no caso de haver suportado a "pena não culpável" (*nicht geschuldete Strafe*) da tortura –, tem aquele, ao menos, a possibilidade de resistir à tortura, de conseguir injustificadamente ser absolvido e, assim, trocar "uma pena grave por uma menor" (*eine größere Strafe gegen eine geringere*).[104]

A tortura elimina – como a prova de Deus – a *livre vontade,* pois a dor não deixa ao torturado nenhuma outra escolha que não a de se "declarar culpado" (*sich als Schuldiger zu bezeichnen*), para assim "evitar a tortura" (*damit der Folter zu entkommen*).[105]

A tortura produz também *ausência de verdade,* pois a confissão não é expressão do amor do torturado à verdade, senão consequência do tormento e do desejo de livrar-se dela.[106] Muitos inocentes "declararam-se culpados por conta dos suplícios da tortura".[107] Ademais, o conteúdo de verdade de uma declaração é menos reconhecível em um torturado que em um homem tranquilo.

A aplicação da tortura para a purificação da *desonra* – baseada em usos religiosos e espirituais – é "irrisória", uma vez que assim se cria uma nova desonra, a da vítima de tortura.[108]

A tortura evidencia-se como *lesão à dignidade,* como a que só ocorre frente a não-pessoas, como no caso dos escravos na Roma Antiga.[109]

Se a tortura já é inapta para a comprovação do fato do torturado, então menos ainda serve para descobrir outros fatos e/ou partícipes. Todavia: o torturado vai acusar mais facilmente outros do que a si mesmo.[110] É injusto torturar pessoas pelos delitos de outros. É, ademais,

---

104 *Idem*, p. 34 s. Cfr. também p. 29 (Cap. X Perguntas sugestivas, declarações): "... a dor sugere ao forte um silêncio obstinado, porque assim pode substituir a pena maior pela pequena; ao fraco, ao contrário, sugere a confissão, pois assim se liberta da dor presente que nesse momento é mais eficaz que a dor futura".

105 *Idem*, p. 33.

106 *Idem*, p. 33.

107 *Idem*, p. 35. No original: „wegen der Qualen der Folter für schuldig bekannt".

108 *Idem*, p. 36 ss.; em geral sobre a desonra, idem, p. 59.

109 *Idem*, p. 38.

110 *Idem*, p. 36.

inútil, pois desse modo eles não seriam descobertos e, em sua maioria, já terão fugido.[111]

Resumindo: a tortura gera declarações não verdadeiras e privilegia os fortes e culpados frente aos fracos e inocentes (argumentos 3, 4, 6), conduz à perseguição de inocentes por fatos eventualmente fictícios (argumento 9). Se bem Beccaria reconhece a injustiça da tortura frente à presunção de inocência,[112] à proibição de autoincriminação e à livre vontade (argumentos 1, 2, 5), e vê inclusive seu caráter desonroso e indigno (argumentos 7, 8), em definitivo – sem considerar ademais abertas contradições[113] – decorre da relação entre sua argumentação com sua concepção utilitarista e orientada ao fim de Direito penal já explicada que Beccaria *não considera a tortura como algo mau em si mesmo* – as penas privativas de liberdade propostas por ele são, ao menos, igualmente cruéis[114] –, mas sim como algo inútil e prejudicial para um Direito penal eficiente.[115] Como conclusão, Beccaria rechaça a tortura principalmente por fundamentos utilitaristas e só secundariamente por razões humanitárias.[116]

---

111 *Idem*, p. 36.

112 Cattaneo, *supra*, nota 8, p. 60, vê na "defesa da presunção de inocência ameaçada com o estabelecimento da tortura" o argumento central da "Ilustração jurídica". H. Schüller Springorum, KritV 1991, 123 [em inglês: Centro Nazionale, *supra*, nota 4, p. 121 ss.], 132 vê o "verdadeiro mérito" da obra no "acento permanente colocado no direito do acusado de inocentar a si mesmo" em relação ao processo penal inquisitivo do tempo de Beccaria.

113 Assim, por exemplo, rechaça, em outra parte, a proibição de autoincriminação, cfr. *supra*, nota 32.

114 Cfr. *supra*, nota 32.

115 Assim também Naucke, in: Deimling, *supra*, nota 7, p. 48. Voltaire, Commentaire sure le livre des délits et des peines, par un avocat de province, 9. ed. 1767, na internet: <www.google.de>, p. 63, parece ser de outra opinião, ao mencionar Beccaria em relação a seus argumentos sobre a tortura como um "amante da humanidade" ("amateur de l'humanité").

116 Assim também Naucke, in: Deimling, *supra*, nota 7, p. 48. Outra opinião, por exemplo, *Voltaire*, *supra*, nota 115, p. 60, para quem o rechaço da tortura segue principalmente um sentimento profundo: "...tous cependant, para une pitié que Dieu a mise dans nos coeurs, s'élévent contre les tortures qu'on fait souffrir aux accusés don on veut arracher l'aveu".

Ademais, deve notar-se que Beccaria parece ter deixado de lado a relação entre a tortura e a prova estrita medieval,[117] em especial a confissão coercitiva,[118] não obstante em outra parte[119] distinga entre "provas completas e incompletas" (*vollständigen und unvollständigen Beweisen*), distanciando-se conscientemente da aritmética dos meios de prova medievais, e considere suficiente uma "certeza moral" (*morale certezza*)[120] como base para um juízo de probabilidade para uma condenação. Quando alguém revisa os argumentos de Beccaria contra a tortura desde uma *perspectiva atual*, nota, em primeiro lugar, que sua orientação primordialmente utilitarista encontra-se superada e, em segundo lugar, que se concentra demasiadamente na cruel tortura de convicção (repressiva) do processo penal inquisitivo, a fim de dar respostas aos difíceis desafios enfrentados pela proibição da tortura em nossa época. Hoje a proibição da tortura já não é compreendida como relativa, mas sim como manifestação da *proteção irrompível da dignidade humana*,[121] sendo reconhecida como tal nos Tratados de Direitos Humanos internacionais e regionais, assim como no Direito internacional humanitário.[122] A proibição da tortura vige de modo absoluto (também durante

---

117 Crítico também JEROUSCHEK, *supra*, nota 32, 670 s.

118 A esse respeito AMBOS, Jura 2008, 589 s.

119 BECCARIA, Von den Verbrechen, *supra*, nota 1, cap. VII. Indícios e formas processuais, p. 20 ss. (no original, *supra*, nota 57 e texto principal, cap. XIV. Indizi e forma di giudizi).

120 Dei delitti, *supra*, nota 1, p. 19. Em relação à tradução de "*certezza*" por "certeza" (assim, por exemplo, as traduções de ESSELBORN, *supra*, nota 8, p. 79 e HOMMEL, *supra*, nota 2, p. 73), prefere-se "certeza probatória" (VORMBAUM, *supra*, nota 1, p. 21).

121 Cfr. Supreme Court of Israel, *Public Committee Against Torture et alii vs. State of Israel et alii*, Sentença de 6 de setembro de 1999 (impressa in: S. LEVINSON [ed.], Torture: A Collection, Oxford 2004, p. 165 ss.), par. 22; M. DELMAS-MARTY, The paradigm of the war on crime, 5 *JICJ* (2007) 584, 592 (proibição de tortura como manifestação do valor universal da dignidade humana); HASSEMER, SZ 27.2.2005, também em: *Erscheinungsformen des modernen Rechts*, 2007, p. 17 ("a tortura ocorre quando anulo com violência a autonomia do homem, transformando-o em mero corpo"); A. ESER, *Zwangsandrohung zur Rettung aus konkreter Lebensgefahr, Festschrift für Winfried Hassemer*, Heidelberg 2010, p. 715 ("reduzido a um objeto despersonalizado do poder exterior alheio").

122 Ver, sobretudo, Art. 7 Pacto dos Direitos Civis e Políticos, Art. 2 Convenção da ONU contra a tortura, Art. 3 Convenção Europeia de Direitos humanos, Art.

estado de exceção)[123] e é Direito internacional vinculante (*ius cogens*).[124] Sua infração pode ser sancionada como delito contra a humanidade ou crime de guerra.[125] Com isso não se anula a argumentação contra a tortura baseada na falta de eficiência – nesse sentido a argumentação de Beccaria não está completamente superada –, não obstante, tal argumen-

---

5(2) Convenção Americana de Direitos humanos; em relação ao Direito internacional humanitário, ver o Art. 3 (1) comum das Quatro Convenções de Genebra de 1949, assim como Art. 17(4) Terceira Convenção de Genebra (CG), Art. 32 CG IV, Art. 75(2)(ii) Protocolo adicional I e art. 4(2)(a) Protocolo adicional II CG. Em detalhe sobre a proibição da tortura no Direito internacional e europeu, ver M. MÖHLENBECK, *Das absolute Folterverbot. Seine Grundlagen und die strafrechtlichen sowie strafprozessualen Folgen seiner Verletzung* (Frankfurt a.M. 2008), p. 39 ss., p. 56; ver também, para as proibições internacionais de tortura, J.P. POLZIN, *Strafrechtliche Rechtfertigung der 'Rettungsfolter'? Eine Analyse der deutschen Rechtslage unter Berücksichtigung internationaler Normen und Entwicklungen* (Hamburg 2008), p. 59 ss.; J. KÜMMEL, *Eine rechtliche Betrachtung der Folter als Mittel der Gefahrenabwehr unter besonderer Berücksichtigung des Nötigungstatbestandes* (Heidelberg 2008), p. 50 ss.; A.K. WEILERT, *Grundlagen und Grenzen des Folterverbotes in verschiedenen Rechtskreisen. Eine Analyse anhand der deutschen, israelischen und pakistanischen Rechtsvorschriften vor dem Hintergrund des jeweiligen historisch-kulturell bedingten Verständnisses der Menschenwürde* (Heidelberg 2009), p. 55 ss., 65 s.

[123] "[N]o exceptional circumstances whatsoever, whether a state of war or a threat or war, internal political instability or any other public emergency, may be invoked as a justification of torture." (Art. 2 Convenção ONU contra a tortura). Isso é confirmado por decisões do Comitê contra a tortura como, por exemplo, a decisão contra a Bélgica, de 27 de maio de 2003, CAT/C/CR/30/6. Nessa decisão, o Comitê recomendou à Bélgica a inclusão de uma cláusula no Código penal que exclua explicitamente o estado de necessidade como causa de justificação em casos de tortura.

[124] Cfr. em geral o International Criminal Tribunal for the Former Yugoslavia (ICTY), *Prosecutor vs. Furundžija* (IT-95-17/1-T), 10 de dezembro de 1998, §§ 153-157. Ver também E. BENVENISTI, The Role of National Courts in Preventing Torture of Suspected Terrorists, European Journal of International Law 8 (1997), p. 596 (603 e nota 42); P. GAETA, May Necessity be Available as a Defence for Torture in the Interrogation of Suspected Terrorists?, JICJ 2 (2004) p. 785, p. 787.

[125] Cfr. art. 7 (1)(s.) e art. 8 (2) (a) (ii), (c)(ii) Estatuto do Tribunal Penal Internacional (Estatuto-TPI).

tação retrocede e deixa em primeiro plano a argumentação que tem por base a dignidade humana.

Entretanto, Beccaria não teve que lidar com os problemas de definição dali decorrentes, não apenas porque, em sua época, ainda não havia sido consagrada a proibição da tortura, como também, e, sobretudo, porque a práxis da tortura sobre a qual concentrou sua atuação era cruel ao extremo e podia subsumir-se, sem mais, a um conceito de tortura construído a partir da violação da dignidade humana (no sentido da fórmula qualificada do objeto do Tribunal Constitucional Federal[126]). Hoje em dia, em oposição, são apresentados difíceis problemas de delimitação já nas definições jurídico-internacionais pertinentes[127] em relação, por exemplo, aos métodos coercitivos de interrogação (cfr. somente § 136 do StPO),[128] que não podem ser qualificadas como tortura facilmente. O Tribunal Europeu de Direitos Humanos (TEDH) diferencia conforme os distintos *degrees of injury,* isto é, graus de lesão, entre *tortura, maus-tratos e tratamento ordinário.*[129] Na sentença fundamental da Corte Suprema

---

126 BVerfGE 30, 1, 25 s.: "Fórmulas gerais como a que o homem não pode ser reduzido a mero objeto do poder estatal, somente podem dar uma orientação, de acordo com a qual é possível encontrar casos de violação da dignidade humana... A violação da dignidade humana não pode ocorrer somente a partir dela. Deve-se tratar ademais de um sujeito exposto a um tratamento que questione fundamentalmente sua qualidade de sujeito, ou que, no tratamento dado ao caso concreto, haja um desprezo arbitrário da dignidade. No caso Daschner, resolveu o BVerfG (*NJW* 2005, 656, n. 7) em relação à comprovada (ameaça de) tortura, que deste modo "o interrogado torna-se mero objeto do combate à delinquência, com lesão ao seu valor e à pretensão de validez social garantidos jurídico e constitucionalmente" e destroem-se os "pressupostos fundamentais da existência individual e social do homem".

127 Assim *supra*, nota 122 e Ambos, May a State Torture Suspects to Save the Life of Innocents?, *Journal of International Criminal Justice* (*JICJ*) 6 (2008), p. 261, 265 s. (versão espanhola atualizada in: Ambos, *Terrorismo, tortura y Derecho penal. Respuestas en situaciones de emergencia*, Barcelona 2009, p. 19 ss.).

128 Os métodos de interrogação referidos no § 136a StPO (maus tratos, extenuação, tormento, etc., assim chamado "Interrogatório de terceiro grau") não são taxativos (Karlsruher Kommentar-Diemer, StPO, 6. ed. 2008 § 136 a StPO, n. 9); o determinante é se essa ou outra "técnica de interrogação" afeta a liberdade de vontade. Sobre a tortura nesse contexto: BVerfG *supra*, nota 126.

129 Ver EGMR, *Ireland vs. UK*, sentença de 18.01.1978 (application n. 5310/71), § 167: "Although the five techniques, as applied in combination, undoubtedly

israelita de 1989 sobre métodos "duros" de interrogação no marco dos casos de *ticking-bomb*,[130] foram investigadas e valoradas praticamente todas as técnicas imagináveis de interrogação.[131] Assim, por exemplo, o Tribunal ocupa-se do *handcuffing*. O suspeito é algemado pelas pernas e braços durante a declaração. Em outra técnica de interrogação coloca-se um saco na cabeça, de tal maneira que não possa ver o interrogador. Todas essas medidas, mais ou menos gravosas, são investigadas e observadas de modo diferenciado. A *Supreme Court* chega, por exemplo, à conclusão de que o *handcuffing* como medida isolada não é tortura.[132] Estar-se-ia, apenas, protegendo os direitos do funcionário investigador, na medida em que se poderiam prevenir ataques do suspeito. No entanto, a aplicação combinada de várias medidas em si permitidas, sob *combined effect*, pode sim implicar tortura.[133] Na doutrina, discute-se a relevância desses esforços de definição. Esta postura, sem embargo, não é convincente. Se a tortura é proibida de modo absoluto, mas o simples maltrato não é considerado tortura e, com isso, não é abarcado pela proibição, então deve diferenciar-se a tortura do simples maltrato.[134] Esta diferen-

---

amounted to inhuman and degrading treatment, although their object was the extraction of confessions, the naming of others and/or information and although they were used systematically, they did not occasion suffering of the particular intensity and cruelty implied by the word torture as so understood." Ver também *Benvenisti, supra*, nota 103, p. 604 s.; Y. Shany, The Prohibition against Torture and Cruel, Degrading and Inhuman Treatment and Punishment: Can the Absolute be Relativized under International Law?, *Catholic University Law Review* 56 (2007) p. 101, 118 s.

130 Nesses casos, os persecutores detiveram um suspeito que pertenceria a uma organização terrorista e que teria informações sobre determinados atentados; sabia, por exemplo, que uma determinada bomba explodiria em um determinado momento. Somente sob aplicação de medidas coercitivas poderiam ser obtidas tais informações e, assim, salvar a vida. Esse é um típico exemplo do combate ao terrorismo de hoje e representa a realidade em Israel – e não somente ali. Para outros exemplos, ver Y. Ginbar, *Why not torture Terrorist? Moral, practical, and legal aspects of the 'ticking bomb' justification for torture* (Oxford 2008), p. 357 ss.

131 Supreme Court of Israel, *supra*, nota 121.

132 *Idem*, § 26.

133 *Ireland vs. UK*, *supra*, nota 129; Supreme Court of Israel, *supra*, nota 121, § 30: "Their combination, in and of itself gives rise to particular pain and suffering."

134 Correto também Eser, *supra*, nota 121, 716 s.

ciação não pode ser feita em abstrato, mas somente em relação a cada caso concreto.[135]

Quando se parte de determinados métodos "duros" de interrogação, nos quais o limiar da tortura é superado, então se coloca a pergunta de se esses métodos também estão proibidos em situações extremas, como no mencionado caso de *ticking-bomb*,[136] ou no caso de sequestro de Gäfgen/von Metzler,[137] situações nas quais se aplica a tortura – aqui chamada tortura de resgate – para a obtenção de informações salvadoras de vida. A

---

[135] Em relação ao "minimum level of severity" exigido, o TEDH assim se manifestou: '[it] is, in the nature of things, relative; it depends on all the circumstances of the case, such as the duration of the treatment, its physical or mental effects and, in some cases, the sex, age and state of health of the victim, etc.' (*Ireland vs. UK*, *supra*, nota 108, § 162). Sobre a opinião do UN-Human Rights Committee (comissão de direitos humanos) ver Benvenisti, *supra*, nota 124, p. 606. Segundo R. Merkel, Folter und Notwehr, in: Festschrift für Günther Jakobs (Berlin 2007) p. 375 (383 ss.), o conceito de tortura depende (também) dos direitos afetados.

[136] *Supra*, nota 130.

[137] O estudante de Direito Markus Gäfgen sequestrou Jakob von Metzler, de 11 anos, filho de um banqueiro de Frankfurt, para obter um resgate. No momento da entrega do dinheiro, foi detido e logo interrogado, negou-se, todavia, a indicar o lugar onde estava o sequestrado Jakob. Depois de um dia de infrutíferos interrogatórios, o Presidente da Polícia, Daschner, ordena um subordinado a usar ameaças de provocar um mal a Gäfgen até que declarasse onde estava a criança (LG Frankfurt, sentença de 20.12.2004, publicada em NJW 2005, p. 692-696, 692 s. Daschner via essa como a única possibilidade da Polícia salvar a vida de Jakob. A ameaça foi efetiva. O acusado colaborou, porém a Polícia conseguiu encontrar somente o cadáver do menino escondido. Iniciaram-se vários processos penais por esse caso. Daschner e seu subordinado foram condenados por coação, Gäfgen por homicídio qualificado (LG Frankfurt, sentença de 9 de Abril 2003, publicada em StV 2003 p. 325; confirmada em Revisão, ver BGH, sentença de 21 de maio de 2004, 2 StR 35/04 e BVerfG, sentença de 14 de dezembro de 2004, 2 BvR 1249/04 = NJW 2005, 656). O TEDH, no marco de uma valoração integral (cfr. Ambos, Internationales Strafrecht, 2. ed. 2008, § 10 Rn. 34 f.) considerou que o processo em seu conjunto não pode ser considerado injusto, especialmente porque o Tribunal de primeira instância de Frankfurt sustentou que as declarações não eram utilizáveis como elemento probatório, em especial a confissão assim obtida e as declarações nela embasadas (§ 136a StPO) (*Gäfgen vs. Deutschland*, sentença de 30.06.2008 – n. 22978/05 = NStZ 2008, 699, § 97 ss. com mais referências).

pergunta é, como já foi assinalado,[138] muito controvertida (e com razão), e não pode ser resolvida simplesmente com uma referência geral à proibição absoluta da tortura.[139] Alguém pode duvidar, com bons argumentos, se uma ação com propósito de resgate pode ser qualificada de tortura; em todo caso, exige-se a finalidade de denegrir parte do sujeito.[140] Sobretudo, não se pode ou apenas dificilmente se pode falar de vontade despersonalizante, no sentido da fórmula qualificada do objeto,[141] frente ao culpado quando a tortura é aplicada para salvar uma ou várias pessoas que se encontram em perigo concreto de vida, é dizer, quando se utilize justamente em defensa da dignidade das vítimas da vítima de tortura e esta última seja levada a sério[142] em sua responsabilidade frente ao próximo.[143] Inclusive quando não se está disposto a ir tão longe porque se considera que a vítima da tortura sempre é tratada como coisa, ainda mais quando é utiliza como meio para resgatar um terceiro, isto é, quando ela é considerada instrumentalizada,[144] reduzida a "mero objeto do poder estatal",[145] ainda assim não se pode perder de vista que também a dignidade da (outra) vítima está em jogo e o Estado não pode permanecer indiferente (também) frente a ela.[146] Por isso, em definitivo, é necessária uma *consideração diferenciada*, que, de um lado, sustente o caráter absoluto da

---

[138] Cfr. AMBOS, *supra*, nota 127.

[139] Assim, todavia, DELMAS-MARTY, *supra*, nota 121, 592, que rechaça a exclusão da pena nos casos de tortura de resgate com uma remissão geral aos direitos humanos como critério de interpretação no sentido do art. 21 (3) Estatuto-TPI.

[140] Cfr. por exemplo ESER, *supra*, nota 121, p. 719.

[141] *Supra*, nota 126.

[142] Convincente ESER, *supra*, nota 121, 719 s.

[143] Na medida em que se possa partir *in concreto* da "responsabilidade" em relação à vida, à integridade física e/ou à liberdade da sua vítima – em oposição à (ficção) da presunção de inocência. Isto é: certamente a vítima de tortura é fundamentalmente apenas suspeita e pode invocar a presunção de inocência; isso, porém, não exclui *per se* sua responsabilidade pelo bem e a dor de sua vítima. Em definitivo, isso depende do caso concreto.

[144] Isto é, no sentido de KANT, *supra*, nota 11.

[145] Também no sentido da fórmula de objeto qualificada, *supra*, nota 126. No original: "zum bloßen Objekt der Staatsgewalt herabgewürdigt (wird)".

[146] Sobre essa "colisão de dignidades", mais detalhadamente em AMBOS, *supra*, nota 127, 277 com maiores referências na nota 99 s. Crítico recentemente, contudo, F. LAMPRECHT, Darf der Staat foltern, um Leben zu retten? Folter im Rechtsstaat zwischen Recht und Moral, Paderborn 2009, p. 113 ss.

proibição da tortura frente à responsabilidade jurídico-internacional do Estado, porém em relação à responsabilidade do torturado distinga entre a antijuridicidade da conduta e sua culpabilidade.[147] Esta dicotomia assinalada entre Estado e indivíduo tem seu fiel reflexo na dicotomia do Direito internacional humanitário e dos Direitos do homem, de um lado, e o Direito penal internacional juridicamente individual, de outro. Enquanto aquele defende o caráter absoluto da proibição de tortura, este se mostra mais flexível ao reconhecer fundamentos para a exclusão da responsabilidade penal.[148] Nos casos extremos que nos ocupam, não vem em consideração uma causa de justificação por seu efeito objetivo de exclusão do injusto,[149] todavia, não se pode reprovar o funcionário investigador pela aplicação da tortura, quando este se encontrava em situação de coerção moral e há aplicado-a somente após uma cuidadosa análise, como último meio para o resgate de pessoas inocentes. Nessas situações, portanto, deve ser exculpado – seja qual for a fundamentação dogmática. Em relação à responsabilidade penal individual em casos de tortura de resgate – mas somente nessa medida! –, a proibição da tortura não pode vigorar, então, de modo absoluto.[150]

## CONCLUSÃO

Resumidamente, a posição de Beccaria em relação à pena de morte e à tortura confirma o que já havíamos referido acima: o humanismo

---

[147] Mais detalhadamente em Ambos, *supra*, nota 127, 272 ss.

[148] Sobre essa dicotomia, veja-se também Gaeta, *supra*, nota 124, p. 789 s.; ver em sentido similar Shany, *supra*, nota 129, 126 ss., que coloca em contraste o Direito internacional humanitário estrito com a "relatividade" do Direito penal internacional. Benvenisti, *supra*, nota 124, p. 609, vê "incoherence between the international and national spheres".

[149] A favor da justificação, todavia, Eser, *supra*, nota 121, 723 ss., porque "não se pode exigi-la de um resgatador em estado de necessidade", que "faça algo injusto" ["einem Retter in Not nicht zugemutet werden" könne, "etwas Unrechtes zu tun."].

[150] Sobre a validade absoluta processual com a consequência de uma proibição de valoração ou inclusive de uma *exclusionary rule*, ver Ambos, The transnational use of torture evidence. *Israel Law Review* 42 (2009) [há versão em português neste volume, *infra*, capítulo 6, sob o título "*O uso 'transnacional' da prova obtida por meio de tortura*"], 362-397; *o mesmo*, Die transnationale Verwertung von Folterbeweisen, StV 2009, 151 ss., em espanhol: Ambos, *supra*, nota 127, p. 67 ss.

de Beccaria, que alguns creem descobrir em sua obra, subordina-se às necessidades de um Direito penal protetor da sociedade, fazendo uso das medidas e sanções necessárias para tal efeito, inclusive por meio de penas cruéis. Talvez Beccaria foi "ilustrado" em seu tempo, porém isso diz mais sobre o que verdadeiramente foi esse tempo do que sobre o tão aludido humanismo de Beccaria. Está claro que, desde uma perspectiva atual, suas ideais não têm nada de humanismo. Igualmente, a posição de Beccaria pouco pode ajudar o discurso abolicionista atual contra a pena de morte.[151]

---

[151] Sobre esse novo discurso, ver W. SCHABAS, *The abolition of the death penalty in International Law*, 2. ed., Cambridge, 1997; A. MUÑOZ AUNIÓN (coord.), *Por la abolición universal de la pena de muerte,* Valencia: Tirant lo Blanch, 2010; E. DECAUX, "La pena de muerte, nuevo centro de las relaciones internacionales", in: J. HURTADO POZO (ed.), *Pena de muerte y política criminal. Anuario de Derecho Penal 2007*, Lima-Friburgo: Pontifícia Univ. Católica del Perú y Universidad de Friburgo, 2008, p. 131-152; E. NEUMAN, *La pena de muerte en tiempos del neoliberalismo*, México D.F.: Instituto Nacional de Ciencias Penales, 2004, p. 95 e ss. e 243 e ss.

# 2
# DOMÍNIO DA ORGANIZAÇÃO, RESPONSABILIDADE DE UM PRESIDENTE E EMPRESAS*

Desde o famoso caso dos *Mauerschützen* (disparos do muro), a jurisprudência alemã parte do princípio de que o "homem de trás" – apesar de seu instrumento ser um sujeito responsável – tem o domínio do fato quando "aproveita determinadas condições pré-configuradas por certas estruturas de organização, de modo que dentro dessas condições sua contribuição ao fato desencadeia processos regrados".[1] De acordo com tal posição, esse tipo de condição pode existir especialmente em estruturas de organização de caráter estatal, empresarial ou próximas a um negócio (*sic!*), bem como no caso de hierarquias de mando: "se em tal caso o homem de trás atua com conhecimento destas circunstâncias, especialmente, se aproveita a disposição incondicional do autor material para realizar o tipo, e se o homem de trás deseja o resultado enquanto consequência de seu próprio atuar", será autor mediato.[2]

---

* Tradução elaborada a partir da versão espanhola por Diego Reis, com revisão pelo autor.

1 BGH Neue Juristische Wochenschrift (NJW) 1994, p. 2703 (= BGHSt 40, p. 218); assim também BGH Strafverteidiger (StV) 1995, p. 70 (71) e LG Berlin, sentença de 10.09.1996, autos n. (536) 2 Js 15/92 Ks (2/95) ("generais"), p. 111 e ss.

2 BGH NJW 1994, p. 2703 (2706).

Um dos pontos mais controvertidos dessa posição jurisprudencial é a aplicação, de passagem (como *obiter dictum*), da teoria do domínio da vontade por meio de um aparato de poder organizado – mais recentemente, teoria do domínio por organização – a organizações não estatais, inclusive empresas. Por tal razão, tracei em escritos anteriores a distinção entre organizações estatais e não estatais[3] e, ainda, analisei mais detidamente a natureza da organização objeto da teoria.[4] No trabalho mais recente, concluí que o conceito de organização tem que se ampliar e se desenrolar para além de sua compreensão inicial burocrático-estatal formal – como conceito de organização ligado ao Estado burocrático, que não tem em conta, suficientemente, as novas formas de organização dos atores militares no marco dos conflitos armados no âmbito internacional. Ademais, tem-se que reconhecer a organização como parte e motor do injusto do sistema, bem como ponto de referencia da imputação. De toda forma, tal ampliação ou flexibilização do conceito de organização como base da teoria do domínio por organização não nos levaria a aplicá-la a organizações per si legais, como são as empresas.

Para melhor explicar essa tese, eu gostaria de analisar, primeiramente, os requisitos da teoria, tomando como exemplo o caso do ex-Presidente peruano Fujimori (*infra* I.) e, em seguida, aplicá-la a organizações não estatais (II.).

---

3 K. Ambos, Tatherrschaft durch Willensherrschaft kraft organisatorischer Machtapparate – Eine kritische Bestandsaufnahme und weiterführende Ansätze. *Goltdammer's Archiv für Strafrecht* (*GA*) 145 (1998), p. 226-245, 235 ss.; em espanhol: *Revista de Derecho Penal y Criminologia* (Universidad Nacional de Educación a Distancia. Facultad de Derecho). 2ª Época, t. 3 (Enero 1999), 133-165 em português: Ambos, *Direito Penal: fins da pena, concurso de pessoas, antijuridicidade e outros aspectos* [tradução, notas e comentários de Pablo Rodrigo Alflen]. Porto Alegre: Fabris, 2006, p. 47-77.

4 K. Ambos, Zur "Organisation" bei der Organisationsherrschaft. In: Heinrich/Jäger/Achenbach *et alii* (Hrsg.), Strafrecht als Scientia Universalis, Festschrift für Claus Roxin, 2011, tomo 1, p. 837-852; em espanhol: Sobre la "organización" en el dominio de la organización, *InDret* (*Revista para el análisis del derecho*) 3/2011 (julho de 2011), 25p. <www.indret.com>.

## I. ORGANIZAÇÃO ESTATAL: RESPONSABILIDADE DO EX-PRESIDENTE PERUANO ALBERTO FUJIMORI COMO AUTOR MEDIATO EM VIRTUDE DO DOMÍNIO POR ORGANIZAÇÃO

### 1. Ponto de partida: a posição da Corte Suprema Peruana

Em 2009, Alberto Fujimori foi condenado, como autor mediato,[5] pela Sala Penal Especial e, posteriormente, em apelação, pela Primeira Sala Transitória, ambas da Corte Suprema de Justiça do Peru, por graves violações de direito internacional aos direitos humanos, especificamente por crimes de lesa-humanidade cometidos entre 1991 e 1992, durante sua presidência.[6] A condenação fundamenta-se na teoria do domínio por organização,[7] segundo a qual o homem de trás domina a vontade do autor direto e seus atos por meio de um aparato de poder organizado. Esta teoria tem como fundamento, por sua vez, o conceito de controle ou domínio do fato (*Tatherrschaft*).[8] Ela tem sido aplicada em vários

---

5 O art. 23 do CP peruano, que estabelece três formas de autoria (direta, mediata e coautoria), menciona: "Aquele que realiza por si, ou por meio de outro o fato punível e os que o cometam conjuntamente [...]".

6 Corte Suprema de Justiça da República do Peru, Sala Penal Especial (CSJ-SPE), Exp. n. AV 19-2001 (acumulado), 7 de abril de 2009, Casos Barrios Altos, La Cantuta y Sótanos SIE, disponível em: <http://www.juicioysancionafujimori.org/documentos/sentencia.pdf> (consultado em 8 de novembro de 2010); Corte Suprema de Justiça da República do Peru, Primeira Sala Penal Transitória (CSJ-PSPT), Exp. n. 19-2001-09-AV, 30 de dezembro de 2009; disponível em: <http://www.juicioysancionafujimori.org/documentos/R.N.fujisuprema.pdf> (consultado em 8 de novembro de 2010).

7 CSJ-SPE, *supra*, nota 6, §§ 718-748 (que fala de "domínio da vontade em aparatos de poder organizados"), CSJ-PSPT, *supra*, nota 6, 39-52.

8 Veja-se: C. Roxin, *Täterschaft und Tatherrschaft*, p. 242-252, 704-717 (8. ed. Berlin: De Gruyter, 2006); veja-se também: K. Ambos, *Der Allgemeine Teil des Völkerstrafrechts*, p. 557 e ss. (Berlin: Dunker & Humblot, 2004); em espanhol: *La parte general del derecho penal internacional*, p. 216 e ss (Bogotá: Temis, 2006); em português: *A parte geral do direito penal internacional. Bases para uma elaboração dogmática*. São Paulo: Revista dos Tribunais, 2008; H. Olásolo, *The criminal responsibility of senior political and military leaders as principals to international crimes*, p. 2 (Oxford: Hart, 2009, p. 116 e ss. Na literatura em castelhano, ver em particular: Patricia Faraldo, *Responsabilidad penal del dirigente en las estructuras jerárquicas. La autoría mediata con aparatos organizados de poder* (Valencia: Tirant, 2004); Iván Meini, *El*

processos nacionais (por exemplo, contra Adolf Eichmann,[9] os generais da junta militar da Argentina[10] e no caso dos disparos por sobre o muro da antiga Alemanha Oriental[11]), encontra-se de igual forma prestigiada nos processos de Nuremberg contra vários juristas alemães (*Juristenprozesse*)[12] e foi adotada por parte da Sala de Assuntos Preliminares e a Sala de Primeira Instância da Corte Penal Internacional, no caso de Katanga/ Ngujdolo Chui.[13]

No que tange ao controle sobre o ato, a teoria do domínio do fato, em virtude de um aparato organizado de poder, constitui uma forma muito particular de autoria mediata, porque vai além das suas formas clássicas, que se caracterizam pelo uso de um autor direto, como mero instrumento, pelo autor mediato, quando o primeiro atua sem responsabilidade penal, em razão da existência de um defeito (mental).[14] Neste caso, tem sentido falar de autoria "mediata", pois o autor direto é tão somente um instrumento nas "mãos" do autor indireto e é dominado e controlado pela vontade e conhecimento deste. No entanto, no marco da macrocriminalidade, ou seja, da criminalidade massiva e sistematicamente planejada e organizada por altos comandos do Estado ou por

---

*dominio de la organización en derecho penal*, p. 111 e ss. (Lima: PUCP, 2008); Rául Pariona, *Autoría mediata por organización* (Lima: Grijley, 2009); ver também (em geral sobre autoria mediata) Carolina Bolea, *Autoría mediata en derecho penal*, p. 337 e ss. (Valencia: Tirant, 2000); Álvaro Márquez, *La autoría mediata en el derecho penal*, p. 237 e ss. (Bogotá: Ibáñez, 2004); José Hernández, *La autoría mediata en derecho penal*, p. 257 e ss. (Granada, 1996).

9 Jerusalem District Court (12 December 1961) 36 ILR 236-237 par. 197.

10 Cámara Nacional de Apelaciones en lo Criminal y Correcional de la Capital (9 de diciembre de 1985) 309-I/II Coleción Oficial de Fallos de la Corte Suprema de Justicia de la Nación (Fallos) 1601-1602.

11 BGHSt 48, 218, 236; BGHSt 45, 270, 296; BGHSt 48, 331; BGHSt 49, 147.

12 *US vs. Altstoetter et alii* (Justice Trial), Judgment, US Military Tribunal sitting at Nuremberg (4 de Diciembre 1947) em Trials of War Criminals (US-GPO, 1947), 985.

13 *Prosecutor vs. Katanga and Ngudjolo Chui*, Decision on the confirmation of charges, case n. ICC-011 04-01107, 30 de setembro de 2008, par. 470 e ss.; *Prosecutor vs. Katanga,* Judgment, caso n. ICC-01/04-01/07-3436), Trial Chamber II, 7 de março de 2014, par. 1404 ss.; sobre essa decisão, Ambos, *Journal of International Criminal Justice* (*JICJ*) 12 (2014), 219, p. 225 ss.

14 Ambos, Article 25: Individual criminal responsibility, In: O. Triffterer (ed), *Commentary on the Rome Statute of the International Criminal* Court, p. 740-770c (p. 752) (München [C.H. Beck], 2. ed., 2008).

um grupo não estatal, os autores diretos atuam, comumente, com plena responsabilidade penal, razão pela qual a teoria tradicional da autoria mediata não se mostra aplicável. Portanto, faz-se necessário falar de um "autor (indireto) por trás do autor (direto)" (*Täter hinter dem Täter*), onde o controle do primeiro sobre o segundo não se deve à falta de responsabilidade deste, mas ao controle do primeiro sobre a estrutura de poder na qual ambos operam.[15] As decisões contra Fujimori confirmam tal teoria e dão um suporte importante para seu desenvolvimento dogmático.

Quanto a outras formas de imputação, a Sala Especial assinala que – com respeito à coautoria – de acordo com o argumento traçado por Roxin, falta entre o autor direto e o nível estratégico superior que controla o aparato de poder organizado um plano criminal de mútuo acordo e com distribuição do trabalho em função de uma horizontalidade necessária.[16] Em vez disso, o autor por mando emite, em termos de uma estrutura vertical, ordens que são levadas a cabo num nível mais baixo pelos autores executivos. O chefe do aparato de poder organizado pode confiar que o crime será cometido em razão do funcionamento independente do aparato de poder e da disposição criminal do autor direto.[17] Em segundo lugar, a Sala rechaça a hipótese de uma instigação, já que ignoraria o rol

---

15 *Ibidem*, p. 752-753.

16 CSJ-SPE, *supra*, nota 6, § 726 ("[La] expresión ["asignación de roles"] resulta más ideográfica que aquellas que usa comúnmente la doctrina penal contemporánea para explicar la relación entre el nivel estratégico y el ejecutor, y que aluden a una división del trabajo o distribución de funciones. Es más, tales referencias podrían confundir la autoría mediata con supuestos de coautoría.") em referência a Roxin, Problemas Actuales de Dogmática Penal, p. 234 (2004); no sentido contrário: Günther Jakobs, Sobre la autoría del acusado Alberto Fujimori Fujimori, em K. Ambos/Meini (editores), *La autoría mediata. El caso Fujimori*, p. 105 e ss. (Lima [Ara], 2010) (originalmente publicado em *ZIS* 2009, p. 572 e ss.), assume que em tais casos se pode falar de uma interação na divisão de funções e de uma decisão comum de fato, assim que a suposição de cumplicidade afeta melhor a igualdade jurídica das partes e sua mútua dependência.

17 CSJ-SPE, *supra*, nota 6, § 726 ("El fundamento de ello no radica en un estado de ánimo especial del nivel superior estratégico, sino en el 'mecanismo funcional del aparato', esto es, su 'automatismo' o desarrollo de un proceso o funcionamiento por sí sólo. En consecuencia, el hombre de atrás podrá confiar siempre en que su orden o designio criminal se van a cumplir sin necesidad de que tenga que conocer al ejecutor inmediato").

de Fujimori como uma figura central do aparato de poder.[18] Em terceiro lugar, descarta a figura da responsabilidade do superior, já que Fujimori exerceu um papel ativo nos fatos, não havendo espaço para se falar numa responsabilidade por omissão.

## 2. Os requisitos concretos da responsabilidade por domínio de organização

Seguindo de perto o renomado penalista alemão Claus Roxin, as Salas da Corte Suprema de Justiça assinalaram cinco requisitos para a autoria mediata por domínio da vontade em aparatos de poder organizados:

- a existência de uma organização hierárquica (como requisito geral), e – como requisitos específicos,
- o poder de mando do autor mediato,
- a desvinculação[19] da organização em relação ao direito,
- a fungibilidade do autor direto e
- a predisposição do autor direto à realização do fato ilícito.[20]

### *a) A estrutura hierárquica da organização*

A autoria mediata por domínio de organização requer a existência de uma organização hierárquica com a assinalação de diferentes papeis a seus membros, o que permite à organização atuar de maneira autônoma e independente em relação às contribuições de seus integrantes.[21] A assinalação dos papeis pelo nível estratégico superior da organização reali-

---

[18] CSJ-SPE, *supra*, nota 6, § 720 ("Es importante destacar que en torno a esta modalidad de autoría mediata, subsisten algunas posiciones discrepantes entre los autores nacionales y extranjeros que la confunden con supuestos de coautoría, instigación o complicidad, pese a no darse en ella la horizontalidad, o la relación directa o periférica que caracteriza a aquéllas"); crítico neste sentido Dietrich Herzberg, La Sentencia-Fujimori: sobre la intervención del superior en los crímenes de su aparato de poder, In: K. Ambos/Meini, *supra*, nota 16, p. 125 e ss. (originalmente publicado em *ZIS* 2009, p. 576 e ss.).

[19] La CSJ-SPE, *supra*, nota 6, utiliza também a expressão "apartamento", veja-se os §§ 733 ss.

[20] CSJ-SPE, *supra*, nota 6, §§ 726-727, CSJ-PSPT, *supra*, nota 6, p. 42-43.

[21] CSJ-SPE, *supra*, nota 6, § 726.

za-se de maneira vertical através de ordens e, para tanto, distingue-se de uma divisão horizontal de trabalho, como é típico no caso da coautoria.[22] O funcionamento automático do aparato implica o domínio sobre o fato e sobre os autores diretos por parte dos autores mediatos do nível estratégico superior. No entanto, a existência de ordens explícitas não é necessária, se os atos dos autores diretos são cometidos no contexto dos objetivos estabelecidos e perseguidos pela organização.[23] Assim, resulta irrelevante o "como" e por "quem" são executadas as ordens, quando os comandantes podem estar seguros de que serão executadas por alguém de alguma ou de oura maneira.[24]

*b) O poder de mando*

Os autores mediatos geralmente pertencem ao nível superior estratégico. Fujimori, que possuía não apenas poder político como presidente, mas que também exerceu ao mesmo tempo o comando sobre as forças de segurança, incluindo as forças armadas, o serviço de inteligência e a polícia, é um exemplo paradigmático a tal respeito. As ordens dos chefes – como já se disse – não se devem dar, necessariamente, de maneira formal, através de instruções; podem dar-se também de maneira informal e encoberta, ou podem dar-se por suposição,[25] como no caso do líder do Sendero Luminoso, Abimael Guzmán, que, como autor mediato, foi condenado à prisão perpetua por homicídio.[26]

Outro assunto tratado pelas Salas é a *delimitação de autoria mediata e coautoria* segundo os níveis de hierarquia no caso dos mandos

---

[22] *Ibidem*, para uma opinião contrária, veja-se: Jakobs, *supra*, nota 16, p. 573.

[23] CSJ-SPE, *supra*, nota 6, § 726.

[24] Veja-se: Ambos, Command Responsibility and Organisationsherrschaft: ways of attributing international crimes to the most responsible, In: André Noellkaemper y Harmen van der Wilt (eds.), *System Criminality in International Law*, Cambridge: Cambridge University Press, 2009, p. 145.

[25] CSJ-SPE, *supra*, nota 6, §§ 730, 732.

[26] Sala Penal Nacional, Primeira Instância, Exp. Acumulado n. 560-03, 13 de outubro de 2006, disponível em: <http://www.icj.org/IMG/GuzmanDecision.pdf>; Segunda Sala Penal Transitória da CSJ, Sentença de Segunda Instância, Recurso de Nulidade n. 5385-2006, 14 de dezembro de 2007, disponível em: <http://www.unifr.ch/ddp1/derechopenal/jurisprudencia/j_20080616_33.pdf> (ambas consultadas em 8 de novembro de 2010).

médios.[27] De fato, a pergunta acerca de até qual nível de hierarquia se pode assumir o controle do fato por domínio do aparato de poder organizado ainda não foi analisada de maneira profunda, nem repousa na doutrina.[28] O julgamento de primeira instância adota uma visão mais ampla da autoria mediata – semelhante à de Roxin e à dos julgamentos dos tribunais alemães – estendendo-a a comandados médios que não apenas recebem ordens de nível superior estratégico, mas que também possuem de sua parte poder de mando para dar ordens a seus subordinados.[29] Nestes casos, não se pode admitir como causa de exclusão de culpa o fato de que somente se encarregam da transmissão de ordens, ou a falta de causalidade, invocando o argumento de que se eles não houvessem praticado o fato, outra pessoa, invariavelmente, o praticaria.[30] Como consequência, a autoria mediata não se limita aos integrantes do nível superior estratégico e existe a possibilidade de uma cadeia de autores mediatos em uma organização hierárquica.[31]

No entanto, ainda que a possibilidade de autoria mediata em um nível hierárquico abaixo do nível superior estratégico haja sido reconhecida no caso de Eichmann,[32] não se pode negar o fato de que o controle absoluto através de um aparato de poder organizado e hierárquico somente pode ser executado pelo nível estratégico superior, ou seja, pelo governo, quando se trata de violência estatal.[33] Adicionalmente, o nível superior estratégico representa de maneira especial o Estado e, como tal, arca com a responsabilidade por possíveis transgressões aos direitos fundamentais, pois o Estado tem uma obrigação especial de proteger seus cidadãos. Todo outro poder é somente derivado e, assim, seu exercício é imputável ao direcionamento do Estado.[34] Apenas o domínio da condução do

---

[27] CSJ-SPE, *supra*, nota 6, §§ 730-731.

[28] Ambos, *Parte general*, *supra*, nota 8, p. 229 e ss.

[29] CSJ-SPE, *supra*, nota 6, § 731.

[30] *Ibidem*.

[31] *Ibidem*, veja-se tambén: C. Roxin, Probleme von Täterschaft und Teilnahme bei der organisierten Kriminalität, In: E. Samson, F. Dencker, P. Frisch, H. Frister and W. Reiss (eds), *Festschrift für Gerald Grünwald zum siebzigsten Geburtstag*, p. 549-561 (p. 556) (Baden-Baden: Nomos, 1999).

[32] Ambos, *supra*, nota 24, p. 152-153.

[33] Vest, *Humanitätsverbrechen – Herausforderung für das individuelle Strafrecht?,* 13 Zeitschrift für die gesamte Strafrechtswissenschaft, p. 457-498, (p. 493 e ss.) (2001); Ambos, *supra*, nota 24, p. 153.

[34] Ambos, *supra*, nota 24, p. 153.

Estado não pode ser bloqueado desde cima ou perturbado de qualquer outra forma. Deve-se dizer, portanto, que o domínio por organização apenas poderá fundamentar-se, sem dúvida alguma, a respeito daqueles que se colocam por trás do Estado, cujo poder de mando e cujas ordens não podem mais ser retiradas ou anuladas, isto é, a respeito daqueles que, neste sentido, dominam ou governam "sem perturbação alguma".[35] Isso ocorre somente no tocante ao próprio vértice da organização, em um governo formalmente constituído e, em casos excepcionais, também a respeito da condução das forças de segurança militares ou policiais ("os generais") que se encontram fora do governo civil. Ademais, pressupõe-se sua capacidade de dominar a organização quando estes governam por si próprios ou quando pertencem ao governo. No que tange ao regime de Fujimori, pode-se constatar que o nível superior estratégico foi composto por Fujimori, como presidente e comandante das forças armadas, Vladimiro Montesinos e Julio Salazar Monroe, como os chefes de fato e de direito do serviço de inteligência nacional – SIN, e Nicolás de Bari Hermoza Ríos, como comandante do Estado conjunto das forças armadas.

Por outro lado, os autores que não pertencem ao vértice da organização, mas ao seu nível médio, por exemplo, possuem domínio da organização dentro do aparato, no máximo, em relação aos *seus* subordinados. Eles não dominam todo o aparato – na melhor das hipóteses, apenas uma parte deste. Este domínio parcial justifica sua consideração como autores mediatos ao menos a respeito da parte dos acontecimentos que estão abaixo de seu domínio. De outra banda, sua dependência do vértice da organização parece falar contra uma autoria mediata e em favor de uma coautoria fundada na divisão funcional do trabalho.[36] Neste caso, não podem prosperar os argumentos usuais contra a coautoria no marco de organizações formais, expostos reiteradamente por Roxin. Tampouco deve ser substituído o critério da resolução comum a cometer o fato, como propõem Jakobs e seus discípulos, por uma mera decisão de inserção (*Einpassungsentschluss*). Pelo contrário, pode-se partir com a doutrina majoritária de um acordo de vontades informal dos intervenientes. Ainda que seja certo que, no caso de delitos cometidos no marco de um aparato

---

35 AMBOS, *Parte general*, *supra*, nota 8, p. 232; AMBOS, *supra*, nota 24, p. 154.

36 AMBOS, *Der Allgemeine Teil*, *supra*, nota 8, p. 604; AMBOS, Parte general, *supra*, nota 8, p. 232.

organizado de poder, no geral – mas nem sempre é assim – quem emite a ordem e quem a executa não se conhecem e tampouco decidem nada conjuntamente, isso não se contrapõe à assunção da coautoria, pois, para o acordo informal de vontades, é suficiente que o executor direto pertencente à organização criminosa ponha em evidência que está de acordo com quem emite a ordem.[37] Este acordo de vontades manifesta-se com a execução do fato, em certo modo, tacitamente. Por outro lado, a realização do tipo em coautoria não deve ser entendida de maneira estrita, no sentido de excluir toda ação preparatória. Domínio funcional do fato não se confunde com um atuar conjunto dos intervenientes fundado na divisão de trabalho. Nestes casos, o atuar conjunto consiste em que o "autor de escritório" – que não "suja as mãos" diretamente durante a execução do fato, como faz o autor direto – planeja, prepara e ordena o cometimento do fato e o subordinado o executa. Ambas contribuições ao fato são indispensáveis para o seu cometimento; superior e subordinado dominam o fato na mesma medida.[38] Deve-se ter presente, ademais, que está na lógica do domínio funcional do fato que, ao passo em que o número de intervenientes cresce, as contribuições individuais ao fato podem resultar cada vez menores, sem que isso deva conduzir a uma preponderância dos outros intervenientes.[39] Finalmente, quanto ao argumento da diferença estrutural entre a autoria mediata vertical e a coautoria horizontal, ainda que em princípio deva ser reconhecida, indica-se com isso apenas precisamente uma diferença estrutural que não permite uma delimitação segura nos casos limítrofes. Neste contexto, ela é idônea como argumento em favor de uma autoria mediata somente em casos nos quais a relação vertical entre o homem de trás e o executor não se sobreponha ou perturbe com outra relação de dependência do primeiro.[40] Vale mencionar que a Corte Superior de Justiça de Lima, antes mesmo do julgamento de Fujimori, havia condenado Salazar Monroe como autor mediato dos desaparecimentos de La Cantuta, argumentando que ele fez parte do nível superior estratégico no vértice do governo de Fujimori.[41]

---

37 Ambos, *Der Allgemeine Teil*, *supra*, nota 8, p. 605; Ambos, Parte general, *supra*, nota 8, p. 232.

38 Ambos, *Parte general*, *supra*, nota 8, p. 233.

39 *Ibidem.*

40 *Ibidem.*

41 Corte Superior de Justiça de Lima, Primeira Sala Penal Especial, Primeira Sala Penal Especial, Exp. n. 03-2003-1º SPE/CSJLI, 8 de agosto de 2008, disponível

No mesmo julgamento, vários comandantes médios das forças armadas e membros do grupo Colina foram condenados como coautores. No fundo, o problema da delimitação entre autoria mediata e coautoria no caso dos níveis hierárquicos médios e baixos concentra-se na decisão de se estar ou não disposto a aceitar o déficit de domínio do superior ou, melhor, um déficit de equiparação entre os intervenientes. Por ser o domínio o único critério determinante da autoria mediata, não se podem tolerar a tal respeito defeitos ou dúvidas; ao contrário, os critérios de equiparação e simultaneidade da coautoria não devem ser entendidos de maneira demasiadamente estrita.[42] Para tanto, a solução da responsabilidade penal de comandantes médios mediante a figura da coautoria é mais convincente, pois a autoria mediata fundamenta-se no controle absoluto, ao menos numa perspectiva normativa, sobre o fato e, como tal, não se compatibiliza com um controle parcial ou com a falta de controle pela ausência de uma postura de influência ou de liderança imperturbável.

*c) A desvinculação da organização em relação ao direito*

O segundo pressuposto específico reconhecido pelas Salas da Corte Suprema de Justiça é a desvinculação da organização em relação ao direito.[43] A organização, seja o Estado ou uma parte deste, ou um grupo não estatal, deve atuar à margem do direito nacional ou internacional. A desvinculação deve ter caráter estrutural, ou seja, eventuais e isoladas violações aos direitos humanos que não fazem parte de uma política sistemática não são suficientes. No caso da violência estatal massiva e sistemática, não é necessário que todo o aparato estatal como tal funcione fora dos limites do direito nacional ou internacional; basta que uma parte das instituições, a exemplo das forças de segurança, funcione como um "Estado dentro do Estado" e implemente uma política de violações de direitos humanos sob a liderança de altos funcionários. A desvinculação do direito pode realizar-se de maneira instantânea, por meio da decisão de nível estratégico superior de abandonar o Estado de direito, ou de forma gradual, por meio da deterioração contínua das estruturas democráticas do Estado.[44] O grau de culpabilidade do autor mediato é

em: <http://www.unifr.ch/ddp1/derechopenal/jurisprudencia/j_20080616_38.pdf>.

42 Ambos, Parte general, *supra*, nota 8, p. 233.

43 CSJ-SPE, *supra*, nota 6, §§ 733-736, CSJ-PSPT, *supra*, nota 6, p. 48-49.

44 CSJ-SPE, *supra*, nota 6, § 735.

mais intenso quando a origem da desvinculação parte de um marco de legalidade formal, pois – em primeiro lugar –, neste caso, está-se aleijado da ordem legal estabelecida, que era a fonte do uso legítimo de poder e – em segundo lugar – a estrutura criminal que surge resulta ser menos identificável.[45] Neste sentido, pode-se notar que Fujimori foi condenado como autor mediato em razão dos crimes cometidos pelo grupo Colina antes (caso Barrios Altos) e depois do golpe de Estado (caso La Cantuta). Portanto, o golpe de Estado como tal não pode ser considerado, exclusivamente, como critério ou circunstância decisiva para determinar que Fujimori liderou uma organização ilegal.

*d) A fungibilidade*

O terceiro pressuposto específico consiste na fungibilidade do autor direto (autor executivo).[46] Este critério pretende compensar a falta de controle sobre o autor direto plenamente responsável, que em qualquer momento pode tomar a decisão de abandonar o plano criminal. Somente se a organização produz um número suficiente de executores potenciais, os quais, além de estarem sempre dispostos, são também peças fungíveis, pode-se falar de um domínio por meio de uma organização, ou seja, através de executores intercambiáveis. Por tal motivo, o autor mediato – desde uma perspectiva naturalística – não domina o autor direto (o qual é plenamente responsável), mas – no sentido de uma fungibilidade *abstrata* – o conjunto de autores diretos que fazem parte da organização criminosa, ou seja, domina o aparato em si. Os autores diretos não são mais que rodas ou peças substituíveis da máquina do aparato de poder organizado, que converte a aparente liberdade em um dado naturalístico que – desde uma perspectiva normativa – não resulta ter maior importância.[47]

Quanto ao significado preciso de fungibilidade, a Sala Especial da Corte Suprema de Justiça faz uma distinção entre fungibilidade *negativa* e *positiva*. A primeira corresponde ao conceito clássico e se refere a situações nas quais uma negação ou abstenção por parte da pessoa que diretamente realizará os desígnios delitivos do plano criminal da organização não impedirá que eles se materializem, já que aquele tal

---

[45] *Ibidem*, § 731.

[46] CSJ-SPE, *supra*, nota 6, §§ 737-739, CSJ-PSPT, *supra*, nota 6, p. 49-51.

[47] Ambos, *supra*, nota 24, p. 144.

descumprimento compensa-se de maneira imediata com a intervenção de outro executor, que toma seu lugar.[48] A fungibilidade positiva outorga ao nível estratégico superior a possibilidade de eleger para o cometimento do fato punível, desde o início, a melhor opção entre uma pluralidade de executores da qual dispõe o aparato de poder.[49] O nível estratégico superior pode eleger os executores mais qualificados para o plano delitivo, para evitar, desta maneira, qualquer fracasso da ação. No tocante ao caso de Fujimori, isso significa que, embora o grupo Colina estivesse formado somente por cerca de 30 pessoas – poucas, se comparadas aos milhares de autores diretos do Holocausto ou do genocídio em Ruanda –, não se exclui a mencionada fungibilidade, pois o nível estratégico superior pôde eleger com antecedência as pessoas mais qualificadas e treiná-las para as ações criminais. Por esta razão, um fracasso no cometimento dos crimes foi, praticamente, descartado. Tendo em conta este critério amplo, a fungibilidade concreta deixa de ser relevante, sendo suficiente a já mencionada fungibilidade abstrata.[50]

---

48 CSJ-SPE, *supra*, nota 6, § 738.

49 *Ibidem*, § 738.

50 Cfr. Ambos, Parte general, *supra*, nota 8, p. 222-223; *o mesmo*, *Internationales Strafrecht*, 4. ed. München: Beck, 2014, § 7 n. 26, segundo o qual a fungibilidade não pode ser entendida de maneira completamente empírica (naturalista) e (com ele) a falta eventual de uma fungibilidade concreta não representa nenhum impedimento para o domínio do fato do homem de trás; veja-se também: Mark Osiel, *Making Sense of Mass Atrocity*, Cambridge (Cambridge University Press), 2009, p. 102 ("In assessing the superior'misconduct, the capacity to switch subordinates between positions may not be the most relevant type of control, [...]"). Cfr. Raul Pariona, La autoría mediata por organización en la Sentencia contra Fujimori, em K. Ambos/Meini, *supra*, nota 16, p. 233 e ss., detém a fungibilidade e a elevada predisposição do fato não como pressupostos, mas como meras características do domínio da organização. A (todavia incipiente) jurisprudência do Tribunal Penal Internacional relativiza a fungibilidade: "*Attributes of the organisation – other than the replaceability of subordinates – may also enable automatic compliance with the senior authority's orders. An alternative means by which a leader secures automatic compliance via his control of the apparatus may be through intensive, strict, and violent training regimes*". (*Prosecutor vs. Katanga and Ngudjolo*, *supra* n. 13, § 518; destacado pelo autor). Crít. Thomas Rotsch, "Einheitstäterschaft" statt Tatherrschaft, p. 326 e ss. (Berlin: De Gruyter, 2009); *idem*, *ZStW* 112, p. 526 e ss (2000).

De qualquer forma, o critério da fungibilidade não pode compensar plenamente a falta de controle fático do autor mediato sobre os autores diretos e, portanto, não pode explicar o domínio do fato satisfatoriamente. Numa perspectiva puramente fática, naturalística ou empírica, sempre há casos em que os autores diretos não podem ser substituídos sem que se frustre a realização do crime como tal, a exemplo dos guardas do muro de Berlim: se não houvessem disparado, as pessoas teriam logrado êxito na fuga à parte ocidental da Alemanha e nada teria condições de impedir isso. Com a fuga exitosa, negar-se-ia o domínio do fato por parte do vértice da organização. Portanto, o critério da fungibilidade mostra-se inidôneo, desde o ponto de vista empírico, para explicar convincentemente o domínio por organização e deve ser complementado por uma *consideração normativa* que transporte a estrutura dos delitos de dever à teoria do domínio do fato, servindo-se de um conceito material de liberdade.[51] Destarte, o Estado aparece como obrigado especial – enquanto garantidor dos direitos fundamentais e graças ao consequente dever de proteção – frente aos cidadãos e possui, frente a eles, portanto, um poder de lesão especial. O Estado lesiona seu dever de proteção com a ordem antijurídica ao autorizar um executor a lesionar uma determinada pessoa. A relação de dependência entre o cidadão e o Estado seria aqui comparável com a posição de garantidor nos delitos de omissão. Aqui, o garantidor também seria responsável porque lesiona, frente à vítima, o dever especial de proteção ou de custódia que resulta de sua posição. No caso de uma ordem antijurídica, a dependência – igualmente normativa – do cidadão em relação ao Estado também fundamenta o domínio do fato deste – domínio que, ademais, é exercido pelo Estado ao transmitir ao executor, um cidadão, a ordem antijurídica de lesionar a vítima, outro cidadão. Assim, encontram-se afetadas duas relações jurídicas: a relação de reconhecimento entre o Estado e o cidadão, caracterizada por deveres especiais, bem como a relação de reconhecimento geral dos cidadãos entre si. O domínio do fato do Estado, mais precisamente, o domínio do

---

[51] Veja-se de maneira detalhada sobre esse assunto: K. AMBOS, Parte general, *supra*, nota 8, p. 224 e ss.; *idem*, *Der Allgemeine Teil, supra*, nota 8, p. 599-600; *idem*, *supra*, nota 24, p. 148-151; fundamentalmente UWE MURMANN, *Die Nebentäterschaft im Strafrecht: ein Beitrag zu einer personalen Tatherrschaftslehre*, p. 60 e ss. (Berlin: Dunker & Humblot, 1993), *idem*, Tatherrschaft und Weisungsmacht, *Goltdammers Archiv für Strafrecht* (*GA*), p. 275 e ss. (1996).

fato do vértice da organização estatal, apresenta-se como um "domínio sobre a qualidade da relação", isto é, da relação de reconhecimento entre o Estado e seus cidadãos. O importante nesta relação é o dever especial do Estado frente ao cidadão, derivado da dogmática dos delitos de dever. Na outra relação dos cidadãos entre si – aqui: entre o autor direto que executa a ordem e a vítima –, o que interessa é a sua lesão por meio da ingerência direta na liberdade alheia. Como consequência, ambas as relações jurídicas restam lesionadas. Pois bem, se se quer imputar a lesão à vítima ao vértice da organização estatal através do executor, então não se pode atender somente à relação entre o vértice da organização e o executor, mas também a vítima deve ser levada em consideração, por meio da relação de reconhecimento geral dos cidadãos entre si. A obrigação especial do Estado frente ao cidadão – que o obriga a protegê-lo e o proíbe de lesioná-lo e que, ao mesmo tempo, implica um poder de lesão especial dentro desta relação – proporciona, portanto, uma fundamentação normativa do domínio do fato em todos os casos nos quais se nega a fungibilidade por motivos empíricos.

A respeito do caso de Fujimori, esta questão em particular foi ressaltada por Jakobs, que aponta o caráter de Fujimori como autor justamente em sua posição de presidente, que atua com pleno conhecimento das ações do grupo Colina.[52] A Sala, corretamente, rechaçou a aplicação da figura da responsabilidade do superior, já que esta é uma forma de responsabilidade por omissão, ao passo em que Fujimori gerenciou ativamente a criação do mencionado aparato de poder organizado e o direcionou à execução concreta de delitos. Contudo, neste contexto, a Sala não se aprofundou na interpretação fático-normativa da fungibilidade para determinar que a Fujimori – como chefe de governo – corresponde uma responsabilidade especial (posição de garante), devido ao fato de que ele tinha que proteger a população do cometimento de delitos por parte do aparato de poder estatal, pelo qual o descumprimento (ativo ou passivo) desta obrigação (especial) implica sua responsabilidade como autor. É de se ressaltar que, com isso, abandona-se a teoria do domínio do fato, apesar dela ser assegurada normativamente. A fundamentação normativa exposta não substitui o ponto de vista fático, mas o complementa. Aquelas considerações também explicam porque o grupo de autores mediatos deveria limitar-se ao nível estratégico superior, pois somente

---

52 G. Jakobs, *supra*, nota 16, p. 574.

os líderes – como representantes máximos do Estado – carregam o dever especial de proteger os cidadãos. No entanto, cabe anotar que esta interpretação não é aplicável aos casos de líderes de organizações não estatais, onde o domínio por organização deve fundamentar-se exclusivamente em critérios fáticos.

*e) A predisposição do autor direto à realização do fato*

O quarto pressuposto específico, que vai além dos pressupostos tradicionais expostos até o presente momento, é a predisposição do autor direto, que implica que este não atua como qualquer cidadão ante o cometimento de um delito, ou como um ente individual apenas, passando a ser parte do todo estratégico, operativo e ideológico que integra a organização hierárquica.[53] Este requisito tem sua origem na teoria de Schroeder[54] sobre autoria mediata e foi utilizado originalmente pela jurisprudência alemã nos casos dos disparos do muro (*Mauerschützenfälle*).[55] A Sala Especial da Corte Suprema de Justiça menciona este pressuposto, advertindo que Roxin havia considerado recentemente a inclusão e a integração deste critério. No entanto, isso não é de todo correto. Embora reconheça atualmente que este critério aproxima-se "da fundamentação" de sua teoria e "reforça" o domínio do fato do homem de atrás, Roxin considera que não se trata "de uma condição propriamente", por apenas "derivar" dos três requisitos anteriores.[56] Ele entende que a disposição do fato como tal

---

[53] CSJ-SPE, *supra*, nota 6, §§ 740-741, CSJ-PSPT, *supra*, nota 6, p. 51-52.

[54] F. C. SCHROEDER, *Der Täter hinter dem Täter. Ein Beitrag zur Lehre von der mittelbaren Täterschaft*. Berlin: Duncker & Humblot, 1965).

[55] BGHSt 40, 218, 237; BGHSt 40, 307, 316, BGHSt 45, 270, 296.

[56] Sobre a posição atual, veja-se: C. ROXIN, Apuntes sobre la Sentencia-Fujimori de la Corte Suprema del Perú, In: K. AMBOS/MEINI, *supra*, nota 16, p. 99 s. (originalmente publicado em *ZIS* 2009, 565 e ss.); ver também C. ROXIN, FESTSCHRIFT KREY, p. 463 e ss. (Stuttgart: Kohlhammer, 2010); sobre a posição original de Roxin, veja-se sua contribuição na Festschrift F.C. Schroeder, p. 387 (p. 397 e ss.) (Heidelberg: C.F. Müller, 2006), também publicado em *ZIS*, 2006, p. 293 (p. 298 e ss.) [como terceiro pressuposto]; veja-se também: C. ROXIN, Schweizerische Zeitschrift für Strafrecht (*ZStR*), p. 1 (p. 15 e ss.) (2007); *ZIS* 2009, p. 565 (como um dos "quatro pressupostos"), também publicado em K. AMBOS/MEINI, *op. cit.*, p. 94. Adicionalmente veja-se: PARIONA ARANA, *supra*, nota 8, p. 57 e ss., p. 84 e ss.; *idem*, In: K. AMBOS/MEINI, *op. cit.*, p. 233 (p. 246 y ss., 248).

não é apropriada para a demarcação entre autoria mediata e instigação[57] e que prová-lo como fenômeno intrapsíquico é extremamente difícil,[58] tampouco compatível[59] com uma compreensão teórico-organizacional consequente do domínio *por* organização – domínio do fato como segurança de resultado através do *domínio* da *organização* como "verdadeiro instrumento"[60] –, porque desvia a perspectiva da organização, na melhor das hipóteses, ao dominado autor direto e com ele relativiza a particularidade organizacional específica e, ao mesmo tempo, a solidez da teoria do domínio por organização. Por óbvio, há mecanismos sociopsicológicos relacionados à participação na organização, mecanismos que aumentam a disposição do fato de um autor que atua como parte de um coletivo frente a um autor individual,[61] mas se trata apenas de uma "*organisa-*

---

[57] Desse modo, a crítica tradicional: Cfr. K. Ambos, Dominio del hecho por dominio de voluntad en virtud de aparatos organizados de poder, p. 19 e ss. (Bogotá: Universidad Externado, 1998); Jan Schlösser, Soziale Tatherrschaft, p. 161 e ss. (Berlín: Duncker und Humblot, 2004); com mais referências Manfred Heinrich, FS Krey, *supra*, nota 56, p. 156 e 164; também a crítica de Herzberg, In: K. Ambos/Meini, *supra*, nota 16, p. 125 e ss.

[58] Cfr. García C., *ZIS* 2009, p. 596 (p. 602), também publicado em: K. Ambos/Meini, *supra*, nota 16, p. 187 (p. 208); Ioannis Morozinis, Dogmatik der Organisationsdelikte, p. 316 (Berlin: Duncker und Humblot, 2010). Para uma compreensão objetiva da disposição do fato, veja-se: Meini, *ZIS* 2009, p. 603 (p. 608), também publicado em K. Ambos/Meini, *op. cit.*, p. 211 (p. 228 y ss.).

[59] De maneira acertada: Rotsch, *ZIS* 2008, p. 1 (p. 3); idem, *supra*, nota 50, p. 390 (2009) y *ZIS* 2009, p. 549 (p. 551); recentemente *do mesmo*, De Eichmann hasta Fujimori. Sobre la recepción del dominio de la organización después de la sentencia de la Sala Penal especial de la Corte Suprema de Perú, em K. Ambos/Meini, *supra*, nota 16, p. 33 e ss. (originalmente publicado em *ZIS* 2009, 549 y ss.); veja-se também: Heinrich, *supra*, nota 57, p. 164.

[60] Cfr. somente Roxin, FS Krey, *supra*, nota 56, p. 457 e p. 460. Resumindo quanto às diferentes visões (coletivas a individualistas) para a fundamentação do domínio: Schlösser, *supra*, nota 57, p. 52 e ss. (p. 108 e ss.).

[61] Para Manfred Heinrich, Rechtsgutszugriff und Entscheidungsträgerschaft, p. 274 (München [C.H. Beck], 2002) e *idem*, *supra*, nota 57, p. 162, o indivíduo, no momento de entrada na organização, pendurou sua barreira psicológica interior e sua disposição de reflexão, "em certo sentido, junto com o sombreiro e o abrigo no cabide ao lado da entrada" ["gewissermaßen zusammen mit Hut und Mantel am Kleiderhaken neben dem Eingang aufgehängt"]. Caroline Urban, *Mittelbare Täterschaft kraft Organisationsherrschaft*, p. 165 e ss. (Göttingen: Unipress, 2004), acentua "o fato de estar integrado na organização" e vê uma "pressão interna da organização na ação" (p. 159), assim como influências

*tionstypische Tatgeneigtheit*" ("predisposição ao fato típica da organização"),[62] que justamente ressalta a dominação da organização frente ao indivíduo. Em outras palavras: é certo que a adesão (voluntária) à organização pode justificar uma elevada disposição ao fato por parte do membro individual, mas o domínio do fato fundamenta-se apenas no *domínio sobre a organização* – compreendido em termos coletivos – e somente por meio deste reflete-se sobre os membros executores do fato.

## II. ALGUMAS REFLEXÕES SOBRE A APLICAÇÃO DA TEORIA DOS APARATOS ORGANIZADOS DE PODER NÃO ESTATAIS, INCLUSIVE EMPRESAS

No tocante às organizações não estatais, temos que distinguir as criminais per si – incluindo as de caráter terrorista – e as legais per si. De antemão, tem-se como requisito que os membros atuem "como órgãos da cúpula dirigente, cuja autoridade reconhecem".[63] No entanto, para Roxin, não se pode falar de um aparato de poder «quando se junta meia dezena de elementos associais para realizar delitos em comum e elegem (...) um deles como chefe», pois, neste caso, falta o pressuposto fundamental do domínio por vontade, ou seja, a «existência independente de alterações nos membros» da organização. Outros autores, a exemplo do meu colega

---

"condicionadas à organização" ou "relacionadas à organização" (p. 199 e p. 263). Rotsch, *supra*, nota 50, p. 331 (2009), fala de "organisationssoziologisch bedingte[n] Neutralisationsmechanismen" ["mecanismos de neutralização sociológica e organizacionalmente condicionados"]. Veja-se também como exemplos Roxin, *ZStR*, p. 16 (2007); *idem*, *ZIS*, p. 567 (2009) (em castelhano, em K. Ambos/Meini, *supra*, n. 16, p. 91 e ss.); *idem*, FS Krey, *supra*, nota 56, p. 463 e ss. Veja-se de igual forma a Meini, *supra*, nota 8, p. 116 e ss. e *idem*, *ZIS* 2009, p. 608, também publicado em*:* K. Ambos/Meini, *op. cit.*, p. 228 e ss., para o qual, entre outros, por esse motivo o domínio do fato dos membros da organização é decisivo para a fundamentação do domínio (Meini, *supra* n. 8, p. 61 e ss. [p. 68], p. 111 e ss. [p. 117 e 119], p. 180 e ss.; *idem*, *ZIS* 2009, p. 608, também publicado em: K. Ambos/Meini, *op. cit.*, p. 229).

62 Heinrich, *supra*, nota 61, p. 273 e ss. (p. 274 e ss., 279); *idem*, *supra*, nota 57, p. 163 e ss. Cfr. também: Rotsch, 2009, *supra*, nota 50, p. 33, com a acertada advertência que Roxin implementou a tese de Heinrich (assim também Heinrich, *supra* n. 57, p. 164 com a nota de rodapé 89); Morozinis, *supra*, nota 58, p. 316 e ss.

63 Roxin, Täterschaft (*supra* n. 8), p. 250 e s.; *idem*, *GA* 1963, p. 205; *idem*, *JZ* 1995, p. 49 (51).

de Göttingen, Murmann, rechaçam tal ampliação do domínio de organização à criminalidade não estatal, tendo como base considerações de princípio ou outras.[64]

De todo modo, pode resultar útil uma distinção entre aparato de poder formal e grupo informal.[65] Em princípio, o domínio de organização só é possível em um aparato de poder formal, ou seja, numa organização que está estruturada de modo hierárquico-linear e que consiste em um número suficientemente grande de executores intercambiáveis. Com isso, adentra-se no âmbito, apenas investigado no plano empírico, da criminalidade organizada. Parece claro que, nos conceitos conhecidos em Direito penal – "bando" (por exemplo, § 244 I n. 3 do Código Penal Alemão) e "associação criminal" (§ 129 do Código Penal Alemão) –, por regra geral, falta uma organização estritamente hierárquica e que – por causa de um número reduzido de membros –, também, carece-se do elemento da fungibilidade dos executores.[66] Quanto a uma "associação criminosa", para além da habitual conexão pouco densa em forma de rede,[67] se presentes estruturas fixas de organização e um grande número de membros, formará parte da "criminalidade organizada" em sentido estrito.[68] Desse modo, contudo, já nos encontramos plenamente no campo da criminologia e da política criminal (entre "mito e realidade"[69]) e temos de nos contentar com uma mera definição de trabalho[70] e com um

---

64 Murmann, *GA* 1996, p. 269, 278 e s., ao tomar como ponto de referência a relação entre Estado e cidadão; Herzberg, Täterschaft und Teilnahme, 1977, p. 43; Schumann, *Strafrechtliches Handlungsunrecht und das Prinzip der Selbstverantwortung der Anderen*, 1986, p. 76.

65 Com Lampe, *ZStW* 106 (1994), p. 683 (687 e ss.) também cabe distinguir entre sistemas de injusto *organizados* e *simples* (associação criminal, empresa e Estado frente à mera coautoria).

66 Cfr. Göppinger, *Kriminologie*, 5. ed., 1997, p. 552; Kaiser, *Kriminologie*, 3. ed., 1996, p. 411 e s., 518 e s.

67 Sobre esse, cfr. Göppinger (*supra* n. 66), p. 552 e s. com ulteriores referências.

68 Assim há que se interpretar provavelmente Lampe, *ZStW* 106 (1994), p. 683 (696 e s.) quando identifica de modo geral a associação criminal com a criminalidade organizada.

69 Kaiser (*supra* n. 66), p. 409.

70 De acordo com a qual a criminalidade organizada é "o cometimento planificado de delitos determinado pela persecução de benefícios e poder, sendo as infrações por si só ou em seu conjunto de considerável relevância e colaborando (sob determinadas circunstâncias) mais de dois interve-

grande número de indicadores que, em parte, são muito indeterminados. No entanto, ao menos, cabe deduzir disso que, quando os membros forem em grande medida intercambiáveis e existir uma estrutura de organização caracterizada por um estilo de mando estrito, haverá indícios de que se trata de uma forma de criminalidade organizada.[71] Neste caso, entra em consideração também um domínio por organização.

Portanto, em nenhum caso pode-se afirmar de maneira genérica que, com a concorrência da criminalidade organizada – se é que esta pode, sequer, ser constatada de modo claro –, existirá domínio por organização. Pelo contrário, há de se comprovar, em cada caso, sua ocorrência. Em muitas situações, resultará difícil realizar esta constatação com total segurança, pois, por um lado, "até o dia de hoje não se logrou descobrir completamente a estrutura interna, os âmbitos de atividade e o alcance desta a respeito do crime organizado",[72] nem, por outro lado, é indiscutível que exista uma estrutura hierárquica estrita.[73] Meus estudos próprios confirmam que, também no caso dos chamados "cartéis da droga" colombianos, dificilmente se poderá demonstrar a existência de uma estrutura de organização de caráter hierárquico.[74] Por conseguinte, apesar de todos os novos dados conhecidos, resta uma considerável magnitude de insegurança que impede, no caso da criminalidade organizada, de modo geral, de se chegar à conclusão de que existe domínio de organização. Esta possibilidade somente passa a ser levada em consideração quando concorrem os indícios antes mencionados (estrutura de organização estrita, possibilidade de substituir os membros).

---

nientes durante um tempo prolongado ou indeterminado" (Publicações do Parlamento Federal 12/989, 24, Exposição de Motivos da Lei de Criminalidade Organizada [OrgKG] da RFA). Crítico em geral com os intentos de definição, mas colaborando ao menos com uma "definição de mínimos" Krauthausen, Moderne Gewalt. Organisierte Kriminalität in Kolumbien und Italien, 1997, p. 24 e ss.

[71] Cfr. os indicadores do Escritório Federal de Criminalidade alemã (BKA, Bundeskriminalamt) anunciados em Kaiser (*supra* n. 66), p. 410.

[72] Kerner, em: Kaiser/Kerner/Sack/Schellhoss (ed.), *Kleines Kriminologisches Wörterbuch,* 3. ed., 1993, p. 377; com similar atenção também Göppinger (*supra* n. 66), p. 552; Kaiser (*supra* n. 66), p. 409, 412.

[73] Cfr. Göppinger (*supra* n. 66), p. 553.

[74] Ambos, *Die Drogenkontrolle und ihre Probleme in Kolumbien*, Perú und Bolivien, 1993, p. 38 e ss.; em sentido semelhante Krauthausen (*supra* n. 133), p. 26; desde uma perspectiva mais geral, Kerner (*supra* n. 72), p. 380.

Se isso é correto, a resposta para *empresas*, ou seja, organizações não estatais per si legais, é clara: não se lhes pode aplicar a teoria. Isso deriva já no plano puramente conceitual, de que há de se tratar de "aparatos de poder", isto é, de organizações criminais destinadas a manter ou incrementar níveis de poder com uma estrutura de organização e comando correspondentemente estrita. E, como tais, dificilmente – ainda que se adote uma posição crítica a respeito de muitas estratégias de mercado agressivas e até mesmo criminais (corrupção etc.) – poderiam qualificar-se as grandes empresas (multinacionais). As empresas não são criminais per si, pois o que buscam de antemão é a obtenção legal de vantagens econômicas. Pode ocorrer que o cometimento de delitos converta-se num fenômeno que acompanhe certa estratégia de mercado, mas, como regra geral, não se estabelece como uma parte fixa da política da empresa, significando dizer que as infrações são "acidentais".[75] Se a situação é diversa, isto é, se as "atitudes criminais"[76] são majoritárias, tratar-se-á de organizações criminais, razão pela qual estaremos no âmbito do «crime organizado de modo similar à máfia», e, portanto, do grupo de casos anteriormente analisados. Se, ao contrário, se parte do «tipo normal» de empresa legal, não concorrem os pressupostos materiais do domínio por organização.[77] Nas empresas com distribuição funcional e descentralizada, faltarão já os necessários "processos regrados". Mas, também em relação às empresas organizadas de modo hierárquico e linear, ou seja, aquelas que, sob determinadas circunstâncias, provavelmente, podem desencadear "processos regrados" por instruções desde "cima", não se pode afirmar que os executores sejam mecanicamente intercambiáveis no sentido do critério de fungibilidade.[78]

---

[75] Lampe, *ZStW* 106 (1994), p. 685 (708). Vide também BGHSt 32, p. 202, 206 (la fundación de una empresa "por sí sola" aún no constituye la formación de una asociación delictiva).

[76] Schünemann, *Unternehmenskriminalität und Strafrecht*, 1979, p. 22.

[77] Cfr. especialmente Heine, Die strafrechtliche Verantwortlichkeit von Unternehmen, 1995, p. 104, assim como, *idem* (*supra* n. 41), p. 61 e ss., indicando precisamente o perigo de transbordamento da responsabilidade jurídico-penal. Contra também Roxin, *JZ* 1995, p. 49 (51 e s.); Murmann, *GA* 1996, p. 269 (275, 278 e ss.); Schumann (*supra* n. 64), p. 76; a favor, no entanto, Schünemann (*supra* n. 76), p. 102 e s.

[78] Outra questão, que aqui não se há de discutir mais detalhadamente, é a de em que medida pode fundamentar-se uma responsabilidade jurídico-penal da pessoa jurídica, ou seja, una responsabilidade da empresa como coletivo em

contraposição com uma responsabilidade jurídico-penal individual de seus membros, sobre a base de um "*domínio de organização* funcional-sistêmico" (cfr. HEINE [*supra* n. 77], p. 129 a 134, 250 e s., 254, 287 e s., 311 e s.; vid. também LAMPE, *ZStW* 106 [1994], p. 683, 728 e ss.).

3

# POSSE COMO DELITO E A FUNÇÃO DO ELEMENTO SUBJETIVO. REFLEXÕES DESDE UMA PERSPECTIVA COMPARADA*

Há muitos problemas em torno dos delitos de posse, mas vou me restringir aqui a uma investigação teórica da estrutura, da lógica e do conceito desses delitos, incluindo o seu aspecto subjetivo. Para tanto, aproveitarei os escritos anglo-americanos e alemães relevantes sobre o assunto. Deve ficar claro depois da minha análise, que este é mais um tópico, no qual estas duas tradições jurídicas ignoram totalmente uma a outra, embora uma troca mútua possa ser fecunda, dadas as suas abordagens e resultados surpreendentemente similares.

O artigo está estruturado do seguinte modo: primeiramente, investigarei a estrutura e a lógica dos "delitos de posse" e destacarei alguns dos problemas conceituais que surgiram (*infra* I). Em seguida, darei uma olhada no conceito de posse, no que diz respeito à exigência de conduta em direito penal e as funções atribuídas ao elemento subjetivo (II). Por fim, proporei um conceito de delito de posse compatível com um sistema liberal de direito penal (III).

---

* Tradução elaborada a partir da versão inglesa de "*Possession as a Criminal Offence and the Function of the Mental Element – Reflections from a comparative perspective*", pelo Prof. Dr. Pablo Rodrigo Alflen; revisão pelo autor.

## I. ESTRUTURA, LÓGICA E ALGUNS PROBLEMAS DOS DELITOS DE POSSE

Os delitos de posse criminalizam a mera posse de coisas ou objetos. Existe uma ampla variedade desses delitos.[1] Esta variedade exige um tratamento sutil e uma classificação ou categorização. Uma classificação bastante simples e naturalista incide sobre a periculosidade dos objetos possuídos. Estes podem ser *per se* perigosos, por exemplo, armas, drogas ilícitas, materiais obscenos ou certas substâncias químicas;[2] ou então podem ser *per se* neutros ou inócuos, como certas ferramentas que normalmente são usadas para um propósito totalmente lícito, por exemplo, para realizar reparos em uma bicicleta, mas que também podem ser usadas para um propósito criminoso, tal como um roubo.[3] Devido a esse possível uso duplo nós poderíamos chamá-los de objetos de dupla-utilização. A natureza do objeto possuído influencia a lógica da criminalização. À primeira vista, somente seria justificável a criminalização da posse de objetos perigosos. A razão da criminalização, aqui, pode ser vista no perigo ou no risco inerente a esses objetos e o objetivo do legislador é controlá-los, a fim de limitar o seu perigo inerente, por meio da proibição criminal de sua posse.[4] Portanto, estes delitos

---

1 Veja, por exemplo, Andrew Ashworth; Lucia Zedner. "Prevention and Criminalization: Justifications and Limits". *New Criminal Law Review,* vol. 15 (2012), p. 542, e p. 545-5 (Inglaterra); Markus D. Dubber. "Policing Possession: The War on Crime and the End of Criminal Law". *Journal of Criminal Law & Criminology*, vol. 91 (2001), p. 829, e p. 834-5, p. 856-7; *idem*, "The Possession Paradigm: The Special Part and the Police Power Model of the Criminal Process". In: Duff and Green (eds.), Defining Crimes: Essay on the Special Part of Criminal Law, Oxford: OUP 2005, p. 91, e p. 96-7 (EUA, Nova Iorque); Ken Eckstein. Besitz als Straftat. Berlin: Duncker & Humblot, 2011, 39 p. (Alemanha); Gudrun Hochmayr. Strafbarer Besitz von Gegenständen. Vienna: Manz, 2005, p. 6 e ss. (Áustria, Alemanha, Suíça).

2 Sobre objetos perigosos veja também Eckstein, *supra*, nota de rodapé 1, p. 70-2; Hochmayr, *supra*, nota de rodapé 1, p. 51 (com um panorama sobre o bem jurídico [*Rechtsgut*] violado).

3 Para algumas distinções veja Nuria Pastor Muñoz. "Besitz- und Statusdelikte: eine kriminalpolitische und dogmatische Annäherung". *GA*, vol. 153 (2006), p. 793, p. 797-8 (estrutura de casos *a* e *b*).

4 Em sentido semelhante Pastor, *supra*, nota de rodapé 3, p. 799; compare também Friedrich Christian Schroeder, "Besitz als Straftat". *ZIS,* vol. 2 (2007), p. 444, 448 coluna da direita ("*Quelle von Gefahren*"); para um paralelo sobre

de posse normalmente perseguem fins preventivos,[5] com o objetivo de evitar maiores danos ou prejuízos que possam surgir a partir da posse e do uso descontrolado dos respectivos objetos.[6] Em contraposição, a posse de objetos neutros somente pode ou deve ser criminalizada se alguma outra coisa – além da mera posse – justificar tal criminalização, ou seja, o uso ilícito do respectivo objeto para a prática de um crime (por exemplo, o ladrão que usa ferramentas "normais" para cometer um roubo). Voltaremos a esta limitação necessária mais adiante.

A criminalização da posse de objetos *per se* neutros suscita vários problemas. Em primeiro lugar, isso implica uma mudança no foco: do objeto não perigoso para o possuidor perigoso. A lei penal sobre posse se transforma em uma lei sobre o possuidor (supostamente) perigoso; uma nova lei sobre vadiagem,[7] que funciona como um mecanismo de "controle social discricionário" de indivíduos supostamente perigosos.[8] Desde esta ótica, os delitos de posse são parte integrante de uma justiça criminal que se transforma em um sistema policial, o qual invoca

---

os crimes de perigo (abstrato) veja ainda Hochmayr, *supra*, nota de rodapé 1, p. 150.

5 No mesmo sentido Ashworth/Zedner, *supra*, nota de rodapé 1, p. 546; mais especificamente, a favor da segurança como uma justificativa para a criminalização da posse de armas de fogo Victor Tadros, "Crimes and Security", *Modern Law Review*, vol. 71 (2008), p. 940, e p. 943-6.

6 Favorável a que essa abordagem facilite a intervenção da polícia desde o início: Andrew P. Simester; John R. Spencer; Robert Sullivan; Graham J. Virgo, *Simester and Sullivan's Criminal Law*, Oxford: Hart, 5th ed. 2013, p. 81-2.

7 Dubber, *supra*, nota de rodapé 1, *J. Crim. L. & Criminology*, p. 836 ("*possession has replaced vagrancy as the sweep offense of choice*" ["a posse substituiu a vadiagem com um delito de varredura"]), p. 859 ("*paradigmatic offense in the current campaign to stamp out crime by incapacitating as many criminals as we can get our hands on*" ["delitos paradigmáticos na atual campanha de combate à criminalidade por meio da incapacitação de muitos criminosos que podem chegar a nossas mãos"]), p. 908 ("*offense designed and applied to remove dangerous individuals even before they have had an opportunity to manifest their dangerousness in an ordinary inchoate offense*" ["delitos concebidos e aplicados para excluir indivíduos perigosos, mesmo antes de terem tido a oportunidade de manifestar sua periculosidade com a prática de alguma infração comum iniciada"]), p. 908 e ss.

8 G.P. Fletcher, Rethinking Criminal Law, Oxford: OUP, reimpressão 2002, p. 202 e ss.

delitos de posse "de polícia", isto é, que visam estigmatizar e incapacitar certos membros da sociedade por serem "perigosos ou antissociais".[9] Logo, desde a perspectiva da dicotomia repressão-prevenção, traçando a linha entre um direito penal repressivo (que olha para o passado) e um direito de polícia preventivo (que olha para o futuro), os delitos de posse pertencem muito mais a este último, pois criam uma responsabilidade de tipo policial por uma situação perigosa e transformam possuidores em perturbadores.[10] Evidentemente, os modernos legisladores não podem afirmar isso abertamente. Eles não podem criminalizar objetos *per se* neutros, sob a condição de que eles sejam possuídos por indivíduos perigosos. É por esta razão que criminalizam diretamente a posse desses objetos, não obstante a subsequente hiper-criminalização.

Em segundo lugar, esta criminalização opera com base em dupla presunção com relação à periculosidade do possuidor e à possível ocorrência de outros delitos (anteriores ou posteriores). Quanto ao possuidor, a presunção substitui a falta de periculosidade do respectivo objeto. Tomemos o exemplo de certos objetos de dupla utilização acima mencionados: a criminalização de sua posse repousa sobre a sua possível

---

[9] DUBBER, *supra*, nota de rodapé 1 [*in Duff and Green*], p. 97 ("*Possession... functions like a modern sweep offense that sweeps far wider than the original sweep offense, vagrancy, as every day there are far more criminal possessors than there are vagrants and packs a far greater punch, with maximum penalties for possession alone extending to life imprisonment without the possibility of parole, without mentioning the substantial possession enhancements for other crimes, as contrasted with the overnight jailings followed by a more or less formal order to 'get out of town' once common for those deemed vagrants*" ["a posse... funciona como um moderno delito de varredura, o qual se estende de forma muito mais ampla que o delito de varredura originário, a saber, a vadiagem, pois a cada dia há muito mais autores de crimes de posse do que vadios e grupos de maior impacto, com penas máximas para a posse, inclusive, de prisão perpétua, sem a possibilidade de livramento condicional; sem mencionar o aumento substancial dos crimes de posse em relação a outros crimes, em contraste com as prisões realizadas a noite, seguidas da ordem mais ou menos formal de 'sair da cidade', muito comum para aqueles considerados vadios"]); sobre as características do possuidor, com relação ao *status* de perigoso *ibidem* p. 113-4; com relação à pessoa perigosa e o objeto veja *ibidem*, p. 116.

[10] Desde a perspectiva alemã veja O. LAGODNY, Strafrecht vor den Schranken der Grundrechte, Tübingen: Mohr, 1996, p. 323, p. 336 e ss. ("*polizeirechtliche[r] Zustandsstörerverantwortlichkeit*" ["responsabilidade 'policial' do perturbador da situação"]).

utilização criminosa, a qual, por sua vez, repousa sobre a periculosidade presumida do possuidor. Tal presunção, no entanto, somente pode ser considerada legítima se existirem indícios objetivamente consistentes quanto à periculosidade do possuidor, como, por exemplo, o ato preparatório de um crime ou a sua participação em uma organização criminosa;[11] caso contrário, a criminalização consistirá em uma presunção ilegítima, caracterizando uma "*Verdachtsstrafe*", isto é, uma punição com base em uma mera suspeita.[12] A distinção entre uma presunção legítima e outra ilegítima segue na linha da clássica dicotomia entre criminalidade manifesta *versus* subjetiva:[13] enquanto a criminalidade manifesta depende de um objeto perigoso, o qual é necessário para manifestar a criminalidade e suas sinistras implicações,[14] a criminalidade subjetiva depende tão só da periculosidade do possuidor para justificar a criminalização. Claro que uma linha precisa entre a presunção legítima e a ilegítima é difícil de se traçar, uma vez que ela se baseia na natureza e na intensidade da manifestação objetiva da periculosidade do possuidor.[15] Quanto às outras infrações (anteriores ou posteriores), a referida presunção pode operar olhando para trás ou para frente. Tome-se, por exemplo, a posse de drogas, na qual, por um lado, é criminalizada "a conduta anterior de

---

[11] Cf. PASTOR, *supra*, nota de rodapé 3, p. 800-2 (afirmando que os casos de "manifestação de periculosidade subjetiva" [Äußerung der subjektiven Gefährlichkeit] do ofensor, nestas "estruturas c, d e e", "violam a condição pessoal de segurança" como parte de um conceito de segurança normativa enquanto pilar essencial de nossa sociedade).

[12] No mesmo sentido veja *C.* NESTLER, "Rechtsgüterschutz und Strafbarkeit des Besitzes von Schußwaffen und Betäubungsmittel", in INSTITUT FÜR KRIMINALWISSENSCHAFTEN (ed.), *Vom unmöglichen Zustand des Strafrechts*, Frankfurt/M: P. Lang, 1995, p. 65 e 68; ECKSTEIN, *supra*, nota de rodapé 1, p. 261-3 (com relação a alguns delitos de posse); *Deiters*, Review of Eckstein, *GA* 151 (2004) p. 58, e 61; PASTOR, *supra*, nota de rodapé 3, p. 800, 803 (quanto aos casos da "estrutura b").

[13] FLETCHER, *supra*, nota de rodapé 8, p. 200.

[14] Veja, por exemplo, sect. 5.06 (2) MPC ("*presumption of criminal purpose from possession of weapon*" ["presunção de intenção criminosa de posse de arma"]).

[15] Veja também *Pastor, supra,* nota de rodapé 3, p. 803 (admitindo que é difícil determinar "*when a conduct unambiguously affirms the manifestation of subjective dangerousness...*" ["quando uma conduta inequivocamente afirma a manifestação da periculosidade subjetiva"] [tradução do alemão para o inglês pelo autor]).

importação, fabricação, compra" e, por outro, a conduta posterior de "uso, venda ou exportação".[16]

Isso nos remete a outra importante característica dos delitos de posse, a saber, a de que eles seguem a lógica da criminalização antecipatória (*Vorverlagerung*) ou da criminalização da conduta subsequente (*Nachverlagerung*).[17] A maioria dos delitos de posse segue a primeira lógica, em que a posse, como tal, não causa dano ou viola qualquer bem jurídico (*Rechtsgut*).[18] Desde o ponto de vista do princípio do dano os delitos de posse, portanto, podem ser caracterizados como delitos "inofensivos",[19] embora não necessariamente "sem resultado".[20] Desde o ponto de vista do princípio do bem jurídico, pode-se distinguir uma fase anterior e uma posterior à violação do respectivo bem jurídico tutelado.[21] Assim, como já foi dito acima, os delitos de posse geralmente criminalizam a posse com o objetivo de evitar danos futuros ou uma lesão

---

16 DUBBER, *supra*, nota de rodapé 1, *J. Crim. L. & Criminology*, p. 907.

17 Cf. PASTOR, *supra*, nota de rodapé 3, p. 798-805.

18 Veja uma análise comparativa dos conceitos de dano e de bem jurídico (*Rechtsgut*) em K. AMBOS, "The Overall Function of International Criminal Law: Striking the Right Balance between the Rechtsgut and the Harm Principles", *Crim.Law and Philos.* 8 (2014), issue 3 (disponível online em Springer link); em espanhol em "Castigo sin soberano? Ius puniendi y función del derecho penal internacional". Universidad Externado de Colombia, Centro de Investigación *Filosofía y Derecho, Colección de Estudios*, n. 42, Bogotá (Colombia) 2013.

19 DUBBER, *supra*, nota de rodapé 1, *J. Crim. L. & Criminology*, p. 861, p. 926; id., *supra*, nota de rodapé 1 [in DUFF and GREEN], p. 91 e 99; de forma mais matizada Fletcher, *supra*, note de rodapé 8, p. 198 (não há prova "*that the defendant intended to harm anyone with the material possessed*" ["de que o réu pretendia prejudicar alguém com o material possuído"]).

20 De modo geral DUBBER, *supra*, note de rodapé 1 [in DUFF and GREEN], a p. 99, colocando "resultado" e "dano" em pé de igualdade. Isso é incorreto, uma vez que "dano" é apenas um resultado "possível" de uma conduta humana ou do cometimento de um delito. Em outras palavras, "resultado" é um termo genérico que engloba "danos". Em caso de delito de posse, pode-se argumentar que o "resultado" é a própria posse provocada por um ato anterior (por exemplo, posse de drogas como resultado da aquisição de medicamentos), sendo que esse resultado geralmente não é prejudicial como tal; veja a respeito, *infra*, nota de rodapé 47, bem como o texto principal.

21 ECKSTEIN, *supra*, nota de rodapé 1, p. 81-3, p. 256-7, fase anterior e posterior à lesão (*Vor- und Nachverletzungsphase*).

ao bem jurídico; porém, excepcionalmente, a criminalização encontra sua razão de ser na não-perpetuação do dano já causado ou na violação do bem jurídico já ocorrida. Esses delitos de posse seguem a lógica da clássica criminalização do *auxilium post delictum*, por exemplo, no caso da receptação de bens furtados.[22] A razão subjacente, ou seja, evitar a perpetuação da privação indevida da propriedade,[23] é totalmente legítima e, como tal, reconhecida em muitos sistemas legais.[24] Um exemplo mais específico é a posse de pornografia infantil. Aqui, a criminalização visa, *inter alia*, prevenir o abuso de crianças por meio da produção de material pornográfico, reduzindo consideravelmente a demanda e retirando o incentivo econômico dos produtores.[25]

A lógica da criminalização antecipatória vai contra os conceitos de dano e de bem jurídico, pois os respectivos delitos de posse não contribuem com a prevenção de resultados danosos já que os seus objetos são completamente inofensivos. Diferentemente, com a criminalização da posse de objetos perigosos, os delitos de posse visam evitar, como os chamados crimes de perigo,[26] os riscos de dano aos bens jurídicos. Aqui, novamente, é difícil traçar a linha entre riscos suficientemente concretos/ danos suficientemente próximos e danos excessivamente remotos/ abstratos. Tomemos o caso da posse de armas: enquanto uma arma, como tal, é um objeto perigoso – pode ser usada para ferir ou matar alguém – e, portanto, apresenta um risco de dano, em um caso concreto pode ser armazenada com segurança em local afastado e somente ser utilizada pelo seu legítimo proprietário para fins legais. Assim, a criminalização da posse de arma pode ser considerada legítima ou ilegítima, dependendo das circunstâncias concretas do caso, das características da arma e, talvez mais importante, dos pressupostos subjacentes e dos valores

---

22 Cf. Green, "Thieving and Receiving: Overcriminalizing the Possession of Stolen Property", *New Cr.L.Rev.* 14 (2011), p. 35.

23 Green, *supra*, nota de rodapé 22, p. 37.

24 Veja, por exemplo, §§ 257, 259 do Código Penal Alemão, bem como – representando o sistema espanhol e português – Art. 298 do Código Penal Espanhol; Art. 194-195 do Código Penal Peruano e o Art. 180 do Código Penal Brasileiro (*receptación* e receptação).

25 Pastor, *supra*, nota de rodapé 3, p. 804; Eckstein, *supra*, nota de rodapé 1, p. 67-9.

26 Eles constituem crimes de perigo abstrato (*Gefährdungsdelikte*), sobre isso veja *Dubber*, *supra*, nota de rodapé 1 [em Duff e Green], p. 99-101.

da sociedade em causa. Em todo caso, tem sido criticado justamente o fato de que os delitos de posse antecipam a criminalização, mesmo comparado com a situação de tentativa,[27] uma vez que não necessitam de um elemento de restrição da conduta (como, por exemplo, "um passo substancial", "proximidade física", ou qualquer outro critério limitador).[28] Neste sentido os delitos de posse constituem "crimes duplamente incipientes",[29] antecipando a responsabilidade de uma forma dupla, não só no que diz respeito ao dano real ou a lesão de um bem jurídico, mas também mesmo antes da fase de tentativa.

## II. POSSE, CONDUTA E ELEMENTO SUBJETIVO

A responsabilidade penal é baseada na conduta humana, ou seja, em uma ação ou omissão.[30] Para que um resultado criminoso, conforme definido em um tipo penal específico, seja imputado a uma pessoa, deve ter sido causado por ela, isto é, pela sua conduta. A necessidade da prática de uma conduta, de modo geral, é aceita no Direito Penal Alemão;[31] ela também tem sido reconhecida no *common law*, tradicionalmente, sob

---

[27] Cf. DUBBER, *supra*, nota de rodapé 1, *J. Crim. L. & Criminology*, p. 908 ("*...one step farther from the actual infliction of personal harm than ordinary inchoate offenses like attempt*" ["... um passo a frente na inflição real de danos pessoais em delitos comuns iniciados na forma de tentativa"]); veja também A. ASHWORTH/J. HORDER, *Principles of Criminal Law*, Oxford: OUP, 7. ed., 2013, p. 98.

[28] Veja, sob a perspectiva comparada, AMBOS, *Treatise on International Criminal Law*. Volume I, Oxford: OUP, 2013, p. 245 e ss.

[29] DUBBER, *supra*, nota de rodapé 1, *J. Crim. L. & Criminology*, p. 908; de modo semelhante NESTLER, *supra*, nota de rodapé 12, p. 67.

[30] Sobre a lógica e o conceito de omissão como "não-ação" veja AMBOS, *supra*, nota de rodapé 28, p. 180 e ss.

[31] LAGODNY, *supra*, nota de rodapé 10, p. 322-3; E. STRUENSEE, "Besitzdelikte", in: E. SAMSON (ed.), *Festschrift für G. Grünwald zum siebzigsten Geburtstag*, Baden-Baden: Nomos, 1999, p. 713, e p. 714-5; HOCHMAYR, *supra*, nota de rodapé 1, p. 53; ECKSTEIN, "Grundlagen und aktuelle Probleme der Besitzdelikte – EDV, EU, Strafrechtsänderungsgesetze, Konkurrenzen", *ZStW*, vol. 117 (2005) , p. 107 e 110; SCHROEDER, *supra*, nota de rodapé 4, p. 448 coluna da esquerda.

a denominação, bastante limitada, de ato necessário,[32] e atualmente de conduta,[33] controle[34] ou ação[35] necessária.

---

[32] W.R. La Fave, *Criminal Law*, St. Paul, Minn: West/Thomson, 5. ed., 2010, p. 320-6; P.H. Robinson, Fundamentals of Criminal Law, Boston et alii: Little, Brown, 2. ed., 1995, p. 250-60 (com várias referências); sobre uma "defesa normative" M.S. Moore, Act and Crime – The Philosophy of Action and its Implications for Criminal Law (Oxford: OUP, 1993), p. 46 e ss.; com críticas D. Husak, Philosophy of Criminal Law (Totowa, NJ: Rowman & Littlefield, 1987), p. 79 e ss. (mas, aparentemente, equiparando "ato" e "*actus reus*"); *idem*, "The alleged act requirement in criminal law", in J. Deigh/D.Dolinko (eds.), The Oxford Handbook of the Philosophy of Criminal Law, Oxford: OUP, 2011, p. 107 (argumentando, *inter alia*, que o ponto fundamental desta exigência, a saber, o significado de um ato, não foi esclarecido, p. 108-16). No entanto, existe um conceito normativo plausível de ato (ou ação), por exemplo, o conceito de Roxin de ato como expressão socialmente relevante da personalidade ("*Persönlichkeitsäußerung*", cf. *C. Roxin*, Strafrecht. Allgemeiner Teil I, München: C.H. Beck, 4. ed 2006, § 8 nm. 44-75) ou o conceito de Duff, na verdade bastante semelhante, de "ação" como um "fenômeno social" baseado na interação com o mundo e na atualização do raciocínio prático (R.A. Duff, Answering for Crime, Oxford and Portland: Hart, 2007, p. 99-100).

[33] Veja Seção. 2.01(1) do MPC ("*A person is not guilty... unless his liability is based on a conduct...*" [ "uma pessoa não é culpada... a menos que a sua responsabilidade seja baseada em uma conduta..."]); veja também Husak, *supra*, nota de rodapé 32 [Oxf. Handbook], p. 116 (argumentando corretamente que o MPC contém uma exigência de conduta).

[34] Husak, *supra*, nota de rodapé 32 [Philosophy], p. 81, p. 97 e ss.; *idem*, *supra*, nota de rodapé 32 [Oxf. Handbook], p. 108 e ss. (propondo um requisito de controle ou competência com base na capacidade de se comportar razoavelmente, p. 116-122). No entanto, o critério do controle sofre de indefinição e imprecisão, conforme admitido pelo próprio Husak (Oxf. Handbook, p. 121-2; com críticas também Duff, *supra*, nota de rodapé 32, p. 101 *et passim*); além disso, a exigência de "controle" hoje é utilizada como um conceito próprio para distinguir modos de participação no direito penal comparado e internacional (cf. Ambos, 'A Workshop, a Symposium and the Katanga Trial Judgment of 7 March 2014', *JICJ*, vol. 12 [2014] p. 219, e p. 226-8).

[35] Duff, *supra*, nota de rodapé 32, p. 101 e ss. (substituindo a exigência de ação por "uma mais modesta 'presunção de ação' [101], que exige, na mesma linha do conceito de ação de Duff [*supra*, nota de rodapé 32], 'uma atualização dos resultados por razão prática, de forma que tem um impacto sobre o mundo' [107] e difere, essencialmente por essa atualização, desde a exigência do ato [106-7 com exemplos]; ele também é 'limitado' na medida em que aceita a responsabilidade pelas próprias omissões [112-3]). O problema com essa

Os delitos de posse são difíceis de conciliar com esta exigência,[36] pois a posse expressa uma relação de domínio ou controle entre uma pessoa e uma coisa.[37] Se esta coisa é perigosa a referida relação constitui uma "unidade ameaçadora".[38] A posse em vez de ser estática é dinâmica, "um estado existencial, um *status*".[39] A posse no Direito Penal se refere, objetivamente, a uma relação de domínio ou controle, bem como, subjetivamente, à vontade de possuir/dominar (*Herrschaftswille*).[40] O possuidor pode exercer o controle real (efetivo) ou potencial (possível) sobre o respectivo objeto. Nesse sentido, podemos falar de posse "real" ou "construtiva",[41] chamando a atenção para a particular imputação no caso de posse, a saber, "do objeto para a pessoa, ao invés de pessoa para pessoa".[42]

Esta natureza da posse tem uma importante implicação teórica. A posse não constitui uma conduta[43] e tampouco contém – ao contrário

---

exigência, evidentemente, é que é difícil provar que uma determinada ação é resultado da atualização dos resultados do raciocínio prático, pois não se pode saber o raciocínio do agente que tem lugar em sua esfera interior.

36 Veja, porém, M.D. Dubber/M. Kelman, American Criminal Law: Cases, Statutes, and Comments, NY: Foundation Press, 2. ed. 2009, 252-3 (argumentando que com o aumento do número de regulamentações sobre posse a exigência de ação não é mais um problema).

37 Struensee, *supra*, nota de rodapé 31, p. 716; Eckstein, *supra,* nota de rodapé 1, p. 17; Hochmayr, *supra*, nota de rodapé 1, p. 54 ("relação de distribuição", "*Zuteilungsrelation*" [citando A. Kaufmann]).

38 Dubber, *supra*, nota de rodapé 1 [em Duff e Green], p. 114.

39 Dubber/Kelman, *supra*, nota de rodapé 36, p. 253; veja também Eckstein, *supra,* nota de rodapé 1, p. 17 ("condição estática", "*statischer Zustand*"); Schroeder, *supra*, nota de rodapé 4, p. 448-9 ("condição", "*Zustand*"); Hochmayr, *supra*, nota de rodapé 1, p. 63.

40 Veja, extensivamente, Eckstein, *supra*, nota de rodapé 1, p. 94 e ss., p. 239-40; também Schroeder, *supra*, nota de rodapé 4, p. 448 coluna da esquerda; contra Hochmayr, *supra,* nota de rodapé 1, p. 79-81, p. 135, p. 146 (focando a mera presença objetiva do objeto na esfera privada da respectiva pessoa).

41 La Fave, *supra*, nota de rodapé 32, p. 328-9; Dubber, *supra*, nota de rodapé 1 [em Duff e Green], p. 115-6.

42 Dubber, *supra*, nota de rodapé 1 [em Duff e Green], p. 116.

43 Struensee, *supra*, nota de rodapé 31, p. 716; Eckstein, *supra*, nota de rodapé 1, p. 209-10, p. 220-225 (ausência de ato, em particular no caso da assim chamada "*aufgedrängter Besitz*" [posse imposta]), p. 226; *idem*, *supra*, nota de rodapé 31, p. 112; Hochmayr, *supra*, nota de rodapé 1, p. 53 (mas, por fim,

da opinião predominante na doutrina norte-americana[44] e alemã[45] – um elemento implícito de uma conduta de delito de posse por referência ao

---

retomando a conduta [anterior], em unissonância com a visão predominante, *infra* nota de rodapé 45); *Dubber*, *supra*, nota de rodapé 1 [em DUFF e GREEN], 103 (somente o "*constructive conduct offence*" ["delito de conduta construtiva"]); *Pastor*, *supra*, nota de rodapé 3, p. 797 (contra a reformulação como ação, mas a favor da omissão); no mesmo sentido anterior G. GRÜNEWALD, "Anmerkung", *Strafverteidiger* (StV) 6 (1986) p. 243 e 245; também *Husak*, *supra*, nota de rodapé 32 [Oxf. Handbook], p. 111, o qual afirma que a posse não é ato, mas considera este como um argumento contra a exigência de ato, embora esse requisito apenas formule uma proposição normativa. – A incompatibilidade com a exigência de conduta não significa, porém, tornar os delitos de posse incompatíveis com a exigência de legalidade (*nullum crimen sine lege*) tal como consagrado no Art. 103 (2) da Lei Fundamental alemã ("*An act may be punished only if it was defined by a law as a criminal offence before the act was committed*" [ "Uma ação somente pode ser punida se ela estiver definida como crime em uma lei, antes do ato ser ser cometido"]). O *Tribunal Constitucional Federal alemão* [BVerfG] considerou corretamente que o termo "Tat" (ação) existente neste dispositivo não predetermina a qualidade da conduta incriminada (BVerfG, Decisão de 16 de junho de 1994, in: *NJW*, vol. 47 (1994), p. 2412 coluna da direita; *idem*, Decisão de 6 de julho de 1994, in *NJW*, vol. 48 (1995), p. 248 coluna da direita; de acordo ECKSTEIN, *supra*, nota de rodapé 1, p. 234-5; PASTOR, *supra*, nota de rodapé 3, p. 797; veja também LAGODNY, *supra*, nota de rodapé 10, p. 321-35 (afirmando uma incompatibilidade constitucional dos delitos de posse ao não pressupõem a conduta humana, conforme exigido pelo art. 103 (2) GG e considerando, portanto, "inadequados" [*ungeeignet*] desde o ponto de vista do critério constitucional da proporcionalidade; sobre isso veja AMBOS, *supra*, nota de rodapé 18, em notas 31 e ss.)

[44] Cf. Seção 2.01(4) MPC (referindo-se à prévia aquisição e as subsequentes possibilidades de encerrar a posse); veja também LA FAVE, *supra*, nota de rodapé 32, p. 327; MOORE, *supra*, nota de rodapé 32, p. 21 (afirmando que "*either the act of taking possession or... the omission to rid oneself of possession*" ["tanto o ato de tomar posse como... a omissão de encerrar a posse"] é punida) e 22 (posse "*defined so as to include an act or an omission*" [ "definida de forma a incluir uma ação ou omissão"]); *Simester et alii, supra*, nota de rodapé 6, p. 81; DUBBER, *supra*, nota de rodapé 1 [em DUFF e GREEN], p. 115; também HUSAK, *supra*, nota de rodapé 32 [Oxf. Handbook], p. 114 (referindo-se à aquisição e ao recebimento como "*prior conduct*" ["conduta anterior"], incluindo a omissão [embora esta geralmente seja posterior à posse]).

ato prévio que conduz à posse (por exemplo, a obtenção do objeto) ou à omissão posterior, isto é, à falta de término da disposição sobre o objeto.

Quanto ao primeiro elemento, a saber, a ação positiva, existe, de fato, três tipos de atos positivos que podem coexistir com a posse: a aquisição prévia do objeto, a manutenção ou defesa da posse do objeto e o seu uso.[46] Todavia, esses atos não podem ser colocados em pé de igualdade com a própria posse: ou eles a precedem e depois resultam na posse[47] (aquisição) ou ocorrem em seguida à posse real (manutenção e uso). Além disso, geralmente eles são criminalizados separadamente.[48] Exemplo paradigmático a esse respeito é a posse de drogas: por um lado,

---

[45] Veja o raciocínio do legislador alemão no que diz respeito à posse de drogas, Bundestags-Drucksache (BT-DrS) 6/1877, p. 9 (afirmando que não o estado ["Zustand"], mas a conduta causal que é punida, a saber a "*bringing about and maintenance ["Herbeiführung oder Aufrechterhaltung"] of this state*" [*sic*!] ["produção ou manutenção deste estado"]); veja BVerfG, Decisão de 16 de Junho de 1994, in: *NJW* 47 (1994), 2412, p. 2413 coluna da esquerda; *idem*, Decisão de 6 de Julho de 1994, in *NJW* 48 (1995), 248 coluna da esquerda. Veja também ECKSTEIN, *supra*, nota de rodapé 1, 18, 124, 141 e ss., 224, 226, 239-40, 264; HOCHMAYR, *supra*, nota de rodapé 1, p. 54-5, p. 64-5, p. 85 e ss. (ato positivo), p. 96 e ss. (omissão), p. 145; W. GROPP, "Besitzdelikte und periphere Beteiligung", in G. DANNECKER *et alii* (eds.), Festschrift für Harro Otto zum 70. Geburtstag, KÖLN *et alii*: Carl Heymanns, 2007, 249, p. 251; J. EISELE, "Vorbemerkungen zu den §§ 13 e ss.", in SCHÖNKE/SCHRÖDER, Strafgesetzbuch, München: Beck, 29th ed 2014, número de margem (nm.) 42; com críticas SCHROEDER, *supra*, nota de rodapé 4, p. 448 coluna da direita.

[46] Cf. STRUENSEE, *supra*, nota de rodapé 31, p. 716-8.

[47] Afirmando que um delito de posse pode ser qualificado como um crime de resultado, veja *Lagodny*, *supra,* nota de rodapé 10, p. 326 (existência de posse como caso de delito de resultado); HOCHMAYR, *supra*, nota de rodapé 1, p. 63 e ss., 146 (vendo um resultado [*Erfolg*] na detenção [*Gewahrsam*] de uma coisa causada pelo ato anterior e conectada ao elemento temporal de permanência, no sentido do conceito de um delito permanente [*Dauerdelikt*], transformando, assim, um delito de posse, do mesmo modo que um delito de privação da liberdade, em um delito de resultado (*Erfolgs-Dauerdelikt*); T. WALTER, 'Vorbemerkungen zu den §§ 13 ff', in LAUFHÜTTE/RISSING-VAN SAAN/TIEDEMANN (eds.), Strafgesetzbuch. Leipziger Kommentar. Volume I, Berlin: De Gruyter, 12. ed. 2006, nm. 36; veja também ECKSTEIN, *supra*, nota de rodapé 1, p. 213-5, p. 264 (vendo um resultado na manutenção da posse, p. 226); veja, *supra*, nota de rodapé 20.

[48] Veja também LAGODNY, *supra*, nota de rodapé 10, p. 325 (argumentando que a aquisição de drogas é criminalizada separadamente); SCHROEDER, *supra*, nota

é precedida por vários atos anteriores (como o cultivo, a aquisição, a importação, etc.) e, por outro lado, é seguida de diversos atos subsequentes (como a distribuição, o tráfico, etc.). Inclusive, ver um ato positivo em um delito de posse parece incompatível com um dos fins primários destes delitos ou seja facilitar a persecução criminal por meio da redução das exigências de prova, em particular, pela renúncia a qualquer prova no tocante à aquisição ilegal (um ato positivo!) do respectivo objeto.[49] Pois, na verdade, se um delito de posse é conceitualmente planejado a partir de qualquer ato anterior de aquisição ou de outra espécie, este ato constitui um elemento deste delito e deve ser provado. E, portanto, o objetivo do legislador seria enfraquecido.[50] Em contrapartida, se não for exigida a prova de um ato positivo, como, então, ele pode ser parte da posse?[51]

Embora pareça, à primeira vista, mais plausível considerar a recusa do possuidor em encerrar sua posse[52] como uma omissão de posse, essa visão, em última análise, também não é convincente. A omissão é o

---

de rodapé 4, p. 448 coluna da direita; com críticas HOCHMAYR, *supra*, nota de rodapé 1, p. 86 (argumentando que este não é sempre o caso).

49 Veja o raciocínio explícito do legislador alemão com relação à posse de drogas, BT-DrS, *supra*, nota rodapé 45, e 9; veja também MOORE, *supra*, nota de rodapé 32, p. 21-2.

50 Na mesma linha LAGODNY, p. 318; ECKSTEIN, *supra*, nota de rodapé 31, p. 111.

51 Cf. STRUENSEE, *supra*, nota de rodapé 31, p. 717.

52 Veja sobre a opinião predominante, por exemplo: Tribunal Estadual (*Oberlandesgericht*) de Zweibrücken, Decisão de 18 de dezembro de 1985, in *NJW* 39 (1986), 2841-2 (o acusado a quem foi imputada a posse de uma arma, porque não encerrou a posse.); veja também a segunda parte da Seção 2.01(4) do MPC– "*aware of his control for a sufficient period to have been able to terminate his possession*" ["consciente de seu controle por um período de tempo suficiente para ter sido capaz de terminar sua posse"] – o que implica que o possuidor, uma vez consciente de sua (ilícita) posse, está sob o dever de dispor do objeto; a respeito disso veja *American Law Institute*, Model Penal Code and Commentaries. Part I. General Provisions §§ 1.01 to 2.13, Philadelphia 1985, at 224 ("*An actor who is aware of his control of the thing possessed for a period that would enable him to terminate control has failed to act in the face of a legal duty imposed by the law that makes his possession criminal*" ["um autor que tem consciência de seu controle sobre a coisa possuída por um período que lhe permitiria terminar esse controle falha ao agir em face do dever legalmente imposto que torna sua posse criminosa"). Sobre o debate acadêmico a respeito veja PASTOR, *supra*, nota de rodapé 3, p. 797 (competência do possuidor pela

oposto da ação, ou seja, é não-ação, ausência de ação ou a negativa a atuar.[53] Se a posse é ação, ou seja, como dito, o controle efetivo sobre um objeto, é inaceitável e totalmente incorreto defini-la de forma negativa como não-ação, isto é, como a recusa em encerrar o controle efetivo.[54] Se isso ocorre, no entanto, surgem diversos problemas. Em primeiro lugar, não está claro como ocorrerá o encerramento da posse.[55] A lei sobre posse silencia a respeito do assunto[56] e não parece muito plausível demonstrar qualquer forma de encerramento,[57] mesmo que isso implique a perda definitiva do objeto (por exemplo, sua destruição) ou, ainda, a criação de um risco (por exemplo, passar a droga para um menor).[58] Em segundo lugar, a responsabilidade penal por omissão está baseada em um dever de agir.[59] E isso levanta a controvertida e complexa questão sobre de onde se deve extrair este dever ou obrigação nos casos de delitos de posse. Se forem concebidos como delitos de conduta (na forma de delitos próprios de omissão)[60] pode-se encontrar esse dever no elemento de omissão, isto é, seguindo a linha de abordagem de língua inglesa ("conduta", abar-

---

posse); sobre a classificação como delitos impróprios de omissão veja *infra* nota de rodapé 60.

[53] AMBOS, *supra*, nota de rodapé 28, p. 180.

[54] Ainda mais radical *Struensee*, *supra*, nota de rodapé 31, p. 719 ("*absurd*" ["absurdo"] e não abrangidos pelo "*literal meaning*" ["sentido literal"]).

[55] Cf. LAGODNY, *supra*, nota de rodapé 10, p. 327; STRUENSEE, *supra*, nota de rodapé 31, p. 720.

[56] Veja no que diz respeito à jurisdição no direito alemão LAGODNY, *supra*, nota de rodapé 10, p. 327; *Hochmayr*, *supra*, nota de rodapé 1, p. 105.

[57] Nesse sentido, no entanto, *J.* SCHEINFELD, 'Buchbesprechung Festschrift Grünwald', *GA* 154 (2007), p. 721 e 725.

[58] Cf. LAGODNY, *supra*, nota de rodapé 10, p. 328-32 (discutindo possibilidades de encerramento da posse e considerando que apenas o dever de devolver o objeto se mostra como razoável, embora não isente de punição); veja também HOCHMAYR, *supra*, nota de rodapé 1, p. 105 e ss.

[59] Cf. AMBOS, *supra*, nota de rodapé 28, p. 183-4.

[60] Cf. ECKSTEIN, *supra*, nota de rodapé 1, p. 169-70; HOCHMAYR, *supra*, nota de rodapé 1, p. 96 e ss. (e p. 100); EISELE, *supra*, nota de rodapé 45. A doutrina distingue entre um delito de omissão (genuíno, próprio) separado ("echtes Unterlassungsdelikt"), no qual o dever de agir é baseado em um estatuto e um delito de omissão "imprópria" ("*unechtes Unterlassungsdelikt*") com deveres extralegais de agir ([posição e dever de garantidor] "*Garantenstellung* and *-pflicht*"), veja AMBOS, *supra*, nota de rodapé 28, p. 186-8.

cando tanto uma ação como uma omissão),[61] na descrição da própria conduta;[62] caso contrário, se teria que procurar uma obrigação extralegal de agir.[63] Em terceiro lugar, se teria que provar que o possuidor tinha a possibilidade de se desfazer do objeto, isto é, que, antes de tudo, ele estava ciente da sua existência e, inclusive, do seu dever e da possibilidade de se livrar dele.[64] Isso, igualmente, enfraqueceria o propósito do legislador de facilitar a prova da infração.[65]

Isso nos remete ao elemento subjetivo da posse, suas funções e seu significado. Em primeiro lugar, o elemento subjetivo tem sido invocado para superar a incompatibilidade com a exigência de conduta através da redefinição da posse como um "ato" se o possuidor está consciente de sua posse. Assim, a Seção 2.01 (4) do *Model Penal Code* (MPC) define posse como "*an act... if the possessor knowingly procured or received the thing possessed or was aware of his control thereof...*".[66] Evidentemente, a concepção naturalista de ação como um movimento corporal *voluntário*[67] e o Comentário do MPC sobre esta disposição

---

[61] Cf. AMBOS, *supra*, nota de rodapé 28, p. 185.

[62] Veja também LAGODNY, *supra*, nota de rodapé 10, p. 327.

[63] Sobre tais obrigações veja AMBOS, *supra*, nota de rodapé 28, p. 184-5.

[64] Veja também STRUENSEE, *supra*, nota de rodapé 31, p. 720 (indicando que não existem decisões fazendo tais constatações, quanto ao estado subjetivo do possuidor).

[65] Veja também LAGODNY, *supra*, nota de rodapé 10, p. 318, 331, 332; ECKSTEIN, *supra*, nota de rodapé 31, p. 111.

[66] Grifo acrescentado; com crítica a essa disposição (se tomado literalmente) HUSAK, *supra*, nota de rodapé 32 [Oxf. Handbook], p. 112 ("um ato... se o possuidor conscientemente adquiriu ou recebeu a coisa possuída ou estava ciente do seu controle ...").

[67] Cf. Sect. 2.01 (1) e (2) ambas relativas a ato(s) "voluntário(s)"; no mesmo sentido Moore, *supra,* nota de rodapé 32, p. 39-40, p. 44-6 ("*simple bodily movement ... caused by volition*" [ "simples movimento corporal... causado pela vontade"]). Isso corresponde ao conceito causal, naturalístico de ação, o qual era defendido pela clássica teoria do crime do final do século XIX e início do século XX (cf. ROXIN, *supra*, nota de rodapé 32, § 8 nm. p. 10-16), há muito superado pela moderna doutrina alemã. De acordo com isso, a voluntariedade não é requisito de uma ação, mas implícita em todo ato humano, ou seja, os movimentos não-voluntários, por definição, não são ação (no mesmo sentido DUFF, "Action, the act requirement and criminal liability", in Hyman and Stewart (eds.), *Agency and Action* , Cambridge: CUP, 2004, 69). Sobre a importância da voluntariedade veja também HUSAK, *supra*, note 32 [Oxf. Handbook], 119.

deixa claro que o elemento subjetivo não serve principalmente, ou pelo menos não exclusivamente, para transformar a posse em uma ação, mas para reafirmar a voluntariedade da posse.[68] Isso nos traz de volta para o lado subjetivo do conceito de posse já definido anteriormente,[69] qual seja, a vontade de possuir. Na verdade, ninguém pode possuir uma coisa "sem um envolvimento mínimo de discernimento da vontade".[70] Assim, o ingrediente subjetivo basilar da posse é a voluntariedade expressada por uma vontade mínima de possuir e uma vontade máxima de dominar a coisa possuída.

Isso explica a afirmação do Lord Parker no caso *Lockyer v. Gibb*, no qual ele fez o próprio conceito de posse dependente da consciência do possuidor em relação à coisa possuída, no sentido de que "*a person cannot be said to be in possession of some article which he or she does not realize is... in some place over which she has control*".[71] Em *Warner*, apesar de ser uma decisão desconcertante com uma *ratio decidendi* difícil de identificar,[72] a Câmara dos Lordes seguiu *Lockyer* na medida em que considerou um ingrediente subjetivo no próprio termo de posse (em relação a outra forma estrita de responsabilidade pelo delito de posse de drogas), embora tenham se recusado a observar este requisito, como fez *Lord Reid*, para o delito como um todo.[73]

---

[68] "An actor who knowingly procures or receives the thing possessed has, *of course*, engaged in a *voluntary* act that can serve as the predicate for criminal liability" ["Um autor que conscientemente obteve ou recebeu a coisa possuída, *evidentemente*, se envolveu em um ato *voluntário* que pode servir como base para a responsabilidade criminal"] (*American Law Institute*, Model Penal Code and Commentaries. Part I. General Provisions §§ 1.01 to 2.13, Philadelphia 1985, at 224 [grifo nosso]).

[69] *Supra*, nota de rodapé 40 e texto principal.

[70] Eckstein, *supra,* nota de rodapé 1, p. 239 (["participação mínima de discernimento da vontade"] "*Minimum an erkennbarer Willensbeteiligung*").

[71] AllER 2 (1966), p. 655; citado conforme R. Clark, "Strict Liability Offences of Possession", The New Zealand L. J. (1967), 182, coluna da direita ("não pode ser dito que uma pessoa está na posse de algum objeto, que ela não percebe estar... em uma posição sobre a qual ela tem controle").

[72] Com críticas Ashworth/Horder, *supra*, nota de rodapé 27, p. 98; Simester *et alii*, *supra*, nota de rodapé 6, p. 163; D. Ormerod, Smith & Hogan's Criminal Law, Oxford: OUP, 13. ed. 2011, p. 173.

[73] Cf. Ormerod, *supra*, nota de rodapé 72, p. 173; Ashworth/Horder, *supra*, nota de rodapé 27, p. 98; Simester *et alii*, *supra*, nota de rodapé 6, p. 163.

Além disso, a jurisprudência inglesa fez a distinção entre conhecimento geral (necessário), quanto a posse da "coisa em si" ("de algo"), e conhecimento específico (desnecessário), quanto a sua natureza, qualidades ou conteúdo.[74] Embora esta distinção possa soar artificial e ser de pouco valor prático na maioria dos casos[75] – partindo-se do fato de que a prova de tal exigência de conhecimento detalhado é quase impossível – ela chama a nossa atenção para a questão do conteúdo preciso do elemento subjetivo da posse.

Nesse sentido, a (terceira) função mais importante do elemento subjetivo é compatibilizar os delitos de posse com o princípio da culpabilidade. Com efeito, a definição de posse do MPC, que prevê requisitos subjetivos, pode ser vista como uma cláusula de culpabilidade,[76] a qual, no entanto, deixa em aberto uma definição mais precisa do elemento subjetivo. Esta definição é a parte central de um conceito liberal de posse a ser desenvolvido na seção seguinte.

## III. UMA CONCEPÇÃO LIBERAL DE RESPONSABILIDADE PENAL PELA POSSE

Se a posse, como já foi dito antes,[77] é um estado de existência (*Zustand*), baseado na relação entre pessoa e objeto, os delitos de posse punem esse estado como tal[78] e podem ser classificados como delitos de criminalização de um estado existencial (*Zustandsdelikte*).[79] Até aí

---

74 Cf. Simester *et alii*, *supra*, nota de rodapé 6, p. 162 (citando Lord Pearce com um resumo da lei).

75 Com críticas Simester *et alii*, *supra*, nota de rodapé 6, p. 163 ("fictício, artificial...").

76 Cf. Husak, *supra*, nota de rodapé 32 [Oxf. Handbook], p. 115.

77 *Supra*, nota de rodapé 40 e ss. e texto principal correspondente.

78 Eckstein, *supra*, nota de rodapé 1, p. 226.

79 Cf. Eckstein, *supra*, nota de rodapé 1, p. 170, 225 (definindo "*Zustandsdelikte*", por um lado, como "delitos de comissão e omissão própria mais x" e, por outro lado, como uma forma autônoma de responsabilidade criminal nova, ao lado dos delitos de comissão e omissão, e opostos aos delitos baseados em condutas/atos); *idem*, *supra*, nota de rodapé 31, p. 113, 141; conc. Lampe, *infra*, nota de rodapé 88; Schroeder, *supra*, nota de rodapé 4, p. 448-9; contra Eisele, *supra*, nota de rodapé 45 e especialmente Hochmayr, *supra*, nota de rodapé 1, p. 133 e ss. Ela sustenta em especial, com base em seu conceito de "delito permanente de resultado" (*supra*, nota de rodapé 47), que com o conceito de Eckstein a criminalização em casos de "posse imposta" [*aufgedrängter Besitz*]

tudo bem, mas de que forma estes delitos podem ser conciliados com os princípios fundamentais de um direito penal liberal, em especial, com os princípios da legalidade e da culpabilidade?[80]

Quanto à legalidade já foi mencionada acima[81] a jurisprudência do Tribunal Constitucional alemão, segundo a qual os delitos de posse não violam o princípio da legalidade da Lei Fundamental alemã (*Grundgesetz*). Na verdade, o princípio da legalidade não pode ser interpretado de modo a impor ao legislador diretrizes muito rígidas quanto à natureza e qualidade da incriminação, mas sim que ele cumpra as normas substantivas do princípio, ou seja, os seus requisitos de *lex praevia*, *certa*, *stricta* e *scripta*. O princípio da legalidade não possui um padrão diferente para os delitos de posse. Como todos os outros delitos, eles devem existir no momento da sua prática (*lex praevia*), de forma escrita (*lex scripta*) e de maneira clara e inequívoca (*lex certa*), e não devem ser aplicados a uma conduta semelhante por meio de analogia (*lex stricta*).[82]

---

é mais ampla, pois o possuidor não tem, diferentemente de sua posição (102-5), tempo para deliberar [Überlegungsfrist] acerca de uma razão para encerrar a posse (136-8) e, por fim, a mera intenção de não encerrá-la, isto é, o mero pensamento é punido [*reine Gedankenstrafe*] (142-3). No entanto, essa crítica não é convincente. Além de ser incompatível com a posse como um estado no lugar de uma conduta, o conceito de Hochmayer de um Erfolgs-Dauerdelikt não proporciona critérios limitadores da criminalização em si mesma. A exigência de um Überlegungsfrist em casos de posse imposta não resulta conceitualmente da proposta de Hochmayr, porém, é uma proposição a qual pode igualmente ser aplicada a estes casos sob o enfoque de Eckstein. Também se teria que demonstrar que o possuidor não teve a intenção ou o desejo de encerrar a posse (veja a respeito Eckstein, *supra*, nota de rodapé 31, p. 112). Isso pressuporia que, em termos objetivos, para ele era realmente possível atuar desse modo. Hochmayer não dá o devido valor aos critérios de controle objetivos e subjetivos propostos por Eckstein (*infra*, nota de rodapé 87 e 88, bem como o texto principal correspondente).

80 Cf. Ambos, *supra*, nota de rodapé 28, p. 87 e ss. e *idem, Treatise on International Criminal Law*. Volume II, Oxford: OUP 2014, 287-8 (sobre a justiça e a proporcionalidade como princípios fundamentais além da legalidade e culpabilidade).

81 *Supra*, nota de rodapé 43 e o texto principal correspondente.

82 Cf. Ambos, *supra*, nota de rodapé 28, p. 90 com referências bibliográficas (adicionais).

A verdadeira prova de fogo para um direito penal liberal baseia-se, portanto, na sua compatibilidade com o princípio da culpabilidade. A culpabilidade deve ser entendida em seu sentido normativo: como o princípio segundo o qual as premissas de punição se baseiam no grau de reprovação da conduta ilícita do agente, ou seja, como um conceito distinto de culpabilidade que vai além de meros estados mentais, com exculpantes que operam como sua negação.[83] A culpabilidade normativa, então, vai (muito) além dos meros elementos psicológicos (descritivos, empíricos) do lado subjetivo do tipo (*Tatbestand*), ou seja, da intenção (propósito, vontade, etc.) e do conhecimento (consciência). Com relação a terminologia do *common law*, a culpabilidade vai além do elemento (psicológico) da culpa, do clássica *mens rea* no sentido estrito, e, também, do *élément* moral francês;[84] na verdade, não está centrada no conceito naturalista de intenção e de conhecimento – como erroneamente utilizado na seção 2.02 do MPC para definir os "requisitos gerais da culpabilidade"(!) –, mas sim na culpa, na responsabilidade moral, na grave reprovação para merecer a punição, ou seja, em conceitos normativos, baseados em valores (o que tem sido chamado no sistema anglo-saxão, de modo não muito feliz, *mens rea* em sentido amplo).[85]

Se os delitos de posse são vistos, conforme defendido neste trabalho, como delitos não de conduta, mas que criminalizam certos estados existenciais, é incoerente invocar uma conduta anterior para colocar esses delitos em unissonância com o princípio da culpabilidade.[86] Em vez disso,

---

83 Acerca da teoria normativa (da culpabilidade) na Inglaterra veja FLETCHER, *supra,* nota de rodapé 8, p. 499-500; *idem, The Grammar of Criminal Law*, Oxford: OUP, 2007, p. 319 e ss.

84 Cf. AMBOS, Zur Entwicklung der französischen Straftatlehre, *ZStW* 120 (2008), p. 181, 187-91, 194-5; em francês: Réflexions sur la théorie francaise de l'infraction pénale du point de vue allemand, in: J. LEBLOIS-HAPPE (ed.), Vers un nouveau procès pénal? Paris: Société de Législation comparée, 2008, p. 147-162; em espanhol: "Observaciones a la doctrina francesa del hecho punible desde la perspectiva alemana", InDret (*Revista para el análisis del derecho*) 3/2008 (22.07.2008) <www.indret.com>.

85 Sobre o *mens rea* em sentido amplo e estrito (intenção/conhecimento e imprudência/negligência) veja P. ROBINSON, "Mens rea" in DRESSLER (ed.), *Encyclopedia of Crime & Justice*, New York *et alii*: Macmillan, 2nd ed. 2002, p. 995.

86 Veja, no entanto, ECKSTEIN, *supra,* nota de rodapé 1, p. 239-40 (inclusive invocando a acessoriedade da conduta ["*Handlungsakzessorietät*"] de posse);

é necessária uma interpretação de referidos delitos que seja autônoma, restritiva e baseada na culpa. Nesse sentido, das considerações anteriores sobre o elemento subjetivo resulta que a vontade de possuir e o conhecimento mínimo sobre a coisa possuída são os ingredientes necessários de qualquer definição do elemento subjetivo da posse.[87] Pois somente a existência de um padrão mínimo de forma subjetiva permite ao possuidor exercer o controle pessoal da coisa possuída (como elemento objetivo constitutivo da posse)[88] e, portanto, justifica a imputação do objeto à pessoa, conforme mencionado acima.[89] Este padrão mínimo é o ponto de partida para a discussão de questões mais concretas, em particular no que diz respeito ao grau mínimo do elemento subjetivo (consciência plena e vontade *versus* aceitação de um padrão mais baixo para a negligência) e ao conteúdo do requisito cognitivo com relação ao dever de encerrar a posse (consciência da possibilidade *geral versus* possibilidade *concreta* de agir).[90]

Em todo caso, a consciência mínima é um pré-requisito de outro, embora mais objetivo, elemento constitutivo de qualquer delito de posse, a saber, o exercício do controle pessoal do possuidor sobre o objeto. Este, por sua vez, pressupõe que o possuidor tenha, de acordo com *Warner*,[91] a oportunidade de descobrir o objeto em questão. Logo, o exercício pessoal do controle efetivo dos meios e não o exercício do controle meramente

---

nesse sentido, corretamente criticado por Deiters, *supra*, nota de rodapé 12, p. 60; para uma refutação veja Eckstein, *supra*, nota de rodapé 31, p. 115.

[87] De modo semelhante Eckstein, *supra*, nota de rodapé 1, p. 240, 242-3, 265 (porém, incluindo a posse culposa, "*Besitzfahrlässigkeit*").

[88] Isso pode ser muito melhor expressado em alemão com o conceito de "*personale Beherrschung*" [domínio pessoal] ou "*Beherrschbarkeit*" [dominação] (veja Eckstein, *supra*, nota de rodapé 1, p. 239; *idem*, *supra*, nota de rodapé 31, p. 114; E.-J. Lampe, "Buchbesprechungen", *ZStW* 113 (2001) p. 885, e 895).

[89] *Supra*, nota de rodapé 42 e o texto principal correspondente.

[90] Para o primeiro deles Hochmayer, *supra,* nota de rodapé 1, p. 126, para o último Struensee, *supra,* nota de rodapé 31, p. 720; para uma discussão veja Hochmayer, *op. cit.*, p. 125-7.

[91] Cf. Ormerod, *supra*, nota de rodapé 72, p. 173-4, 916; Simester *et alii*, *supra*, nota de rodapé 6, p. 162 ; críticas sobre o uso deste elemento para uma expansão da responsabilidade em Lewis Ashworth/Horder, *supra*, nota de rodapé 27, p. 98; Simester *et alii*, *op. cit.*, p. 163; Ormerod, *op. cit.*, p. 174.

potencial.[92] Outra limitação objetiva pode decorrer da (legítima) causa da posse: qualquer posse que resulte de atividade lícita por parte das autoridades de persecução criminal (e, excepcionalmente, até mesmo de particulares), como, por exemplo, o confisco de drogas ou o desarmamento de um possuidor ilícito, não pode ser proibida, e, portanto, não pode ser objeto de criminalização.[93] Da mesma forma, a posse (breve) para prevenir a ocorrência de perigos ou danos é justificada e, portanto, não pode ser submetida a uma punição.[94]

É claro que essas restrições não são suficientes para conciliar a criminalização da posse de objetos neutros ou de dupla utilização com o princípio da culpabilidade. Como já foi dito anteriormente,[95] nestes casos a criminalização repousa sobre o uso criminoso presumido do (s) respectivo (s) objeto (s) e sobre a periculosidade implícita do possuidor. Além das informações confiáveis indicando esta periculosidade, a criminalização deve se basear na prova da intenção do possuidor de utilizar (os objetos) de forma criminosa.[96] De fato, essa intenção de utilizar com o propósito específico de possuir, vincula a posse a uma conduta e, portanto, marca a diferença para com um mero delito de posse.[97]

---

[92] Simester *et alii*, *supra*, nota de rodapé 6, p. 164.

[93] A atual lei garante a defesa nestas situações, veja, por exemplo, a Diretriz Européia 2011/92/EU de 13 de dezembro de 2011 (sobre a criminalização, *inter alia*, da posse de pornografia infantil), recital 17 (o termo "*without right*" [sem direito] proporciona uma defesa em casos de "*legitimate possession*" [posse legítima] de autoridades na direção de procedimento criminais) ou a defesa do *common law* de posse inocente (Dubber/Kelman, *supra*, nota de rodapé 36, p. 269-70).

[94] Hochmayr, *supra*, nota de rodapé 1, p. 88 e ss., 91 ("Gewahrsam zur Gefahrenbeseitigung").

[95] *Supra*, nota de rodapé 11 e texto principal.

[96] Veja a respeito Fletcher, *supra*, nota de rodapé 8, p. 199-200; Ormerod, *supra*, nota de rodapé 72, p. 916 (com relação à fraude, porém, com uma aplicação mais ampla).

[97] Veja, ainda, Lagodny, *supra*, nota de rodapé 10, p. 334-5. Duff, *supra*, nota de rodapé 32, p. 114, fala, nesse sentido, de posse ativa "*active possession*" como posse mais a intenção de fazer alguma coisa, por exemplo, reter uma droga ilegal; um fim intencional adicional corresponde à realização dos resultados da razão prática de alguém (*supra*, nota de rodapé 35).

# 4
# RESPONSABILIDADE PENAL INTERNACIONAL NO CIBERESPAÇO*

## A. INTRODUÇÃO: ALCANCE DESTE TRABALHO E ESCLARECIMENTOS CONCEITUAIS

O principal objetivo deste trabalho será oferecer uma visão confiável sobre o estado atual da discussão referente ao nosso tema. Isso não é uma tarefa simples devido à grande incerteza, complexidade e dinâmica que existem ao seu respeito.[1] De toda forma, tendo em conta o amplo alcance que possuem as expressões "responsabilidade penal" e "ciberespaço", em primeiro lugar temos que determinar de forma precisa o âmbito de aplicação desta investigação. Ainda que o "ciberespaço"

---

* Agradeço ao meu aluno assistente de investigação Torben Schlüter pela sua colaboração na elaboração deste trabalho. Tradução ao português a partir da versão espanhola e do texto original intitulado "International Criminal Responsibility in Cyberspace" (a ser publicado em N. Tsagourias and R. Buchan (eds.), *Research Handbook on Cyberspace and International Law*, Cheltenham: Elgar, 2014), elaborada por Alexey Choi Caruncho.

1 Isso se reconhece em várias publicações sérias relacionadas ao tema, ver por exemplo Turns, "Cyber Warfare and the Notion of Direct Participation in Hostilities", (2012) *J.C. & S. L.*, vol. 17, p. 280, 282 (onde sustenta que é "bastante difícil escrever com autoridade sobre o direito internacional e a guerra cibernética: tem-se a sensação de que a tinta ainda não secou na página...").

possa ser definido em termos gerais como um âmbito caracterizado pelo "uso da eletrônica... e o especto eletromagnético para armazenar, modificar e intercambiar dados através de sistemas em rede e infraestruturas físicas associadas"[2] e, deste modo, o "ciberdelito" compreenda uma ampla variedade de atividades criminais praticadas por meio da ou na internet (desde as hipóteses de atividade econômica delitiva até as de violações aos direitos autorais e de pornografia infantil),[3] este trabalho só se concentrará nos *ataques informáticos à rede*, também chamados de "ciberataques" (ou ataques informáticos). Um ataque informático configura a forma mais intensa do que pode ser considerado uma *guerra cibernética*,[4] isto é, o uso de meios técnicos para dar início a uma guerra

---

2 Departamento de Defesa dos EUA, segundo Lin, "Cyber Conflict and International Humanitarian Law", (2012) IRRC, vol. 94, p. 515, 516; igualmente Schmitt, "Classification of Cyber Conflict", (2012) J.C.& S.L., vol. 17, p. 245, 258. Sobre as diferenças entre o conflito no ciberespaço e no espaço físico (i.e. conflito tradicional) Lin, *ibidem*, p. 520.

3 Não é simples encontrar uma definição completa do termo "ciberdelito". Frequentemente se o utiliza de forma alternativa aos termos "delito informático", "delitos de índole informática", "delitos tecnológicos" ou "ciberdelito". A Convenção sobre cibercriminalidade do Conselho da Europa de 23 de novembro de 2001 enumera os seguintes casos: acesso ilícito, interceptação ilícita, atentados contra a integridade dos dados, atentados contra a integridade do sistema, abuso de equipamentos e instrumentos técnicos, falsidade informática, estelionato informático, infrações relativas à pornografia infantil e infrações vinculadas aos atentados à propriedade intelectual e aos direitos afins (Arts. 2.º-10). O Protocolo Adicional de 28 de janeiro de 2003 agrega a essa lista aqueles atos de racismo e natureza xenofóbica cometidos por meio dos sistemas computadorizados. Existem documentos da União Europeia que adotam uma interpretação igualmente ampla que abarca qualquer conduta que se refere a "a) exploração das redes de informação e comunicação sem nenhuma dificuldade geográfica e b) a circulação de dados intangíveis e voltáteis", ver European Commission, "Fight against cybercrime" (12 de setembro de 2005 <http://europa.eu/legislation_summaries/justice_freedom_security/fight_against_organised_crime/l33193b_en.htm> consultado em 22 de outubro de 2013. Para uma interpretação igualmente ampla desde uma perspectiva norte-americana, ver Hathaway *et alii*, "The Law of Cyber-Attack", (2012) *Cal.L. Rev.*, vol. 110, p. 817, 833-4; Weissbrodt, "Cyber-Conflict, Cyber-Crime, and Cyber Espionage", (2013) *Minnesota J. Intl L*, vol. 22, p. 345, 366-70.

4 Sobre as distintas interpretações da "guerra cibernética" na prática estatal, Droege, "Get off my Cloud: Cyber Warfare, International Humanitarian Law and the Protection of Civilians", (2012) *IRRC* vol. 94, p. 533, 536-7. Sobre

contra um adversário no ciberespaço.[5] Além dos ataques informáticos à rede existem outras formas de ataques como as operações cibernéticas[6] e a ciberespionagem.[7] No entanto, o interesse pelos ataques informáticos surge porque, de um modo geral, só estas formas de delitos praticados no ciberespaço são suficientemente graves para serem qualificadas como crimes internacionais e, assim, serem objeto de uma jurisdição penal internacional como a do Tribunal Penal Internacional (TPI).* De toda forma, ainda é incerto o exato significado de um ataque informático.[8] Segundo

---

a exploração das redes informáticas (CNE) e a defesa das redes informáticas (CND) ver Melzer, Cyberwarfare and International Law (UNDIR Resources 2011), p. 5 disponível em <http://unidir.org/Publications/listerPublications/idConference:170>, consultado em 20 de outubro de 2013.

5 Ver Lin, (nota 2), p. 519 (onde discute as diferenças entre a guerra tradicional e a ciberguerra com relação ao direito dos conflitos armados) Droege, (nota 4), p. 538 (se refere às "operações cibernéticas que são equiparáveis a ou realizadas no contexto de um conflito armado..."); também Melzer, (nota 4), p. 4; Harrisson Dinniss, Cyber Warfare and the Laws of War (CUP 2012), p. 4 e ss.

6 O *Manual de Tallinn* (Schmitt [ed.], Tallinn Manual on the International Law Applicable to Cyber Warfare, [CUP 2013], disponível em <http://www.ccdcoe.org/249.html>, consultado em 20 de outubro de 2013, a partir daqui citado como "Manual de Tallin" da edição de CUP), provavelmente a fonte com maior autoridade nesta matéria, define uma ciberoperação como "a utilização das capacidades cibernéticas com a finalidade principal de alcançar seus objetivos no ou por meio do uso do ciberespaço" (258). Para uma crítica sobre a abordagem metodológica do Manual e a composição do grupo de especialistas, ver Kessler e Werner, "Expertise, Uncertainty, and International Law: A Study on the Tallinn Manual on Cyberwarfare", (2013) LJIL vol. 26, p. 793 (sustentam que "o Manual reduz a incerteza por meio do consenso sobre determinados temas mas também reproduz ou inclusive radicaliza a incerteza" ao fazer "afirmações de autoridade diante da falta de consenso" e reintroduz "princípios genéricos e fatores contextuais no raciocínio jurídico").

7 Segundo o Manual de Tallinn (nota 6), regra 66 com p. 193, isso significa "qualquer ato realizado clandestinamente ou sob falsas pretensões que utiliza capacidades cibernéticas para reunir (ou tentar reunir) informação com a intenção de comunica-la à parte contrária". Ver também Weissbrodt (nota 3), p. 370-1.

8 * *N.T.* Muito embora o texto original apenas faça uso da expressão *International Criminal Court (ICC)* e não se desconheça que também em sua segunda língua oficial a instituição seja nomeada como "Corte" (*Cour pénale internationale, CPI*), nesta tradução preferiu-se a manutenção de nomenclatura que

a opinião majoritária devem distinguir-se três elementos. Primeiro, um ataque informático não se realiza para obter (diretamente) uma vantagem financeira ou um benefício como ocorre com os clássicos ciberdelitos econômicos.[9] Segundo, o ataque não se realiza com o propósito de obter informação ("ciberespionagem").[10] Terceiro, um ataque informático altera, interrompe, degrada ou destrói uma rede computadorizada e pode levar à interrupção de equipamentos conectados com essa rede a partir do ataque.[11] Este último elemento encontra-se bem expressado pelo Manuel de Tallinn ao definir *Guerra Cibernética*: "...uma operação cibernética, ofensiva ou defensiva, da qual se pode esperar razoavelmente que cause lesões ou a morte de pessoas ou que danifique ou destrua objetos".[12]

---

tem sido usualmente aceita na língua portuguesa: *Tribunal Penal Internacional* (*TPI*).

Cf. McClure, "International Adjudication Options in Response to State-Sponsored Cyber-Attacks Against Outer-Space Satellites", (2012) *New England J. of Intl & Comparative L.* vol. 18, p. 431, 432 (com maiores referências).

9 Melzer, (nota 4), p. 21; Swanson, "The Era of Cyber Warfare: Applying International Humanitarian Law to the 2008 Russian-Georgian Cyber Conflict" (2010) *Loyola L.A.Int'l & Comp.L.J.*, vol. 32, p. 303, 307 ("... [os delitos informáticos] estão regulados pelas leis penais locais e incluem atos como o roubo de identidade e a fraude por internet").

10 Lin, (nota 5), p. 519; ver também Goldsmith, "How Cyber Changes the Laws of War" (2013) EJIL, vol. 24, p. 129, 135.

11 Essa é basicamente a definição do Departamento de Defesa dos EUA conforme a nota de Lubell, "Lawful Targets in Cyber Operations: Does the Principle of Distinction Apply?", (2013) *Int'l L.Stud.*, vol. 89, p. 252, 258; ver também Melzer, (nota 4), p. 5; Lin, (nota 2), p. 518-9; O'Donnell & Kraska, "Humanitarian Law: Developing International Rules for the Digital Battlefield" (2003) *J.C.& S.L.*, vol. 8, p. 133, 138; crít. sobre o alcance da definição, Lubell, *op. cit.*, p. 258-9.

12 *Manual de Tallinn*, (nota 6) Regra 30 (p. 106); para uma definição ainda maior, Lin (nota 2), p. 518-9; ver também Droege (nota 4), p. 556-61 (inclui a interferência "com o funcionamento de um objeto ao perturbar o sistema informático subjacente", p 560); para uma definição de certa forma ampla (ainda que tida como "restrita"), Hathaway e outros (nota 3), p. 826 e ss. (basta "qualquer ação... para afetar as funções de um sistema computadorizado..."). Por qual motivo os próprios autores consideram que esta seria uma definição "restrita" é um segredo que só eles sabem; de toda forma, o requisito do propósito especial ("propósito político ou de segurança nacional") não é suficiente e seus exemplos também são muito genéricos (*ibidem*, p. 837 e ss.). Para uma discussão sobre as distintas operações cibernéticas e ataques, ver Lülf, "International

O segundo limite refere-se ao conceito da "responsabilidade penal internacional". Esta responsabilidade pressupõe a existência de crimes internacionais e a participação nos mesmos. O debate atual concentra-se, principalmente, na incidência do direito dos conflitos armados, também conhecido – eufemisticamente – como direito internacional humanitário (DIH),[13] aos ataques informáticos (*infra* B). Isso não surpreende já que, conforme o Art. 36 do Protocolo Adicional I das Convenções de Genebra (PA I), os Estados estão obrigados a aplicar as regras de DIH para uma nova arma, novos meios ou métodos de guerra.[14] O debate é menos intenso em relação à possível responsabilização penal pelo crime de agressão (*infra* C). Este tampouco é chamativo já que se trata de crime que só recentemente foi codificado e, se é pouco provável que será aplicado num curto prazo aos ataques armados tradicionais, menos provável ainda será sua aplicação aos casos de ciberataques. Por fim, ainda que praticamente não exista debate a respeito da comissão de crimes contra a humanidade por meio de ataques informáticos, convém realizar uma breve análise desta possibilidade (*infra* D). Certamente que existem muitas outras questões relativas à responsabilidade penal internacional no ciberespaço, mas estas devem ser objeto de novas investigações. Um tema particularmente complexo e de importância prática vincula-se à questão da jurisdição para os ciberataques, tendo em vista que estes ataques, por definição, são transnacionais e, portanto, trans ou

---

Humanitarian Law in Times of Contemporary Warfare – The New Challenge of Cyber Attacks and Civilian Participation" (2013) Humanitäres Völkerrecht – *Informationsschriften*, vol. 26, p. 74, 76-77.

13 O direito internacional humanitário (DIH) refere-se a todas as regras de direito dos conflitos armados que protegem aos indivíduos em conflitos armados (Greenwood, "Historical Developments and Legal Basis" In: Fleck (ed.), *The Handbook of International Humanitarian Law* Oxford (2. ed., OUP 2008), p. 1-43, número marginal ("nm.") 101) e aos casos de guerra declarada ou ocupação (Werle, Principles of International Criminal Law, 2. ed., TMC Asser 2009) ("Princípios") n. 985; Werle, Völkerstrafrecht (3. ed., Mohr Siebeck 2012) n. 1078).

14 Cf. Dörmann, "Applicability of the Additional Protocols to Computer Network Attacks" (19 de novembro de 2004) <http://www.icrc.org/eng/resources/documents/misc/68lg92.htm> consultado em 22 de outubro de 2013, 2; Droege (nota 4), p. 540-1; Harrison Dinniss, (nota 5), p. 260-1; Boothby, "Methods and Means of Cyber Warfare", (2013) *Int'l L.Stud.*, vol. 89, p. 387, 400.

suprajurisdicionais. Com efeito, normalmente estes ataques originam-se em uma jurisdição, mas afetam todas jurisdições que atravessam e nas quais podem produzir resultados danosos. Neste particular, a jurisdição do Tribunal Penal Internacional (TPI) se derivaria da(s) jurisdição(ões) nacional(is) afetada(s) pelos respectivos ataques informáticos.

## B. CIBERATAQUES COMO CRIMES DE GUERRA

### 1. Esclarecimentos prévios

Atualmente, os crimes de guerra encontram-se definidos de forma exaustiva no Art. 8.º do Estatuto do TPI, o qual contém 51 delitos individuais que se baseiam na sua totalidade nas primárias proibições do Direito de Haia e de Genebra.[15] A partir de uma abordagem estrutural e sistemática que se baseie nos interesses e direitos protegidos pode-se distinguir entre delitos básicos contra as pessoas e os bens protegidos, ataques à população e aos bens civis (meios de guerra proibidos) e outros delitos (que incluem os métodos de guerra proibidos).[16] Os ciberataques podem figurar como um destes delitos se vierem a reunir os requisitos objetivos (*actus reus*) e subjetivos (*mens rea*) para tanto. Esta análise não pode ser feita de forma abstrata, senão que depende das circunstâncias concretas de cada caso. De toda forma, a aplicação do regime dos crimes de guerra a qualquer forma de ataque – seja por meio dos tradicionais meios cinéticos ou pelos modernos meios cibernéticos – sempre irá supor a existência dos requisitos gerais para a aplicação do DIH, já que estes figuram como regras primárias dos crimes de guerra (secundários, sob esta perspectiva). Sendo assim, inicialmente, devem ser analisados estes requisitos gerais para que se possa analisar como atuam os princípios tradicionais do DIH no campo dos ciberataques.

---

[15] Sobre estas regras primárias, ver Ambos, *Treatise on International Criminal Law*. Volume I: Foundations and General Part (Oxford University Press [OUP] 2013), p. 11 e ss.

[16] Cf. Ambos, *Treatise of International Criminal Law*. Volume II: The Crimes and Sentencing (OUP 2014), p. 164 e ss.

## 2. Requisitos gerais

*a) Existência de um conflito armado*

De acordo com o Art. 2.º comum das Convenções de Genebra (CG),[17] a aplicação do DIH encontra seu fundamento na existência de um conflito armado. Esta expressão não está definida positivamente no DIH, mas o Tribunal Penal Internacional para a antiga Iugoslávia (ICTY)* trouxe uma definição que tem sido adotada desde a pioneira decisão jurisdicional do caso "Tadic". Neste sentido, "...existe um conflito armado quando há um recurso à força armada entre Estados, ou à violência armada prolongada entre autoridades governamentais e grupos armados organizados, ou entre estes grupos dentro de um Estado".[18] Assim, o que é relevante é o uso da força armada e sua atribuição a uma das partes em conflito.[19]

Os mesmos princípios se aplicam aos ciberataques[20] enquanto não existir uma definição específica de "guerra" ou de "conflito armado" para

---

[17] Convenção de Genebra para Melhorar a Situação dos Feridos e Doentes das Forças Armadas em Campanha (aprovada em 12 de agosto de 1949, entrando em vigor em 21 de outubro de 1950) (CG I) 75 UNTS 31 (GC I); Convenção de Genebra para Melhorar a Situação dos Feridos, Doentes e Náufragos das Forças Armadas no Mar (aprovada em 12 de agosto de 1949, entrando em vigor em 21 de outubro de 1950) 75 UNTS 85 (CG II); Convenção de Genebra Relativa ao Tratamento dos Prisioneiros de Guerra (aprovada em 12 de agosto de 1949, entrando em vigor em 21 de outubro de 1959) 75 UNTS 135 (CG III); Convenção de Genebra Relativa à Protecção das Pessoas Civis em Tempo de Guerra (aprovada em 12 de agosto de 1949, entrando em vigor em 21 de outubro de 1950) 75 UNTS 267 (CG IV).

* *N.T.* Manteve-se neste texto a sigla *ICTY* para referir-se ao nome original do Tribunal, *International Criminal Tribunal for the Former Yugoslavia.*

[18] *Prosecutor vs. Tadic,* ICTY (*Jurisdiction*) ICTY-94-1-AR (2 de outubro de 1995) ("Tadic Jurisdictional Decision") [70]; *Prosecutor vs. Lubanga* (*Confirmation of Charges*) ICC-01/04-01//06 (27 de janeiro de 2007) [209]; *cf.* Werle, Principles (nota 13), n. 978; Cassese *et alii*, Cassese's International Criminal Law (3. ed., OUP 2013), p. 66.

[19] Cf. Ambos, Treatise ICL II (nota 16), p. 123 com maiores referências na nota 47.

[20] Droege, (nota 4), p. 543 e ss.; Harrisson Dinniss, (nota 5), p. 126 e ss.; geralmente mais cauteloso Lin, (nota 2), p. 515 e ss. (quem conclui que muitos dos casos do direito internacional humanitário

estes tipos de ataques.[21] Dessa forma, primeiro deveria distinguir-se entre uma situação na qual esse ataque faz parte de um conflito armado (convencional) em curso, daquela outra na qual o ataque ocorre independentemente de um conflito armado (i.e., quando esse conflito não existe ou não é contemporâneo).[22] Tendo em vista que, no primeiro caso, o requisito do conflito armado já estará satisfeito com o emprego da força armada convencional, a pergunta sobre uma valoração isolada da qualidade do ataque informático só terá sentido no segundo caso, que poderia nomear-se um ciberataque "puro". Nessa hipótese, deve-se determinar se foi utilizada a força armada[23] e se isso pode ser atribuído a uma das partes em conflito.

---

"...não são válidos no ciberespaço ou só são aplicáveis com dificuldade", p. 530).

[21] Para uma versão mais ampla sobre o conceito de "guerra", ver o Anexo 1 do Acordo entre os governos dos Estados-Partes da Organização de Cooperação de Shangai no âmbito da segurança internacional da informação (aprovado em 16 de junho de 2009) citado em Melzer, (nota 4), p. 22 e Droege, (nota 4), p. 535. Este Anexo define a "guerra da informação" como "o confronto entre dois ou mais estados no espaço da informação dirigido a danificar os sistemas, processos e recursos, as estruturas críticas e de outro tipo de informação, fragilizando os sistemas políticos, econômicos e sociais, efetuando uma lavagem de cérebros psicológica na massa para desestabilizar a sociedade e o estado, assim como para obrigar o estado a tomar decisões no interesse de uma parte contrária".

[22] Harrison Dinniss, (nota 5), p. 127 e ss., distingue entre três tipos de situações: durante um conflito armado em curso, independente de tal conflito armado e o uso da força convencional que acompanha, mas que não equivale a um conflito armado. De qualquer forma, esta última situação pode ser agrupada junto à primeira, já que em ambos os casos os ataques convencionais armados e os ataques cibernéticos ocorrem com um menor grau de força convencional. Para Melzer, (nota 4), p. 24, as operações cibernéticas "que não estão acompanhadas da ameaça ou do uso da força militar convencional" normalmente não superariam o umbral do conflito armado, mas "possivelmente seriam consideradas como uma ameaça criminal que deva ser tratada por meio de medidas de aplicação da lei".

[23] Nesta medida, a diferença entre "ataque" (como definido no Art. 49 (1) PA I) e o conceito mais amplo da "operação" militar (ver, *v.g.*, Art. 54 (1) PA I; sobre essa discussão, ver Droege, (nota 4), p. 554 e ss.) não será relevante, já que em ambos os casos se exige o emprego da força armada. Sem embargo, com relação ao princípio de distinção (Art. 48, PA I), ver *infra* nota 89.

[*] *N.T.* As expressões *"means approach"* e *"effects (or equivalent) approach"* não recebem um significado preciso na língua portuguesa. Por se referirem no

Para determinar se houve um uso da *força armada* deve-se analisar os meios ou instrumentos utilizados – "enfoque com base aos meios" (*means approach*)* – ou os efeitos, consequências ou resultados gerados pela sua utilização – "enfoque com base aos efeitos (*effects or equivalent approach*)".[24] De acordo com o primeiro enfoque seria difícil considerar a um ataque informático como um uso de força "armada" no sentido tradicional, já que este careceria de toda expressão cinética de força.[25] Além disto, esta interpretação não só ignoraria o entendimento moderno do uso da força que não se concentra nas armas utilizadas,[26] como também não conseguiria captar a qualidade especial dos ciberataques, que se manifesta nos efeitos destes ataques em comparação com os ataques armados tradicionais (cinéticos). Precisamente por isso, deveria seguir-se um enfoque com base aos efeitos.[27]

---

texto a técnicas interpretativas, optou-se por fazer uso da expressão *"enfoque com base aos meios"* e *"enfoque com base aos efeitos"*.

[24] Os três enfoques relevantes (instrumentalidade, objetivo e com base às consequências/efeitos) foram desenvolvidos com relação ao conceito *ius ad bellum* do "ataque armado" (Art. 51 Carta ONU) (ver Hathaway *et alii*, (nota 3), p. 845-6; Weissbrodt, (nota 3), p. 363-4), mas também podem ser aplicados no contexto *ius in bello* no umbral do conflito armado.

[25] Sobre as diferenças entre a guerra tradicional e a guerra cibernética, ver: Lin, (nota 2), p. 520 e ss.; ver também Melzer, "Cyber Operations and Ius in Bello" (2011) *Disarmament Forum*, vol. 4, p. 3, 5.

[26] Cf. *Legalidad de la amenaza o el empleo de armas nucleares* (Opinión Consultiva) [1996] ICJ Rep 226 [par. 39] ("qualquer uso da força, com independência das armas empregadas"); no mesmo sentido, *Manual de Tallinn*, (nota 6), p. 42; Melzer, (nota 4), p. 13; Weissbrodt, (nota 3), p. 356; Boothby, (nota 14), p. 391; sobre o conceito de arma com vista à vantagem militar obtida, Harrisson Dinniss, (nota 5), p. 68-70.

[27] *Manual de Tallinn*, (nota 6), p. 107; no mesmo sentido, Aldrich, "The International Legal Implications of Information Warfare" (1996) *Airpower Journal*, vol. 10, p. 99; Harrison Dinniss, (nota 5), p. 74, 123, 131-2; Schmitt, "Cyber Operations and the Jus in Bello: Key Issues" (2011) *Int'l L. Stud*, vol. 87, p. 89, 92 e ss.; Melzer, (nota 4), p. 7, 24; *idem* (nota 25), p. 5 (com maiores referências); Haslam, "Information Warfare: Technological Changes and International Law" (2000) *J.C.& S.L*, p. 157, 170; Lülf, (nota 12), p. 77-8 (quem também se concentra nos efeitos de uma operação cibernética e sustenta que alcança o limite "sempre que" "ponha em perigo às pessoas ou bens protegidos" e "seja mais que um incidente esporádico e isolado..."); Boothby, (nota 14), p. 389 ("fator crítico... efeito danoso ou prejudicial ..."), 402; Dörmann, (nota 14), p. 3 ("grau de dano"); Lubell, (nota 11), p. 262-3,

Um enfoque que se baseie nos efeitos produzidos não se vê excluído pela definição de "ataque armado" como "ato de violência contra o adversário" (art. 49 (1), PA I). Afinal, a "violência" também pode produzir-se por meio dos efeitos violentos de um ataque informático que implique num resultado prejudicial permanente.[28] Em consequência, se um ataque informático conseguir gerar o elemento físico da rede informática atacada,[29] então estará satisfazendo o requisito da força armada ou do ataque armado do DIH.[30] Isso confirma que a questão decisiva não será a natureza do ataque em relação aos seus meios, senão aos seus efeitos. Isso implica que um ataque informático que não vier a causar qualquer dano físico (permanente) ou funcionalmente grave (*v.g.*, um apagão/colapso temporário de um sistema computadorizado) não irá satisfazer a exigência do conflito armado.[31] Certamente que os efeitos do ataque devem ser considerados em sentido amplo. Ainda que um ataque informático só possa produzir um dano limitado ao sistema atacado como tal, o certo é que seus efeitos mais amplos podem produzir sérias consequências, como seria, por exemplo, no caso de uma grande represa que estivesse controlada por um sistema informático e a sua desativação implicasse em vastas inundações. Desta forma, a pergunta sempre consistirá em estabelecer se um ciberataque produz um dano comparável ou análogo ao que causaria um ataque armado tradicional.[32] Neste sentido, o mesmo tratamento da "destruição total ou parcial, captura ou neutralização" do art. 52 (2) do PA I parece sugerir uma interpretação mais flexível, já que indica que a neutralização de um objetivo militar

---

265, 275 ("efeitos violentos", "dano causado"); WEISSBRODT, (nota 3), p. 364 (com relação ao ataque armado); HATHAWAY *et alii* (nota 3), p. 845, 847-8; crít. por considerá-lo um limite muito alto, HINKLE, "Countermeasures in the Cyber Context: One More Thing to Worry About" (2011) *YJIL Online*, vol. 37, p. 11, 11-2, 21 (com relação ao suposto ataque cibernético russo na Estonia em 2007); crít. pelas incertezas com respeito à aplicação concreta, KESSLER e WERNER, (nota 6), p. 808.

[28] No mesmo sentido, SCHMITT, (nota 27), p. 93-4; MELZER, (nota 4), p. 26

[29] *Manual de Tallinn*, (nota 6), p. 106.

[30] SCHMITT, (nota 27), p. 93; ver também DINSTEIN, "Computer Network Attacks and Self-Defense" (2002) *Int'l L. Stud*, vol. 76, p. 99, 103; MELZER, (nota 25), p. 7.

[31] MELZER, (nota 25), p. 7; SCHMITT, (nota 27), p. 95; igualmente: SWANSON, (nota 9), p. 323; mais detalhado o *Manual de Tallinn,* (nota 6), p. 106-107.

[32] DROEGE, (nota 4), p. 546.

pode produzir uma vantagem militar e assim ter o mesmo efeito que a destruição deste objetivo.[33] De fato, os redatores do art. 52 (2) do PA I tinham em mente que um ataque "com o propósito de impedir que o inimigo use um bem" pode ter o mesmo efeito militar que a destruição deste bem.[34] Em outras palavras, uma operação cibernética que deixa o objeto fisicamente intacto, mas que o neutraliza em sua funcionalidade pode equiparar-se a um ataque militarmente relevante,[35] ao menos se a operação vier a desarmar uma "infraestrutura crítica" do Estado em questão.[36] É certo que aquelas interrupções menores, como a queda do sistema de emissão de sinais de televisão, não constituirão um ataque militar; a rigor, na verdade, normalmente estas situações produzem menos inconvenientes do que uma guerra econômica ou psicológica[37] e não se enquadram na definição de um ataque.[38] Os arts. 51 (5) (b), 57 (2) (a) (iii) e 57 (2) (b) do PA I confirmam esta postura já que só mencionam as consequências físicas dos ataques armados.[39]

Enfim, de acordo com um enfoque que se baseie nos efeitos, um ataque informático, tal como foi definido anteriormente, i.e., como um ataque que cause um dano humano considerável ou de outro tipo, ou uma

---

33 Cf. DÖRMANN, (nota 14), p. 4, 6; crít. SCHMITT, (nota 27), p. 95-6 (quem adverte sobre o risco da sobre-inclusividade e sustenta que o Art. 52 (2) PA I se baseia na existência de um "ataque" e que excluiria as operações cibernéticas); Harrison DINNISS, (nota 5), p. 197-8; para um enfoque matizado, MELZER, (nota 4), p. 26 (quem sustenta que ambas as posições tem pontos sólidos).

34 Cf. DROEGE, (nota 4), p. 558.

35 DROEGE, (nota 4), p. 559 ("...operações que interrompem o funcionamento dos bens sem dano físico ou destruição, inclusive se a interrupção é temporária"); ver também BOOTHBY, (nota 14), p. 389-90 (quem afirma, em relação aos "dados", que só se convertem em um "bem" quando são essenciais para a operação do sistema atacado": LUBELL, (nota 11), p. 265-6 (critica a análise exclusiva no dano físico).

36 Sobre esse critério com definições (em relação ao *ius ad bellum*), MELZER, (nota 4), p. 14-6.

37 SCHMITT, (nota 27 ), p. 95; em igual sentido: MELZER, (nota 4), p. 26.

38 DROEGE, (nota 4), p. 559; ver também BOOTHBY, (nota 14), p. 403 (quem enfatiza que só deveriam ser considerados a "morte, lesões, dano ou destruição das pessoas ou bens protegidos"); com relação à prática estatal, SCHMITT, (nota 27), p. 95, 103.

39 SCHMITT, "Wired warfare: Computer Network Attack and *Ius in Bello*" (2002) *IRRC*, vol. 84, p. 365, 377-378.

perturbação grave a um sistema computadorizado, normalmente equivalerá à utilização da força armada e, em consequência, configurará um ataque militar relevante.[40] Certamente que a quantidade de vítimas por si só não converterá um conflito num conflito armado,[41] senão que a qualidade dos ataques – contra pessoas e objetos protegidos – sempre terá um papel importante para avaliar a natureza do conflito.[42] Isso nos leva a aceitar a combinação de diferentes fatores onde os efeitos são o mais importante, mas onde a natureza e os meios utilizados no ataque também devem ser levados em conta.[43] O mesmo critério pode ser aplicado com respeito à intensidade e duração necessárias – "violência armada prolongada"[44] – de um conflito armado (não internacional)[45] que pressupõe uma série de ataques que durem uma considerável quantidade de tempo.[46] De todo modo, é questionável se, além disto, exige-se uma intenção específica de causar dano ou destruição e se estas consequências devem ser

---

[40] Schmitt, (nota 39), p. 374; *Droege,* (nota 4), p. 545 e ss., 560, 578; Harrison Dinniss, (nota 5), p. 123, 131, 137-8 (umbral da "gravidade significativa"); Melzer, (nota 25), p. 5; *idem,* (nota 4), p. 14 (crítico a respeito do requisito da consequência similar aos ataques armados tradicionais); *Manual de Tallinn,* (nota 6), p. 106; Haslam (nota 27), p. 170; Swanson (nota 9), p. 314-315.

[41] Pictet (ed), Commentary on the Geneva Convention for the amelioration of the condition of the wounded and sick in armed forces in the field (1952, ICRC reimpresso em 2006) ("Pictet, GC I"), p. 32 ("Não importa quanto dure o conflito nem quantas mortes ocorram").

[42] Schmitt, (nota 39), p. 373.

[43] Sobre dito critério combinado, Droege, (nota 4), p. 547-8.

[44] Cf. Tadic Jurisdictional Decision (nota 18) [70]; incorporado no Art. 8.º (2) (f) Estatuto do TPI (aprovado em 17 de julho de 1998, entrando em vigor em 1.º de julho de 2002, 2187 UNTS 3); ver também Schmitt, (nota 27), p. 106.

[45] Cf. Droege, (nota 4), p. 551.

[46] Melzer, (nota 4), p. 24-5 (quem sustenta que ainda não foi definido um umbral exato); Harrison Dinniss, (nota 5), p. 131. Para Hathaway *et alii* (nota 3), p. 850 e Geiss, "Cyber Warfare: Implications for Non-international Armed Conflict 2 (2013) *Int'l L. Stud*, vol. 89, p. 627, 633-4, na prática, todavia, não se alcançou um umbral necessário mediante um ataque informático isolado. Kessler e Werner (nota 6), p. 800 em geral demonstram que, a exceção do Stuxnet, "não existiu nenhum incidente de guerra cibernética que tenha inflingido uma devastação e dano generalizado usualmente associado com uma 'guerra'".

previsíveis.[47] Embora esta "subjetivização" possa restringir ainda mais um enfoque com base aos efeitos e, em particular, evitar uma valoração meramente quantitativa,[48] o certo é que parece confundir o requisito *per se* objetivo do conflito/ataque armado com os requisitos da responsabilidade penal individual, o que, em consequência, seria teoricamente incoerente. Além disto, traria graves problemas probatórios.

O segundo requisito – a *atribuição do ataque informático a uma das partes em conflito* – pode ser mais difícil de estar preenchido. Esta atribuição é praticamente impossível se o ofensor não puder ser identificado, i.e., o ataque realizar-se no anonimato da Internet e não puder ser rastreado a um usuário específico que esteja vinculado a uma das partes em conflito.[49] Mesmo quando o ataque vier a ser realizado por indivíduos ou grupos identificáveis haverá de se indagar se isso os qualifica como partes de conflito, ou se seus atos podem ser atribuídos a uma das partes em conflito, em particular a um Estado. Com relação à primeira pergunta, a resposta dependerá do grau de organização destes grupos, i.e., que cumpram com os requisitos de comando, controle, disciplina e hierarquia característicos aos grupos armados do DIH.[50] Aqueles grupos de pessoas com uma existência meramente virtual (*hackers*), normalmente, carecerão destas características[51] e tampouco irá satisfazer o requisito de organização um ataque coletivo espontâneo (como um ataque de denegação de serviço), no qual há um incremento de seus seguidores

---

47 Nesse sentido, Schmitt, (nota 39), p. 374 ("com o objetivo de causar tanto a morte, lesões, dano ou destruição... ou quando estas consequências sejam previsíveis"; também Schmitt (nota 27), p. 94-5; também enfatiza a intenção do ofensor, Harrison Dinniss, (nota 5), p. 132-3.

48 Neste sentido, Melzer, (nota 4), p. 16.

49 Cf. Droege, (nota 4), sobre os problemas de atribuição à luz do caráter anônimo do ofensor (p. 541, 543-45); ver também Goldsmith, (nota 10), p. 131-2, 134; Hinkle, (nota 27), p. 17-8; Harrisson Dinniss, (nota 5), p. 99-102; Kessler e Werner, (nota 6), p. 799.

50 Para uma definição, ver Ambos, Treatise ICL II (nota 16), p. 125-6; em nosso contexto Schmitt, (nota 25), p. 105-6; Geiss, (nota 46), p. 634; Harrisson Dinniss, (nota 5), p. 124-5.

51 Droege, (nota 4), p. 550-1; Geiss, (nota 46), p. 635-6; Melzer, (nota 4), p. 24; aparentemente com uma visão distinta, *M.* Schmitt, "Classification of cyber conflict", en (2012) *J.C.& S.L.*, vol. 17, p. 245, 256 (quem sustenta que "estes grupos podem atuar de forma coordenada com o governo... seguir ordens de um líder virtual e ser altamente organizados").

*online*.[52] No que diz respeito à possível atribuição dos atos destes grupos a um Estado, as regras da Comissão de Direito Internacional (CDI) sobre a responsabilidade estatal por fatos ilícitos (*State Responsibility for Wrongful Acts*)[53] oferece um guia bastante útil.[54] Por conseguinte, neste contexto, será irrelevante que um Estado culpe aos *hackers* privados pelos ataques informáticos realizados a partir de seu território a fim de eludir sua responsabilidade estatal,[55] já que a existência de um conflito armado com as respectivas partes se determinará objetivamente.

*b) Alcance geográfico do conflito armado*

Em um conflito armado internacional entre dois ou mais Estados, normalmente, as hostilidades ocorrem no território destes mesmos Estados ou ao menos de um deles (por exemplo, no caso da invasão a um Estado). Em relação a um conflito armado que não seja de índole internacional, o Art. 3.º comum às quatro Convenções de Genebra exige que o conflito ocorra "no território de uma das Altas Partes Contratantes". Outras normas[56] e a jurisprudência internacional confirmam que deve haver algum vínculo territorial ou nexo de algum tipo. Assim se deu na decisão sobre jurisdição no caso "Tadic", que se referiu à violência armada "dentro de um Estado",[57] e no caso "Bemba", no qual a Sala de

---

52 Geiss, (nota 46), p. 635.

53 Cf. CDI, Artigos sobre responsabilidade do Estado por fatos internacionalmente ilícitos, com comentários (2001) Informe da CDI, 53ª Sesión (23 de abril a 1º de juno e 2 de julho a 10 de agosto de 2001) UN Doc A/56/10 (2001), p. 20, arts. 4-9 (onde se estabelecem as regras de atribuição dos atos de órgãos estatais ou de grupos ou agentes privados ao Estado). Sobre o teste de controle efetivo vs. o controle geral (CIJ Nicaragua vs. ICTY Tadic) neste contexto, ver Schmitt, (nota 27), p. 104-5. Discute possíveis contramedidas ("recíprocas"), Hathaway *et alii*, (nota 3), p. 857-9; Hinkle, (nota 27), p. 14 e ss.; com relação ao *ius in bello*, Harrisson Dinniss, (nota 5), p. 75 e ss.

54 Droege, (nota 4), p. 544.

55 Cf. Goldsmith, (nota 10), p.·135.

56 Cf. Art 1.º Protocolo Adicional às Convenções de Genebra de 12 de agosto de 1949 relativo à Proteção das Vítimas dos Conflitos Armados não Internacionais (aprovado em 8 de junho de 1977, entrando em vigor em 7 de dezembro de 1978) 1125 UNTS 609 (PA II), Art. 8.º (2)(f) Estatuto do TPI.

57 *Supra*, nota 16 e texto principal. Ver também *Prosecutor vs. Blaskić* (*Judgement*) ICTY-95-14-T (3 de março de 2000) [63]- [64]; *Prosecutor vs. Hadžihasanović and Kubura* (*Judgement*) ICTY-01-47-T (15 de março de 2006)

Questões Preliminares do TPI fez menção "aos limites territoriais de um Estado".[58]

De qualquer forma, os ataques cibernéticos desafiam todos os limites geográficos ou fronteiras impostas pelos territórios estatais.[59] Afinal, são ataques que podem ter origem num dispositivo móvel que esteja em deslocamento entre diferentes Estados, ultrapassar um ou mais servidores sediados em outros Estados e, finalmente, atingir seu objetivo, inclusive, em um último Estado. Se cada dispositivo ou rede envolvida no ciberataque viesse a se converter num objetivo militar passível de ser atacado, então se chegaria a um tipo de "guerra cibernética total", com o que se romperiam todos os limites geográficos do campo de batalha[60] produzindo "graves efeitos desestabilizadores nas relações entre os Estados".[61] Não se ignora que um enfoque nos efeitos dos ataques informáticos não reduz o risco de uma propagação semelhante da violência cibernética,[62] já que os contra-ataques sempre vão se dirigir contra os computadores, dispositivos ou redes que causaram esses efeitos e que estão invariavelmente dispersos em diferentes territórios. Na verdade, só seria possível uma limitação se o ataque cibernético pudesse ser rastreado até o computador ou dispositivo em que ele se originou e somente se este pudesse ser um objetivo legítimo para um contra-ataque.

*c) Nexo entre um ataque à rede informática e o conflito armado*

Segundo o DIH convencional, o crime de guerra deve ter uma relação com o conflito armado.[63] Este chamado requisito do nexo tem sido interpretado de forma ampla, i.e., tem-se como suficiente a existência de

---

[14]; *Prosecutor vs. Limaj et alii* (*Judgement*) ICTY-03-66-T (30 de novembro de 2005) [84]; *Prosecutor vs.* Milutinović *et alii* (*Judgement*) ICTY-05-87-T (26 de fevereiro de 2009) [127]; *Prosecutor vs. Perišić* (*Judgement*) ICTY-04-81-T (6 de setembro de 2011) [72].

58 *Prosecutor vs. Bemba* (*Confirmation of Charges*) ICC-01/05-01/08 (15 de junho de 2009) [231].

59 Geiss, (nota 46), p. 631, 637; Goldsmith, (nota 10), p. 131.

60 Droege, (nota 4), p. 565-6.

61 Geiss, (nota 46), p. 640.

62 Harrison Dinniss, (nota 5), p. 135.

63 *Tadic Jurisdictional Decision* (nota 18) [70]; *Prosecutor vs. Aleksovski* (Judgement) ICTY-95-14/1-T (25 de junho de 1999) [45]; *Prosecutor vs. Musovic et alii* (*Judgement*) ICTY -96-21-T (16 de novembro de 1998) [193];

uma *relação funcional* entre os respectivos atos e o conflito, ainda que não baste que os crimes tenham sido cometidos unicamente por ocasião do conflito armado, aproveitando-se do caos dele resultante.[64] Para determinar o nexo deve-se ter em conta um série de fatores.[65]

Não há dúvidas de que um ataque informático requer um nexo com um conflito armado que esteja em curso.[66] Pode-se considerar que este nexo estará presente se, da mesma forma que exige o DIH convencional,[67] o autor não tiver podido realizar esse ataque sem o conflito armado.

*d) Agente responsável*

Qualquer pessoa, inclusive um contratante privado que atue em nome de uma das partes do conflito, pode cometer um crime de guerra.[68] No contexto cibernético a participação de civis tem uma relevância diferenciada, já que nesta área é indispensável o recurso e a dependência de conhecimentos civis especializados.[69] Estes civis podem ser membros formais das forças armadas, inclusive das forças irregulares referidas no Art. 4.º (A) (2) da III Convenção de Genebra, que como tais possuem

---

ver também, Werle, Principles (nota 13), n. 1001 e *ss.* (com mais referências); Werle, Völkerstrafrecht (nota 13), p. 1098.

64 Ambos, Treatise ICL II (nota 16), p. 141.

65 *Prosecutor vs. Kunarac, Kovac & Vokovic* (Appeals Judgement) ICTY-96-23 & ICTY-96-23/1-A 12 de junho de 2002 [59] ("...tenha-se em conta, *inter alia*, os seguintes fatores: que o agressor seja um combatente, que a vítima não seja um combatente, que a vítima seja um membro de um partido da oposição, que se possa dizer que o ato serve ao fim último da campanha militar, e que o delito seja cometido como parte ou no contexto do exercício das funções oficiais do agente"). Coincidente: *Prosecutor vs. Katanga & Ngudjolo Chi* (Confirmation of Charges) ICC-01/04-01/07-717 (30 de setembro de 2008) [382].

66 *Manual de Tallinn*, (nota 6), p. 76; também Melzer, (nota 4), p. 23.

67 Neste sentido ver Werle, Principles (nota 13) n. 1003; Werle, Völkerstrafrecht (nota 13), p. 1096, 1100.

68 Pictet (ed), Commentary on the Geneva Convention relative to the Protection of Civilian Persons in Time of War, Ginebra, 1958, reimpresso em 1994, p. 212; Werle, Principles (nota 13) n. 1005; Werle, Völkerstrafrecht (nota 13) n. 1098; *Manual de Tallinn*, (nota 6), p. 77.

69 Turns, (nota 1), p. 289-90 (com uma distinção útil sobre as funções a cumprir); Hathaway *et alii* (nota 3), p. 854; Lülf, (nota 12), p. 79.

*status* de combatentes[70] e prisioneiros de guerra.[71] O mesmo se aplica aos membros dos grupos armados[72] e participantes de um "*levante em massa*".[73] O contratante, porém, poderá ser equiparado aos mercenários, os quais não possuem o *status* de combatentes ou prisioneiros de guerra.[74]

Em todos os outros casos, os civis perdem a imunidade de ataque se vierem a "participar diretamente nas hostilidades".[75] De modo geral, isso é o que ocorre quando são preenchidos três requisitos:[76] (1) o ato em questão afete negativamente a capacidade militar do inimigo ou lhe cause um dano substancial (limite do dano); (2) exista uma relação direta entre o ato e o dano causado (causalidade direta); (3) o ato esteja relacionado com as hostilidades (nexo de beligerância).[77] Estes critérios também podem ser aplicados no contexto cibernético, ainda que neste caso haverá alguns questionamentos específicos como, por exemplo, no sentido de saber distinguir os civis que realizaram alguma atividade cibernética daqueles civis ordinários.[78] Certamente que para que se possa

---

70 Isso funciona em ambos os sentidos: se beneficiariam do privilégio dos combatentes (imunidade de persecução por atos ilícitos de guerra), mas também seriam objetivos legítimos, i.e., perderiam a imunidade civil.

71 No caso do Art. 4.º A (2) CG III devem satisfazer os quatro requisitos ali indicados; ver em geral MELZER, (nota 4), p. 34; TURNS, (nota 1), p. 290; *Harrison Dinniss*, (nota 5), p. 140 e ss.

72 MELZER, Interpretive Guidance on the Notion of Direct Participation in Hostilities under International Humanitarian Law (ICRC 2009), p. 31; no mesmo sentido, SCHMITT, (nota 27), p. 98. Sobre os critérios ver *supra*, nota 48 com o texto principal.

73 Cf. Art. 4.º A (6) CG III.

74 Cf. Art. 47 (2) PA I ; ver também, Harrison DINNISS, (nota 5), p. 172-5; TURNS, (nota 1), p. 294.

75 Cf. Arts. 3.º CG I-IV, 51 (3) PA I, 13 (3) PA II e regra 35 do *Manual de Tallinn*, (nota 6).

76 Estes critérios resultaram do processo de consultas do Comitê Internacional da Cruz Vermelha, cf. MELZER, (nota 72), p. 46; no mesmo sentido, *Schmitt*, (nota 27), p. 101; Harrison DINNISS, (nota 5), p. 165-6; ver também AMBOS, Treatise ICL II (nota 16), p. 156; *Turns*, (nota 1), p. 286. Também foram adotadas pelo *Manual de Tallinn*, (nota 6), p. 119-20. Para um estudo mais aprofundado, ver Harrison DINNISS, (nota 5), p. 161 e ss.

77 Este último critério descarta a conduta puramente delitiva, cf. *Manual de Tallinn*, (nota 6), p. 120.

78 Cf. MELZER, (nota 4), p. 29-30; Harrison DINNISS, (nota 5), p. 145 e ss. (com referências especiais ao Art. 44 (3) PA I).

determinar se um civil tomou parte direta haverá que se considerar as circunstâncias de cada caso específico,[79] sendo um claro exemplo o do civil que prepara e ativa um vírus para ser enviado a uma rede informática de outro Estado, já que neste caso o civil estaria realizando um ataque cibernético.[80] De modo geral, haveria uma participação direta se o ataque não tivesse sido possível sem os conhecimentos especiais do civil.[81] Por outro lado, não haveria essa participação direta se o civil só tivesse oferecido uma função de apoio de menor importância[82] ou se só tivesse posto um vírus à disposição na Internet.[83]

Aqui surge novamente uma indagação, já discutida anteriormente com relação ao requisito da atribuição, sobre como tratar a um grupo de *hackers* que organiza uma atividade de resistência espontânea e ataca os sistemas informáticos de uma força ocupante. Pode-se considerar a este grupo de pessoas como um grupo armado organizado nos termos definidos mais acima[84] e que, portanto, poderia ser atacado por este motivo?[85] Poderiam atribuir-se seus atos a uma das partes do conflito? Equivale esta atividade a um "levante em massa" mencionado previamente? Isso levaria a considerar aos computadores ou aos softwares dos *hackers*

---

79 Sobre a discussão a respeito, ver TURNS, (nota 1), p. 286-9, 294-5 (quem demonstra a incerteza destes critérios e apresenta um quadro útil com possíveis exemplos).

80 *Manual de Tallinn*, (nota 6), p. 120 com mais exemplos; ver também LIN, (nota 2), p. 526; Harrison DINNISS, (nota 5), p. 167.

81 Cf. MELZER (nota 72), p. 53 ("...onde o conhecimento de um civil particular fosse de um valor muito excepcional e que pudesse ser decisivo para o resultado do conflito armado").

82 DOSWALD-BECK, "Some Thoughts on Computer Network Attack" (2002) *Int'l L. Stud.*, vol. 76, p. 163, 171 (sustenta que os técnicos que "efetivamente realizaram os ataques" seriam considerados civis que intervêm diretamente nas hostilidades e em consequência estariam sujeitos ao contra-ataque sem o direito ao *status* de prisioneiro de guerra, nos termos do Art. 4.º (4) CG III); no mesmo sentido, DÖRMANN, (nota 14), p. 9 ("execução" de um ataque informático *versus* a mera manutenção de uma rede informática); TURNS, (nota 1), p. 293; para um enfoque mais equilibrado, ver Harrison DINNISS, (nota 5), p. 167-72 (quem exclui somente "a manutenção dos sistemas de rotina").

83 *Manual de Tallinn*, (nota 6), p. 120.

84 *Supra*, nota 47.

85 Sobre a discussão a respeito, ver SCHMITT, (nota 27), p. 98-101 (quem identifica como casos difíceis aqueles de pessoas que atuam com um propósito comum).

como "armas" que são levadas "à vista" (Art. 4.º (A) (6), III Convenção de Genebra) e a sua conduta como um ato espontâneo de resistência.[86]

Finalmente, e com respeito à duração da participação ("enquanto prosseguem") e à retirada (definitiva) de um partícipe cibernético, os problemas tradicionais[87] se apresentam inclusive amplificados no contexto cibernético. Se se considera suficiente que um partícipe cibernético interrompa sua atividade por um momento – fazendo um paralelo com a retirada (temporária) do campo de batalha – seria praticamente impossível contra atacá-lo já que o ataque cibernético dura só alguns minutos e o campo de batalha virtual, além disto, seria o computador privado do *hacker* no seu domicílio. Por este motivo a duração da participação deveria prolongar-se na medida em que o partícipe realizasse repetidas operações cibernéticas.[88]

### 3. Princípios de direito internacional humanitário

A prática de um determinado crime de guerra depende em grande medida da interpretação que se efetue dos princípios tradicionais do DIH, i.e., dos princípios que regulam o desenvolvimento das hostilidades,[89] em especial dos princípios de distinção, proporcionalidade e precaução.[90] Isso não difere em relação aos ataques cibernéticos ou, em termos mais amplos, às operações cibernéticas,[91] as quais são qualificadas como "hostilidades" para estes

---

86 Bastante cético Turns, (nota 1), p. 293; ver também Melzer, (nota 4), p. 34 (quem questiona o modo pelo qual deve-se interpretar o requisito de "portar armas à vista").

87 Cf. Ambos, Treatise ICL II (nota 16), p. 157 e ss.

88 Schmitt, (nota 27), p. 102; a questão foi controvertida no grupo de especialistas de Tallin, cf. *Manual de Tallinn*, (nota 6), p. 121-2.

89 Conforme o Comitê Internacional da Cruz Vermelha, "o conceito de 'hostilidades' se refere ao recurso (coletivo) das partes do conflito aos meios e métodos para causar dano ao inimigo, e pode ser descrito como a soma total de todos os atos hostis realizados pelos indivíduos que participam diretamente nas hostilidades" (Melzer, (nota 72), p. 43, 44).

90 Sobre a proibição da perfídia (Art. 37 PA I) e a difícil delimitação das astucias legais no nosso contexto, ver Doswald-Beck, (nota 82), p. 171; Dörmann, (nota 14), p. 10-12; Melzer, (nota 4), p. 32-3; mais recentemente Harrison Dinniss, (nota 5), p. 261-5, 278; Boothby, (nota 14), p. 404.

91 Estes princípios se aplicam não só no contexto dos "ataques" (no sentido do Art. 49 (1) PA I), mas também no contexto mais amplo das "operações

fins.[92] Assim, por exemplo, a fim de que se possa determinar se foi cometido um crime de guerra de ataque intencional contra bens civis (Art. 8.º (2) (b) (ii), Estatuto TPI) por meio de um ataque informático, devem ser distinguidos os objetivos civis dos objetivos militares. Da mesma forma, para poder estabelecer se um ataque informático causou um dano colateral desproporcional deve-se precisar o exato sentido da proporcionalidade neste contexto.

*a) Principio de distinção*

A distinção entre civis e combatentes, por um lado, e entre objetivos civis e militares, por outro, constitui a essência do DIH e está consagrada no Art. 48, PA I.[93] É "parte do direito internacional consuetudinário aplicável tanto aos conflitos armados internacionais como aos não internacionais".[94] Com frequência este princípio é decisivo para determinar se os ataques a pessoas ou bens se qualificam como crimes de guerra ou atos ilícitos num conflito armado. Ele também se aplicará aos ataques cibernéticos,[95] sendo que o termo "ataque" deverá ser compreendido a partir de um enfoque com base aos efeitos (*effects approach*) tal qual referido.[96] Com relação aos civis que não são membros formais das forças armadas ou de um grupo armado organizado, surge a questão da

---

militares" tal como se depreende claramente dos Arts. 51 (1) e 57 (1) PA I que se referem explicitamente a elas (Cf. Harrison Dinniss, (nota 5), p. 196 e ss.; no mesmo sentido Droege, (nota 4), p. 555-6; Melzer, (nota 4), p. 27; no entanto, aponta a diferença, Schmitt ,(nota 25), p. 91-3 (quem sustenta que a "operação" do Art. 48 PA I deve ser entendida como "ataque"); Lubell (nota 11), p. 261; no mesmo sentido, a maioria dos redatores do Manual de Tallinn (nota 6), p. 177 [com relação ao Art. 58 (c) PA I]).

92 O umbral é inferior ao exigido para o "ataque" (Art. 49 (1) PA I, *supra*, nota 26 e texto principal), cf. Melzer, (nota 4), p. 28-9.

93 O Art. 48 PA I prevê: "De forma a assegurar o respeito e a proteção da população civil e dos bens de caráter civil, as Partes no conflito devem sempre fazer a distinção entre população civil e combatentes, assim como entre bens de caráter civil e objetivos militares, devendo, portanto, dirigir as suas operações unicamente contra objetivos militares".

94 Henckaerts e Doswald-Beck, ICRC Study on Customary International Humanitarian Law, Volume I: Rules (CUP 2005) [adiante ICRC Study I], p. 25; ver também *ibidem*, regra 1-10 com p. 3 e ss.

95 *Manual de Tallinn*, (nota 6), regra 31 e 110.

96 *Supra*, nota 27 com texto principal.

"participação direta" há pouco tratada que os poderá converter, eventualmente, em objetivos militares.

Em relação à distinção entre *bens civis* e *objetivos militares* existem alguns problemas de delimitação.[97] É que o termo "bens de caráter civil" está definido no Art. 52 (1) PA I em forma negativa, i.e., "todos os bens que não são objetivos militares". Os objetivos militares "são limitados aos que, pela sua natureza, localização, destino ou utilização contribuam *efetivamente* para a ação militar e cuja destruição total ou parcial, captura ou neutralização ofereça, na ocorrência, uma vantagem militar *precisa*".[98] Este duplo exame com base nos termos "efetivamente" e "precisa" é sumamente controvertido. O Comitê Internacional da Cruz Vermelha define o requisito da "contribuição efetiva" de forma bastante restrita e o limita aos objetivos puramente militares, excluindo a aqueles que produzem uma vantagem incerta.[99] Uma visão mais ampla, defendida em particular pelos Estados Unidos, inclui os ataques contra objetivos que limitam às capacidades de combate e sustento do inimigo.[100] Em última instância, a decisão deve ser tomada de acordo com a natureza, localização, propósito ou uso do objetivo,[101] de modo que expresse um nexo bastante próximo entre o bem em questão e a ação militar.[102] Em consequência, a decisão sempre será contextualizada e com base numa análise feita caso a caso. Por exemplo, se se produz um combate numa área civil, mas onde os edifícios civis, como as escolas ou igrejas, são tomados como proteção por parte dos combatentes ou insurgentes, então estes edifícios se converterão em objetivos militares.[103] Certamente que

---

97 Ver, em geral, em relação à distinção entre civis (pessoas protegidas) e combatentes (de fato), Ambos, Treatise ICL II (nota 16), p. 146 e ss.

98 Art. 52 (2) PA I (destaques do autor); pode-se ver sua análise em Harrison Dinniss, (nota 5), p. 184 e ss.; ver também Schmitt, (nota 37), p. 380; Geiss, (nota 46), p. 639-40.

99 Pilloud *et alii*, Commentary on the additional protocols of 8 June 1977 to the Geneva Conventions of 12 August 1949 (Nijhoff 1987), p. 636.

100 Cf. art. 52 (2) PA I; ver também Schmitt, (nota 39), p. 381; crít. Droege, (nota 4), p. 567-8; Harrison Dinniss, (nota 5), p. 188-9.

101 Oeter, "Methods and Means of Combat", em Fleck, (nota 13) n. 442 ("A fórmula usada constitui um critério geral cuja existência pode ser valorada *in abstracto*").

102 Cf. Droege, (nota 4), p. 562.

103 Dörmann, "§ 11 VStGB", In: Joecks e Miebach, Münchener Kommentar zum Strafgesetzbuch, (Vol. 8, 2. ed, C.H. Beck 2013), n. 54.

sempre haverá que se respeitar aquelas proibições absolutas,[104] como as relacionadas aos estabelecimentos médicos.[105]

Outro problema que surge neste contexto diz respeito a saber se a informação pode ser considerada como um bem protegido. A postura majoritária de que o termo "bens" só se refere aos objetos tangíveis e visíveis, e não à informação em si mesma,[106] se baseia num critério bastante tradicional que se apoia na antiga interpretação da regra que se desenvolveu quando a possibilidade dos ataques cibernéticos não era mais que um tema de ficção científica. Desde uma perspectiva moderna, a diferença entre os bens físicos e virtuais figura, ao menos no contexto cibernético, difusa; portanto, em princípio, a informação deveria estar coberta pela proteção.[107] De qualquer forma, adotando um critério de interpretação que se baseie nos efeitos, deve-se considerar o dano causado de forma geral e limitada aos danos físicos produzidos isoladamente.[108]

O principal problema da aplicação do princípio de distinção é a *interconectividade* entre os sistemas informáticos militares e civis e, em grande medida, o duplo uso (*dual-use*) que possui a infraestrutura cibernética.[109] Os bens de duplo uso são aqueles que servem tanto aos propósitos civis quanto militares, mas, conforme o direito dos conflitos armados (i.e., uma consequência do princípio de distinção), um bem é de natureza civil ou militar.[110] De fato, em regra, os bens de duplo uso são qualificados como objetivos militares, já que normalmente contribuem aos propósitos militares, i.e., o primeiro requisito da definição do Art. 52

---

104 Para um debate mais amplo sobre essas proibições no nosso contexto, ver Harrison Dinniss, (nota 5), p. 220 e ss.; ver também Dörmann, (nota 14), p. 6 e ss.

105 Cf. Art. 19 CG I, Art. 18 CG IV, Art. 12 PA I; ver também Art. 54-56 PA I.

106 *Manual de Tallinn*, (nota 6), p. 127.

107 Em sentido similar, Lubell, (nota 11), p. 267-8, 271; Melzer, (nota 25), p. 11; *idem* (nota 4), p. 31 (ambos consideram aos dados como "bens"); Harrison Dinniss, (nota 5), p. 184-5 (quem se centra no objeto e propósito da operação).

108 No mesmo sentido, Schmitt, (nota 27), p. 96.

109 Melzer, (nota 4), p. 30; Droege, (nota 4), p. 539, 541; *Manual de Tallinn*, (nota 6), p. 169; Turns, (nota 1), p. 296-7; Hathaway *et alii*, (nota 3), p. 852-3; Goldsmith, (nota 10), p. 134; Harrison Dinniss, (nota 5), p. 193-5.

110 Cf. *Manual de Tallinn*, (nota 6) regra 39 e p. 134 ("Por uma questão de puro direito não pode coexistir o *status* de bem de caráter civil e de caráter militar; é um ou outro").

(2) PA I encontra-se preenchido.[111] No entanto, a contribuição militar não pode ser presumida, mas deve ser efetivamente demonstrada.[112]

Tendo em vista que não existe uma separação clara entre os sistemas informáticos civis e militares, i.e., que qualquer sistema informático pode ser utilizado tanto para os propósitos civis quanto militares ao mesmo tempo ou de maneira intercambiável, essa distinção é "praticamente impossível" e, portanto, a proteção oferecida pelo princípio de distinção seria de importância prática limitada.[113] Certamente que isso também depende de uma compreensão mais ampla ou restrita do princípio e das circunstâncias particulares do caso. De modo geral, porém, parece bastante plausível sustentar que um sistema computadorizado que é, em si mesmo, civil perderá este *status* se for utilizado como suporte de objetivos militares.[114] Por exemplo, se uma das partes do conflito utilizar um

---

111 Cf. *Manual de Tallinn,* (nota 6) regra 39 e p. 134 ('...confirma que todos os bens e instalações de duplo uso são bens de caráter militar, sem qualificação"); no mesmo sentido, DROEGE, (nota 4), p. 562-3.

112 STEIGER, "Civilian Objects", em WOLFRUM (ed) Max-Planck-Encyclopedia of Public International Law (OUP 2008-2013) n. 12 ("Na maioria dos casos, os bens de duplo uso devem ser considerados objetivos militares. De qualquer forma, isso só é válido sempre e quando o bem significar uma contribuição efetiva à ação militar pela sua natureza, localização, finalidade e uso, e quando sua destruição ofereça uma clara vantagem militar nas circunstâncias do caso"); *ICRC Study I* (nota 94), p. 32 ("No que se refere às instalações de duplo uso ... a prática considera que a classificação destes objetos depende, em última análise, da aplicação do conceito de objetivo militar"); FENRICK, "Targeting and Proportionality during the NATO Bombing Campaign against Yugoslavia" (2001) *EJIL*, vol. 12, p. 489, 494 ("Na situação de dependência ... os bens [de duplo uso] podem se converter em objetivos militares em certos conflitos em função de diversos fatores, entre os quais se incluem os objetivos estratégicos das partes em conflito e o grau no qual o conflito se aproxima à guerra total"). Para um critério mais equilibrado, ver também GEISS e LAHMANN, "Cyber Warfare: Applying the Principle of Distinction in an Interconnected Space" (2012) *Isr.L.Rev.*, vol. 45, p. 381, 389 (os quais sustentam que, no mundo físico, a maioria dos bens civis não tem nenhum tipo de potencial militar significativo e, por isso, não podem ser utilizados de uma forma militarmente propícia).

113 GEISS e LAHMANN, (nota 112), p. 383, 384-90; no mesmo sentido, DERVAN, "Information Warfare and Civilian Population: How the Law addresses a fear of the Unknown" (2011). *Goettingen Journal of International Law* (*GoJIL*), vol. 3, p. 373, 388; DROEGE, (nota 4), p. 541, 562-66.

114 *Manual de Tallinn*, (nota 6), p. 28.

sistema informático – *per se* civil – de um hospital para realizar ataques cibernéticos, estes sistemas se converterão em objetivos militares.[115] Será mais difícil traçar esta linha quando se tratar de toda uma infraestrutura cibernética, incluindo a Internet. Como os militares se baseiam em grande medida na infraestrutura civil para todas as suas operações,[116] incluindo a preparação e execução de um ataque, pode-se afirmar que esta infraestrutura em si mesma – que compreende as companhias de tecnologia informática que as proveem e as mantêm, ou até as redes sociais como Facebook ou Twitter[117] – realiza uma contribuição efetiva ao esforço militar e, desta forma, sua destruição significa uma vantagem militar precisa.[118] Uma postura ainda mais ampla poderia sustentar que um uso militar semelhante da infraestrutura cibernética civil contaminará esta infraestrutura num grau tal que a converterá num objetivo militar. Neste sentido, o grupo de especialistas de Tallinn sustenta que nestes tipos de casos, nos quais não figura muito claro quais seriam as conexões de Internet que estariam sendo utilizadas para as transmissões militares, toda a rede se qualificaria como um objetivo militar.[119] Se se vai além e se considera suficiente – de forma contrária à postura que aqui se defende[120] – que os militares tenham a intenção de utilizar uma infraestrutura cibernética civil com fins militares, no futuro todo o ciberespaço civil constituirá, potencialmente, um objetivo militar legítimo.[121]

Outra consequência do princípio de distinção é a *proibição de ataques indiscriminados*,[122] ainda que estes difiram dos ataques diretos

---

[115] Cf. Lin, (nota 2), p. 526.

[116] Conforme Dervan, (nota 113), p. 388, "se estima que 98% de todas as comunicações governamentais classificadas e 95% de todas as comunicações militares dos EUA se transmitem por meio de sistemas de comunicação civis e não por redes militares específicas".

[117] Cf. *Manual de Tallinn*, (nota 6), p. 135-7; crít. Droege, (nota 4), p. 566-9.

[118] Geiss e Lahmann, (nota 112), p. 386, 388-9.

[119] *Manual de Tallinn*, (nota 6), p. 135; cf. Geiss e Lahmann, (nota 112), p. 388 e ss.

[120] *Supra*, nota 46 e texto principal.

[121] Geiss e Lahmann, (nota 112), p. 386; Pilloud *et alii*, (nota 99), p. 636.

[122] Cf. Art. 51 (4) PA I: "Os ataques indiscriminados são proibidos. Pela expressão ataques indiscriminados designam-se: a) os ataques não dirigidos contra um objetivo militar determinado; b) os ataques em que sejam utilizados métodos ou meios de combate que não possam ser dirigidos contra um objetivo militar determinado; ou c) os ataques em que sejam utilizados métodos ou

contra bens civis já que, em tais casos, o dano causado ao bem que se protege será completamente indiferente para o ofensor. É questionável a aceitação de que, no caso dos ataques cibernéticos, será possível atender a esta proibição da mesma forma que se dá em relação aos ataques tradicionais. Se, como foi ressaltado, se sustenta que não é possível traçar uma clara separação entre a infraestrutura civil e militar, um ataque contra uma infraestrutura cibernética não poderá ser considerado claramente como um ataque dirigido "contra um objetivo militar determinado" (Art. 51 (4), PA I), nem contra um bem estritamente civil. Se tal não bastasse, os meios utilizados no ataque cibernético, por exemplo um vírus como o *Stuxnet* dirigido contra as instalações militares iranianas, podem não ser suficientemente controláveis, i.e., por definição seus efeitos não podem ser razoavelmente limitados e, portanto, não podem discriminar.[123] Se este for o caso, então o ataque cibernético em questão se qualificará como um dos "métodos ou meios de combate cujos efeitos não possam ser limitados".[124] De fato, e tal como sustenta corretamente Droege, as partes de um conflito tem uma dupla carga: por um lado, não podem empregar armas cibernéticas que por sua natureza sejam indiscriminadas e não podem ser suficientemente controladas; por outro, no caso de um ataque, a parte deve verificar se a arma utilizada pode ser e de fato está sendo dirigida contra um objetivo militar determinado.[125]

Em definitivo, o princípio de distinção só poderá ter um papel mais importante caso seja possível separar de forma mais clara os bens civis dos militares, por exemplo, com a criação de "refúgios digitais", de forma análoga ao que ocorre com as áreas desmilitarizadas contem-

---

meios de combate cujos efeitos não possam ser limitados, como prescrito pelo presente Protocolo; e que consequentemente são, em cada um desses casos, próprios para atingir indistintamente objetivos militares e pessoas civis ou bens de caráter civil". Ver, em geral, *ICRC Study I* (nota 94), regras 11-13 con p. 37 e ss.

123 Boothby, (nota 14), p. 393-4; Doswald-Beck, (nota 82), p. 169, sustentou já há mais de dez anos que o controle limitado em relação aos efeitos de um ataque informático era "o problema mais sério"; no mesmo sentido, Dörmann, (nota 14), p. 5; ver também Harrison Dinniss, (nota 5), p. 256-7 (discute a questão sob o conceito das "armas indiscriminadas").

124 Cf. Art. 51 (4) (c) PA I.

125 Droege, (nota 4), p. 571.

pladas no Art. 60, PA I.[126] No estado atual do direito, os princípios de proporcionalidade e precaução, que serão tratados em seguida, parecem ser mais úteis para limitar os ataques cibernéticos.[127]

*b) Princípio de proporcionalidade*

Este princípio faz parte do direito internacional consuetudinário tanto para os conflitos armados internacionais quanto para os não internacionais.[128] Ele estabelece limites ao uso dos meios e métodos de guerra e, em particular, proíbe aqueles que causam "danos supérfluos ou sofrimentos desnecessários"[129] e "danos extensos, duráveis e graves ao meio ambiente natural".[130] Indo além do Art. 51 (4) PA I, ele define os ataques indiscriminados como sendo os que causam perdas de vidas civis e danos aos bens civis que sejam tidos como "excessivos em relação à vantagem militar concreta e direta esperada".[131] Um ataque que produza este dano

---

[126] Para uma discussão crítica sobre essa e outras possibilidades, ver GEISS *e* LAHMANN, (nota 112), p. 383, 390-5; ver também DROEGE, (nota 4), p. 576-7.

[127] Ver também *Manual de Tallinn*, (nota 6) regra 39 e p. 134-5 ("Um ataque a um objetivo militar que também se utiliza para fins civis está sujeito ao princípio de proporcionalidade e à necessidade de tomar precauções no ataque"); no mesmo sentido, DERVAN, (nota 113), p. 388.

[128] *ICRC Study I* (nota 94), regra 14 com p. 46-50; *Manual de Tallinn*, (nota 6), p. 159. Ver também OLÁSOLO, Unlawful Attacks (NIJHOFF 2008), p. 155 e ss., 226 e ss., 256 e ss.; KELLER e FOROWICZ, "A Tightrope Walk between Legality and Legitimacy: An Analysis of the Israeli Supreme Court's Judgment on Targeted Killing" (2008) LJIL, vol. 21, p. 189, 213 e ss.; HANKEL, Das Tötungsverbot im Krieg: Eine Intervention (Hamburger Edition 2011), p. 22 e ss.; WRIGHT, "'Excessive' ambiguity: analysing and refining the proportionality standard" (2012) IRRC, vol. 94, p. 819, 838 e ss. (se concentra especialmente no termo ambíguo "excessivo").

[129] Cf. Art. 22 e 23 (e) Anexo à Convenção de Haia relativa às leis e costumes da guerra terrestre: regulações relativas às leis e costumes da guerra terrestre (18 de outubro de 1907, entrando em vigor em 26 de janeiro de 1910); Art. 35 (1) e (2) PA I. Ver também Harrison DINNISS, (nota 5), p. 252-6. Sobre um possível crime de guerra, ver Art. 8º (2)(b)(iii), (x), (xx) (xxv) e (e)(xi).

[130] Art. 35 (3) PA I; ver também Art. 55 PA I (em relação aos objetos protegidos) e BOOTHBY, (nota 14), p. 394. Para um possível crime de guerra, ver Art. 8.º (2)(b)(iv).

[131] Art. 51 (5)(b) e 57 (2)(a) (iii) e (b) PA I. Para um possível crime de guerra, ver Art. 8.º (2)(b)(iv).

colateral por si só, portanto, não será ilícito, pois só assim será considerado quando o dano for excessivo comparativamente à vantagem militar.

Este princípio também se aplica aos ataques cibernéticos que vierem a causar um dano colateral excessivo,[132] possivelmente quando implicarem em "danos supérfluos ou sofrimentos desnecessários",[133] seja pela utilização transitória da infraestrutura civil, seja por meio de um ataque em si.[134] No momento, portanto, este princípio oferece uma maior proteção do que a do princípio de distinção, que é estático e menos flexível.[135] Com efeito, tendo por base uma postura restritiva de que o potencial uso militar de um bem de caráter civil o transforma em um objetivo militar, o bem em questão seria um objeto lícito e só o padrão da proporcionalidade excessiva ofereceria possíveis limites aos ataques cibernéticos. Tome-se, como exemplo, o caso de uma infraestrutura em si mesma de caráter civil, como a rede de energia elétrica de uma grande cidade, que venha a ser utilizada, de forma limitada, para um fim militar, mas que por esta mesma razão seja considerada como de duplo uso (*dual use*) e, portanto, um objetivo lícito. Um ataque informático a essa infraestrutura provavelmente causaria um impacto civil grave ao implicar no corte do fornecimento de energia às residências e estabelecimentos de caráter civil. Ainda que este dano "colateral" de caráter civil não seja contrário ao princípio de distinção, deveria ser equilibrado com a vantagem militar esperada.[136]

É verdade que a aferição da proporcionalidade só poderia anular os efeitos adversos de uma interpretação estrita do princípio de distinção se o dano colateral ou incidental causado por um ataque à rede informática em si mesma lícita, i.e., "perda de vidas humanas na população civil, ferimentos nas pessoas civis, danos nos bens de caráter civil ou

---

132 *Manual de Tallinn*, (nota 6) regra 51 ("Proíbe-se um ataque cibernético que se pode prever que causará perdas incidentais de vidas civis, lesões a civis, danos a bens de caráter civil, ou uma combinação delas, as quais seriam excessivas em relação à vantagem militar concreta e direta prevista"); ver também Geiß e Lahmann, (nota 112), p. 395.

133 Boothby, (nota 14), p. 391-2.

134 *Manual de Tallinn*, (nota 6), p. 160.

135 Geiss e Lahmann, (nota 112), p. 395-8, 398; ver também Dervan, (nota 113), p. 389.

136 Ver também o *Manual de Tallinn*, (nota 6), p. 160, com o exemplo do ataque contra o GPS.

uma combinação destas perdas e danos",[137] fosse interpretado de forma ampla.[138] Neste sentido, o dano colateral deveria abarcar tanto os efeitos diretos de um ataque cibernético, quanto os indiretos, ou seja, abarcar tanto "as consequências imediatas, de primeira ordem" do ataque quanto as "consequências mediatas e/ou imprevisíveis de segunda, terceira ou outra ordem*... causadas por mecanismos ou eventos intermediários.[139] Em particular, com respeito aos "danos a bens de caráter civil" incidentais, deve-se adotar uma interpretação ampla e dinâmica, que inclua na equação de proporcionalidade a mera perda da funcionalidade do bem de caráter civil afetado.[140] Para a realização de uma aferição precisa, deve-se tentar determinar da maneira mais específica possível os efeitos adversos de um ataque informático à rede sobre as atividades cibernéticas civis, relacionando-os com a vantagem militar esperada: "A questão consiste em saber se o dano que se deve esperar é excessivo em relação à vantagem militar prevista, de acordo com as circunstâncias existentes no momento".[141] A vantagem militar deve determinar-se de um modo igualmente preciso ("concreta e direta"),[142] levando em conta o ataque como um todo[143] e de forma prospectiva ("antecipada"),[144] i.e., o respec-

---

137 Cf. Art. 51 (5)(b) e 57 (2)(a) (iii) e (b) PA I, assim como o *Manual de Tallinn*, (nota 6), regra 51, citado na nota 132.

138 Geiss e Lahmann, (nota 112), p. 396-7.

139 * *N.T.* O texto original faz uso das expressões *"immediate or first order consequences"* e *"delayed and/or displaced second, third and higher order consequences"* para referir-se ao que nomeamos, respectivamente, como *consequências imediatas* e *consequências mediatas e/ou imprevisíveis.*

*Manual de Tallinn*, (nota 6), p. 160; ver também Geiss e Lahmann, (nota 112), p. 396; Droege, (nota 4), p. 572-3; Boothby, (nota 14), p. 390, 395, 397-8, 401.

140 Neste sentido Geiss e Lahmann, (nota 112), p. 397-8; Geiss (nota 46), p. 644-5. Os especialistas do *Manual de Tallinn* também concordam que uma "afetação da funcionalidade" pode, sob certas condições, ser incluída (p. 160), ainda que explicitamente possam excluir os "danos *de minimis*" (nota 6, regra 30 com p. 107).

141 *Manual de Tallinn*, (nota 6), p. 161; ver também Boothby, (nota 14), p. 392.

142 *Manual de Tallinn*, (nota 6) regra 51, citado *supra*, nota 132, e p. 161-2 ("vantagem... substancial e relativamente próxima", em relação ao Comitê Internacional da Cruz Vermelha, Comentário PA, [2209]).

143 Cf. *Manual de Tallinn*, (nota 6), p. 162.

144 *Manual de Tallinn*, (nota 6) regra 51, citada *supra*, nota 132, e p. 162-3 ("que a aferição da razoabilidade da decisão no momento do ataque... não se

tivo comandante possui uma "ampla margem de decisão"[145] também em relação ao possível dano colateral, por um lado, mas enfrenta um teste de razoabilidade, por outro, i.e., sua decisão deve superar uma análise de razoabilidade que considere como padrão relevante o de "uma pessoa razoavelmente bem informada nas circunstâncias do caso concreto".[146] Certamente, a incerteza a respeito dos efeitos indiretos de segunda, terceira, etc., ordem dos ataques cibernéticos faz com que seja difícil, senão impossível, para um comandante antecipar-se corretamente às consequências do ataque.[147] Da mesma forma que se dá no âmbito do DIH tradicional, continua sendo controvertido aferir se uma vantagem militar particularmente grande pode superar a um dano de graves e extensas proporções, i.e., se um certo grau de dano pode significar um limite absoluto na equação da proporcionalidade.[148]

*c) Princípio de precaução*

O objetivo geral deste princípio é o de minimizar os danos civis na maior medida possível, independentemente de qualquer consideração sobre a proporcionalidade, a qual restou apreciada no princípio recém discutido. Este princípio tem dois componentes, i.e., refere-se às precauções no ataque (Art. 57, PA I) e às precauções contra os efeitos dos ataques (Art. 58, PA I).[149] A omissão de adotar estas precauções pode converter em um crime de guerra aquilo que, de outro modo, seria um ataque permitido contra uma pessoa ou um bem de caráter civil. Com relação às precauções no ataque, o Art. 57 (2) PA I, enumera uma série de *medidas ativas* que as partes em um conflito devem adotar para preservar as pessoas civis e os bens de caráter civil. No contexto ciberné-

---

aplique com o benefício da retrospectiva").

145 *Manual de Tallinn*, (nota 6), p. 163, em relação ao Comitê Internacional da Cruz Vermelha, Comentário PA, par. 2210.

146 *Prosecutor vs. Galic* (*Judgment*) ICTY-98-29-T (5 de dezembro de 2003) [58]; ver também *Manual de Tallinn*, (nota 6), p. 163 e Doswald-Beck, (nota 82), p. 167 (vantagem militar "clara e óbvia" para o ofensor).

147 Sobre a falta de certeza com as consequências, ver também Hathaway *et alii*, (nota 3), p. 851; Harrison Dinniss, (nota 5), p. 207-8.

148 Neste sentido Pilloud *et alii,* (nota 99) [1980]; contra *Manual de Tallinn*, (nota 6), p. 161.

149 Sobre seu *status* como direito consuetudinário, ver *ICRC Study I* (nota 94), regras 15-24 com p. 51 e ss.; ver também Droege, (nota 4), p. 573 e ss.; para uma perspectiva norte-americana, Wright, (nota 128) 830-2.

tico, deve-se adotar um "cuidado constante",[150] verificar os objetivos,[151] limitar os possíveis efeitos incidentais na maior medida possível[152] e alertar com a devida antecipação que os ataques cibernéticos poderão afetar à população civil.[153] Os deveres de verificação e limitação podem implicar, por exemplo, que antes de se atacar uma rede informática seja ela avaliada, de modo a que o ataque, na medida do possível, limite-se aos seus componentes militares.[154] Esse entendimento, inclusive, parte da concepção de que estes limites no ataque são previstos para evitar qualquer efeito incidental (colateral) visando à infraestrutura cibernética civil.[155] Tudo isso exige conhecimento técnico.[156] De qualquer forma, diverge-se a respeito de até onde devem ir as obrigações de precaução. Se o padrão normal é o da "possibilidade",[157] i.e., fazer o que seja "praticável ou praticamente possível tendo em conta todas as circunstâncias",[158] no caso das operações militares no mar ou no ar mostra-se como suficiente a adoção de "precauções razoáveis" (Art. 57 (4) PA I), i.e., se exige menos do que a possibilidade.[159] Como consequência, no exemplo de um navio de guerra atacado através de uma operação cibernética vão existir duas abordagens: uma perspectiva estrita exigiria uma aferição de toda a infraestrutura cibernética deste navio com o fim de poder antecipar os

---

150 *Manual de Tallinn*, (nota 6) regra 52.

151 *Manual de Tallinn*, (nota 6) regra 53; ressalta que esse é o principal problema, *Doswald-Beck*, (nota 82), p. 170-1; ver também Harrison Dinniss, (nota 5), p. 211-2.

152 *Manual de Tallinn*, (nota 6) regra 54 ("eleição dos meios e métodos de guerra... com o fim de evitar e, de certa forma, minimizar, lesões incidentais a civis...") e regra 56 (escolha dos objetivos com o fim de "que causem o menor perigo para as pessoas civis e bens de caráter civil"). Ver como norma primária, Art. 57 (3) PA I; sobre essa previsão, Harrison Dinniss, (nota 5), p. 216-7.

153 *Manual de Tallinn*, (nota 6) regra 58.

154 Droege, (nota 4), p. 573-4.

155 Ver *Manual de Tallinn*, (nota 6), p. 169-70, com o exemplo da inserção de programas maliciosos em uma rede militar fechada como uma maneira de minimizar os danos colaterais.

156 Droege, (nota 4), p. 574; *Manual de Tallinn*, (nota 6), p. 166.

157 *Manual de Tallinn*, (nota 6), p. 164; ver também Art 58 PA I ("na medida do que for praticamente possível") e Harrison Dinniss, (nota 5), p. 211.

158 Cf. *Manual de Tallinn*, (nota 6), p. 169, com mais referenciais na nota 186.

159 Pilloud *et alii* (nota 99), p. 2230 ("deve-se tomar 'todas as precauções razoáveis' o que é, sem dúvida, um pouco diferente e possui menos alcance do que a expressão 'tomar todas as precauções factíveis'").

efeitos (incidentais) do ataque; já uma perspectiva mais ampla sustentaria que essa aferição não seria razoável já que a operação se concentra num objeto que não está em terra firme.[160]

No que diz respeito ao dever de precaução, capaz de "afastar" os bens de caráter civil dos objetivos militares (Art. 58 (a) PA I), o problema da interconectividade anteriormente mencionado faz com que esse dever seja difícil de ser observado no âmbito do ciberespaço: se as infraestruturas civil e militar estão intimamente conectadas ou – pior ainda – o ciberespaço é uma clássica estrutura de duplo uso (*dual use*), então será praticamente impossível cumprir com esta obrigação, i.e., ela não será "possível"[161] no contexto cibernético.[162] O Art. 58 (c) PA I exige que se tomem "as demais precauções necessárias" as quais dependem, certamente, das possibilidades práticas ("na maior medida possível"[163]). Daí se compreender que o Art. 58 (c) figure como uma disposição de "caráter geral"[164] que busca assegurar a proteção da infraestrutura cibernética civil através de outros meios além da separação estrita, i.e., "assegurar a funcionalidade contínua cibernética" com relação à infraestrutura civil crítica, por exemplo, oferecendo cópias de segurança às redes elétricas.[165]

## C. ATAQUES CIBERNÉTICOS E O CRIME DE AGRESSÃO

Alguns autores sustentam que dar início a um ataque informático pode configurar uma violação ao *ius ad bellum* e, portanto, gerar responsabilidade penal pelo crime de agressão, nos termos do Art. 8.º bis (1), Estatuto do TPI.[166] Este entendimento se baseia, certamente, em hipó-

---

160 *Manual de Tallinn*, (nota 6), p. 165, conforme o qual a maioria dos especialistas assumiu uma postura mais ampla; ver também Harrison Dinniss, (nota 5), p. 217-9.

161 Art. 58 PA I: até onde "for praticamente possível".

162 Cf. Geiss e Lahmann, (nota 112), p. 392-4, conclui que como consequência desta norma não se pode deduzir uma obrigação de distinção; no mesmo sentido, Droege, (nota 4), p. 575 ("pouco realista").

163 Ver também *Manual de Tallinn*, (nota 6) regra 59; com uma discussão que tem limitações práticas ("factibilidade") *ibidem*, p. 177-8.

164 *Manual de Tallinn*, (nota 6), p. 177.

165 Geiss e Lahmann, (nota 112), p. 395; no mesmo sentido, Droege, (nota 4), p. 576.

166 Essa é a posição que apresenta Ophardt, "Cyber Warfare and the Crime of Aggression: The Need for Individual Accountability on Tomorrow's Battlefield"

teses nas quais o ataque em questão é realizado por um Estado já que o Art. 8.º bis não se refere à conduta de autores não estatais.[167] De qualquer forma, é difícil enxergar um ataque informático que se enquadre no Art. 8.º bis. Ainda que em circunstâncias especiais um ataque semelhante pudesse ser equiparado a um "ato de agressão" no sentido do Art. 8.º bis (2) lit. (d) Estatuto do TPI, dificilmente ele poderia ser equiparado a uma "violação manifesta" da Carta da ONU, tal como o exige o Art. 8.º bis (1) Estatuto do TPI. Além disto, e de acordo com a chamada *cláusula de liderança*, só poderia haver responsabilidade penal com relação a uma pessoa que estivesse "em condições de controlar ou dirigir efetivamente a ação política ou militar de um Estado" (Art. 8.º bis (1)). Isso significa que as pessoas que realizem efetivamente o ataque informático não serão penalmente responsáveis de acordo com o Art. 8.º bis, senão que, no melhor dos casos, o serão seus superiores se pertencerem ao nível de comando e puderem ser considerados responsáveis pelos atos específicos dos "guerreiros informáticos".

### 1. "Atos de agressão" de acordo com o Art. 8.º bis (2) lit. (a)-(g), Estatuto do TPI?

O § 2.º do Art. 8.º bis do Estatuto do TPI exige uma análise em duas etapas. Primeiro, deve-se examinar se um ataque informático caracteriza um ato de agressão dentre os enumerados. Segundo, se isso não ocorrer, a pergunta que surgirá será se a enumeração do § 2.º é exaustiva ou não.

Os atos enumerados no § 2.º se baseiam no "uso da força armada" tal como explicitamente se exige no início de sua redação.[168] De acordo com os trabalhos preparatórios, o termo "força armada" deve ser entendido em seu sentido estrito, referindo-se ao emprego de força cinética

---

[2010] *Duke Law and Technology Review*, vol. 3, p. 3, 35; WEISSBRODT, "Conceptualizing Aggression" (2009) *Duke Journal of Comparative and International Law*, vol. 20, p. 1; WEISSBRODT, "Judging Aggression" (2011) *Colum. J. of Trans. L.*, vol. 50, p. 82; WEISSBRODT (nota 3), p. 369; em igual sentido, CAMMACK, "The Stuxnet Worm and Potential Prosecution by the International Criminal Court Under the Newly Defined Crime of Aggression" (2010) *Tulane J. of Intl. & Comp. L.*, vol. 20, p. 303.

[167] Crít. AMBOS, Treatise ICL II (nota 16), p. 203-4.

[168] Isso se corresponde mais com o "ataque armado" no sentido do Art. 51 da Carta da ONU do que com o genérico "uso da força" no sentido do Art. 2.º (4) da Carta da ONU (para uma comparação, MELZER (nota 4), p. 11-2).

através de armas tradicionais.[169] Ainda que durante as negociações tenha sido sugerido um conceito mais amplo que incluísse aos ataques cibernéticos,[170] o certo é que, ao final, a proposta foi rechaçada para evitar que afetasse "a estabilidade política e econômica, ou o exercício do direito à autodeterminação, ou que se violasse a segurança, defesa ou integridade territorial de um ou mais Estados".[171] De qualquer forma, mesmo que desde o princípio as negociações aparentemente tenham preferido este conceito mais estrito que excluísse os ataques informáticos, uma interpretação mais ampla pode ser defendida conforme um enfoque com base aos efeitos (*effects approach*), nos termos antes vistos em relação aos crimes de guerra.[172] De fato, e tal como sustentou corretamente um dos principais participantes daquelas negociações, uma "interpretação contemporânea do termo força armada poderia incluir, sob certas circunstâncias, o uso das redes informáticas como armas".[173] O critério

---

169 Cf. M. Gillet, "The anatomy of an international crime: Aggression at the ICC" (2013) ICLR, vol. 13, p. 829, 838 (explicitamente exclui a "guerra cibernética").

170 Cf. S. Barriga, "Against the Odds: The Results of the Special Working Group on the Crime of Aggression", em: S. Barriga, W. Danspeckgruber e C. Wenawesser (eds), *The Princeton Process on the Crime of Aggression – Materials of the Special Working Group on the Crime of Aggression* (Lynne Rienner Publishers 2003-2009), p. 10 ("Foram feitas sugestões para incluir meios de agressão não convencionais além do uso da força armada, como os ataques cibernéticos ou embargos econômicos").

171 Cf. SWGCA, June 2008 Report (junho de 2008), em *Assembly of States Parties to the Rome Statute of the International Criminal Court*, Official Records, Resumed 6th sess (2-6 junho de 2008) ICC-ASP/6/20/Add.1, Annex II <http://www.icc-cpi.int/iccdocs/asp_docs/ICC-ASP-6-20Add.1%20English.pdf>, consultado em 24 de outubro de 2013, par. 35). Ver também *Barriga*, (nota 170), p. 10 ("...não havia qualquer desejo de abrir a caixa de Pandora, e a grande maioria das delegações considerou que a limitação do uso da força armada era apropriada aos fins da justiça penal individual").

172 *Supra*, nota 27 e texto principal.

173 Barriga, (nota 170), p. 10, nota de rodapé 44. Em relação ao umbral do Art. 2.º (4), ver Schmitt, (nota 27), p. 914-5 e *idem*, "Cyber Operations and the Jus Ad Bellum Revisited", (2011) *Vill.L.Rev.*, vol. 56, p. 569, 576-7 (propõe um teste com sete elementos que incluem a gravidade, a imediatez, a franqueza, a invasão, a medição, a legitimidade e a presumida responsabilidade); ver também Melzer (nota 4), p. 6 e ss.; Benatar, "The Use of Cyber Force: Need for Legal Justification?" (2009) *GoJIL*, vol. 11, p. 376; Waxman, "Cyber Attacks and

geral de que as disposições relevantes da Carta da ONU, i.e., que o Art. 2.º (4) que se refere ao "uso da força" e o Art. 51 que se refere a um "ataque armado",[174] só abarcam sanções militares, mas não as políticas ou econômicas,[175] não contraria esta interpretação ampla, pois ela supõe que um ataque informático pode ser equiparado, sob certas circunstâncias, a um ataque militar.

No que diz respeito aos atos enumerados pela norma, só aqueles contemplados nos itens (b) e (d) podem ser executados por meio de um ataque informático. A hipótese do item (b) exige, na sua segunda alternativa, o "emprego de quaisquer armas" contra o território de outro Estado. Se se define as "armas" no sentido tradicional, como sugeriria o requisito de que seja dirigido "contra o território de outro Estado", então não seriam incluídos típicos instrumentos que se utilizam para realizar um ataque cibernético (*v.g.* por meio de vírus informáticos). De qualquer forma, uma abordagem tão estrita iria de encontro à interpretação mais flexível da Corte Internacional de Justiça na sua opinião consultiva sobre Armas Nucleares antes referida[176] e, a rigor, não haveria qualquer motivo convincente para excluir do disposto os ataques cibernéticos que causam

---

the use of Force" (2011) YJIL, vol. 36, p. 421; Gervais, "Cyber Attack and the Laws of War" (2012) *J.L. & Cyber Warfare*, vol. 8, p. 29; crít. Harrisson Dinniss (nota 5), p. 63-5. Esse teste também foi adotado pelo *Manual de Tallinn*, (nota 6), p. 48-51; crít. neste sentido, Kessler e Werner (nota 6), p. 808-9 (sustentam que isso "marca as incertezas que rodeiam o alcance da proibição no contexto dos ataques cibernéticos").

174 Para uma análise profunda e, em geral, com uma interpretação estrita, Harrisson Dinniss, (nota 5), p. 37 e ss., 75 e ss.

175 Em termos gerais, Randelzhofer e Doerr, "Art. 2.º (4)", em: Simma *et alii* (eds.) *The Charter of the United Nations – A Commentary* (vol 1, 3. ed., OUP 2012), n. 16-20; no nosso contexto, ver Schmitt, "Computer Network Attack and the Use of Force in International Law: Thoughts on a Normative Framework", (1999) Columbia Journal of Transnational Law, vol. 37, p. 885, 905-908; Silver, "Computer Network Attack as a Use of Force under Article 2(4) of the Un Charter (2002)" *Int'l L. Stud*, vol. 76, p. 73, 80 e ss.; Hathaway *et alii* (nota 3), p. 842; Weissbrodt, (nota 3), p. 358-60; Goldsmith, (nota 10), p. 133; sobre as distintas interpretações da doutrina, ver Harrisson Dinniss, (nota 5), p. 58 e ss.

176 *Supra*, nota 26.

um dano igual ou similar aos das armas convencionais.[177] Em todo caso, o item (d) que exige um "ataque pelas forças armadas" permite uma interpretação mais ampla que abarque aos ataques cibernéticos executados por membros das forças armadas contra as forças de outro Estado. De fato, um ataque cibernético em um país desenvolvido, que se sustenta fortemente em suas redes computadorizadas para operar sua infraestrutura (*v.g.*, controle de trânsito, fornecimento de água e energia) e suas forças armadas (*v.g.*, sistemas de defesa aéreos, jatos de combate modernos, equipamentos de comunicação ou *drones*) pode gerar a inoperabilidade completa ou parcial do respectivo sistema. Certamente que, em termos de resultado, pouco importa se as forças armadas se tornam inoperáveis pelos ataques "convencionais" de outras forças armadas ou por ataques cibernéticos.[178]

No que diz respeito à segunda pergunta, i.e., se a enumeração é exaustiva, tem sido sustentado que a mesma efetivamente o é.[179] Certamente que a questão foi controvertida durante as negociações[180] e têm

---

[177] Cf. C. CAMMACK, (nota 166), p. 322-3 (quem sustenta que "muitos dos objetivos pelos quais no passado se utilizava a força armada, atualmente, se alcançam por meio de pressões não forçadas nem militares"; em respeito ao ataque com o vírus *Stuxnet* contra o Irã sustenta que, de acordo com o subparágrafo (b) "a admissão de qualquer arma utilizada contra um território se qualificará" de acordo ao "dano ou destruição causados").

[178] A única diferença é a alta probabilidade de feridos nos casos de ataques convencionais (ainda que um ataque cibernético também possa produzir fatalidades quando provoca, *v.g.*, a falha total do sistema informático de um avião em voo).

[179] *Aggression* (Intersentia 2010), p. 236; SATZGER, International and European Criminal Law, (C.H. Beck 2012), p. 273; SCHMALENBACH, "Das Verbrechen der Aggression vor dem Internationalen Strafgerichtshof: Ein politischer Erfolg mit rechtlichen Untiefen" (2010), Juristenzeitung, vol. 65, p. 745, 748; STRAPATSAS, "Aggression" em: SCHABAS e BERNAZ (eds), The Routledge Handbook of International Criminal Law (Routledge 2011), p. 155, 160; cf. WERLE, Völkerstrafrecht (nota 13) n. 1457; deixa aberta a questão, PAULUS, "Second Thoughts on the Crime of Aggression" (2009) EJIL, vol. 20, p. 1117, 1120 ('...fica para ser enfrentado se a lista pretende ser exaustiva...").

[180] Special Working Group on the Crime of Aggression, 'June 2008 Report' (junho de 2008) ICC-ASP/6/20/Add. 1, Anexo II, impresso em: BARRIGA e KRESS (eds.), The Travaux Preparatoires of the Crime of Aggression (CUP 2012), p. 602-614, 608; cf. HEINSCH, "The Crime of Aggression After Kampala: Success or Burden for the Future?" (2010), GoJIL, vol. 2, p. 713, 723-724.

havido entendimentos – por vezes invocando o Art. 4.º da Resolução 3314[181] – que sustentam uma enumeração aberta[182] ou semiaberta que inclua atos da mesma natureza (*eiusdem generis*).[183] Não obstante, uma interpretação neste sentido não seria compatível com os requisitos da previsibilidade e certeza que exige o princípio da legalidade (*nullum crimen sine lege*) consagrado nos Arts. 22-24 do Estatuto do TPI. Como consequência, não se deve atribuir uma responsabilidade penal *ex post facto*, assim como as definições dos delitos devem ser construídas de forma estrita e precisa (*leges stricta* y *certa*).[184] Se os redadores quisessem aplicar a doutrina do *eiusdem generis*, poderiam haver adotado o Art. 4.º da Resolução 3.314, ou incluído um parágrafo similar ao do Art. 7.º (1) (k) do Estatuto do TPI. No entanto, o que se vê é que nem sequer foi dado ao Conselho de Segurança da ONU – contrariamente ao Art. 4.º da Res. 3.314 – a faculdade de estender ou emendar a enumeração do Art. 8.º bis (2) caso o considerasse apropriado.[185]

---

[181] Assembleia Geral da ONU, Res. 3314 (14 de dezembro de 1974) A/RES/3314, Art. 4.º (explicitamente declara que a lista não é exaustiva e autoriza o Conselho de Segurança a expandi-la).

[182] Safferling, Internationales Strafrecht (Springer 2011), n. 183.

[183] Clark, "Negotiating Provisions Defining the Crime of Aggression, its Elements and the Conditions for ICC Exercise of Jurisdiction Over It" (2009) *EJIL*, vol. 20, p. 1103, 1105 ("Clark, *EJIL* 2009"); *idem*, "Amendments to the Rome Statute of the International Criminal Court Considered at the first Review Conference on the Court, Kampala, 31 May-11 June 2010" (2010) *GoJIL*, vol. 2, p. 689, 696 ("Clark, *GoJIL* 2010"); mais ambíguo, Kress, "Time for Decision: Some Thoughts on the Immediate Future of the Crime of Aggression: A Reply to Andreas Paulus" (2009) *EJIL*, vol. 20, p. 1129, 1137 (como muito "semiaberto" [...]"); Kostic, "Whose Crime is it Anyway? The International Criminal Court and the Crime of Aggression" (2011) *Duke Journal of Comparative and International Law*, vol. 22, p. 109, 129-130; Ophardt, (nota 166) [66]; ver também Heinsch, (nota 180), p. 713, 723-6; Weissbrodt, "Conceptualizing Aggression" (nota 166), p. 40.

[184] Sobre o princípio *nullum crimen*, ver Ambos, Treatise ICL I (nota 15), p. 88-93. Ver também Barriga, (nota 170), p. 12; *idem*, "Negotiating the Amendments", em Barriga e Kress, (nota 180), p. 30-1.

[185] Schmalenbach, (nota 179), p. 747-748; igualmente: Werle, Völkerstrafrecht (nota 13) n. 1457; distinta posição: Weissbrodt, "Conceptualizing Aggression" (nota 166), p. 40.

## 2. Violação manifesta da Carta da ONU (Art. 8.º bis (1) Estatuto do TPI)?

A cláusula umbral do Art. 8.º bis (1) exige um "ato de agressão que pelas suas características, gravidade e escala configure uma violação manifesta da Carta das Nações Unidas". Ela expressa a diferença qualitativa existente entre um "ato" de agressão que implica numa responsabilidade coletiva e o "crime" de agressão que gera a responsabilidade (penal) individual.[186] Sua finalidade é excluir da criminalização os incidentes menores (*v.g.*, combates fronteiriços) ou os casos legalmente controvertidos (*v.g.*, uma intervenção humanitária).[187] Assim, por exemplo, a invasão ao Iraque de 2003 liderada pelos Estados Unidos, que embora tenha sido considerada por muitos internacionalistas como um *ato* ilícito de agressão,[188] pode não caracterizar-se como um *crime* de agressão por força da falta de uma "violação manifesta" – i.e., quantitativa e qualitativamente grave desde uma perspectiva objetiva[189] – da Carta da ONU, pois naquela época existia um respeitável posicionamento acadêmico no sentido de que a invasão se mostrava justificada, especialmente com base na Resolução 678 do Conselho de Segurança de 29 de novembro de 1990.[190] Com relação aos ataques cibernéticos, isso significa que é difícil pensar num ataque que seja o suficientemente grande e grave para ser considerado equivalente a uma violação manifesta da Carta. Certamente, como se explicou na seção prévia, é inclusive discutível se os ataques

---

[186] Cf. Ambos, Treatise ICL II (nota 16), p. 199; crít. sobre a diferença, Corredor, El Crimen de Agresión en Derecho Penal Internacional (Universidad del Rosario 2012), p. 88-9.

[187] Ver SWGCA, "June 2005 Report" (junho de 2005) ICC-ASP/4/32, Discussion Paper 3, N. 3, reimpresso em Barriga, Danspeckgruber e Wenaweser (nota 170), p. 197; ver também Barriga (nota 170), p. 8; Barriga, (nota 184), p. 29; Clark, "Alleged Aggression in Utopia", em Schabas *et alii*, *The Ashgate Research Companion to International Criminal Law* (Ashgate 2013), p. 66.

[188] Ver Kress, "Strafrecht und Angriffskrieg im Licht des 'Falles Irak'" (2003) *Zeitschrift für die Gesamte Strafrechtswissenschaft*, vol. 115, p. 294, 313 e ss., com maiores referências.

[189] Certamente o termo é ambíguo, cf. Paulus, (nota 179), p. 1121; para uma explicação – não de todo convincente – ver Kress, (nota 183), p. 1137 e ss. A perspectiva objetiva está determinada pelo Elemento 3 da Introdução aos Elementos dos Crimes do Art. 8.º bis do Estatuto do TPI.

[190] Kress, (nota 188), p. 331; de forma crítica, Paulus (nota 179), p. 1123.

cibernéticos constituem uma simples violação à proibição da Carta sobre o uso da força em primeiro lugar (Art. 2.º (4)),[191] especialmente por aceitar-se que um enfoque com base aos efeitos não pode ser utilizado de forma indiscriminada.

De acordo com o Manual de Tallinn, uma operação cibernética figura como o uso da força "quando sua escala e efeitos são comparáveis às operações não cibernéticas que alcançam o nível do uso da força".[192] Essa "escala e efeitos" dependem, por sua vez, de uma serie de fatores que devem ser levados em conta.[193] Com isso parece claro que uma operação cibernética que "gera dano, destruição, feridos ou mortes é altamente provável que seja considerada como uso da força",[194] i.e., exige-se mais que uma mera coerção econômica ou política.[195] Por isso, se se define o ataque informático como aquele que causa morte, feridos ou uma grave destruição de bens, então ele equivalerá ao uso da força. De toda forma, saber se este ataque constituirá também uma violação manifesta à Carta será uma pergunta aberta que dependerá das circunstâncias específicas do caso.

## D. ATAQUES CIBERNÉTICOS E CRIMES CONTRA A HUMANIDADE

Os crimes contra a humanidade exigem que a conduta efetivamente constitutiva do delito, *v.g.*, assassinato, tortura, violação, privação da liberdade, tenha sido cometida "no quadro de um ataque, generalizado ou sistemático, contra qualquer população civil..." (Art. 7.º (1) Estatuto do TPI). Isso é o que se conhece como o elemento do contexto dos crimes contra a humanidade. Enquanto o requisito do ataque "contra qualquer população civil" tem sua origem no direito de guerra e, portanto, se reduz à distinção entre combatentes e civis já discutida anteriormente com respeito aos crimes de guerra,[196] o "ataque generalizado ou sistemático" é uma característica particular dos crimes contra a humanidade. A redação

---

191 Ver referências em nota 173.

192 *Manual de Tallinn*, regra 11 em p. 45.

193 Cf. *Manual de Tallinn*, (nota 6), p. 48-50 (a gravidade, a imediatez, a franqueza, a invasividade, a mensurabilidade dos efeitos, o caráter militar, a participação do Estado e a presumida legalidade).

194 *Manual de Tallinn*, (nota 6), p. 48.

195 Ver também *Manual de Tallinn*, (nota 6), p. 46.

196 De qualquer forma, para uma interpretação mais restritiva deste elemento, Ambos, Treatise ICL II (nota 16), p. 63 e ss.

do Art. 7.º (2) (a) do Estatuto do TPI sugere que este requisito deva ser entendido qualitativamente, i.e., o "ataque" sempre deve-se basear – sem prejuízo do seu caráter predominante "generalizado" ou "sistemático" – em uma determinada política ("de acordo com" ou "tendo em vista a prossecução").[197]

No que diz respeito aos ataques cibernéticos isso significa, em primeiro lugar, que eles devem ser realizados em conformidade com uma determinada política e, ademais, ser generalizados ou sistemáticos. O elemento político pressupõe que estes ataques sejam planejados, organizados, coordenados ou ao menos tolerados por um Estado ou uma organização no sentido do Art. 7.º (2) (a) do Estatuto do TPI. Neste caso, o ataque normalmente também se qualificaria como "sistemático".[198] Ainda que se considere que um grupo de *hackers* com pouca organização, que atue de forma autônoma, não alcançaria o requisito da organização, é certo que aqueles grupos armados organizados, no sentido do DIH, que recorram aos métodos da guerra cibernética certamente o alcançariam.[199] E se, além disto, os ataques cibernéticos realizados por um Estado ou um grupo suficientemente organizado causarem um dano grave e extenso no sentido dos exemplos anteriormente dados, então o ataque provavelmente também se qualificaria como "generalizado". Estes ataques cibernéticos generalizados ou sistemáticos podem resultar, finalmente, no assassinato ou extermínio de populações civis ou, inclusive, em uma das condutas estabelecidas no Art. 7.º do Estatuto do TPI. Certamente que, em última instância, a verificação dos elementos de um crime contra a humanidade dependerá das circunstâncias do caso concreto.

## E. CONCLUSÕES

No caso dos ataques cibernéticos é mais provável que possa atribuir-se uma responsabilidade penal individual por crimes de guerra do que por um crime de agressão. Dar início a uma "guerra cibernética" em violação ao *ius ad bellum* dificilmente poderá implicar numa responsabilidade penal por agressão nos termos do Art. 8.º bis do Estatuto do TPI, já que é bastante difícil aceitar que um ataque cibernético seja equiparável

---

197 Cf. Ambos, Treatise ICL II (nota 16), p. 63, 67 e ss.

198 Cf. Ambos, Treatise ICL II (nota 16), p. 59-61.

199 Sobre a correspondente disputa na decisão do TPI em relação ao Kenia, ver Ambos, Treatise ICL II (nota 16 ), p. 72 e ss.

a um ato de agressão no sentido do Art. 8.º bis (2) do Estatuto do TPI, e muito menos a uma violação manifesta no sentido do Art. 8.º bis (1) deste mesmo Estatuto.

O DIH se aplica aos ataques cibernéticos se estes ataques forem parte de um conflito em curso. Diante da ausência de tal conflito, os ataques cibernéticos devem ser, por si mesmos, o suficientemente graves para superar o umbral do conflito armado. Este seria o caso se um ataque cibernético causasse, conforme um enfoque com base aos efeitos, considerável dano humano ou de outro tipo, que se estenda além dos meros incidentes esporádicos e isolados que causam só inconvenientes ou a queda temporário dos sistemas informáticos. Os ataques cibernéticos que produzem estes efeitos também se qualificam como ataques armados no sentido do Art. 49 (1) PA I. Para que um ataque cibernético se qualifique como um crime de guerra deve estar relacionado com um conflito armado em curso. Nestes casos, a atribuição da responsabilidade será possível se o ofensor puder ser identificado e atuar em nome de uma das partes do conflito no sentido do DIH, i.e., tanto um Estado ou um grupo armado organizado. De qualquer forma, os ataques cibernéticos daqueles grupos de indivíduos menos organizados que não se qualifiquem como uma parte no conflito também poderão ser atribuídos a esta parte, conforme as regras da responsabilidade estatal.[200] Para aqueles partícipes cibernéticos "puramente" civis se aplicam as regras sobre a participação direta nas hostilidades.

No que diz respeito aos princípios do direito internacional humanitário que regulam as hostilidades, o princípio de proporcionalidade parece ter a maior capacidade para limitar o dano às pessoas civis e aos bens de caráter civil. Por outro lado, o princípio de distinção tem pouca relevância prática, levando em conta a alta interconectividade entre os sistemas computadorizados militares e civis, e o predominante duplo uso (*dual use*) que tem a infraestrutura cibernética. O princípio de precaução também guia a conduta das operações cibernéticas, mas encontra-se limitado por considerações de possibilidade ou razoabilidade. Por isso, o DIH parece ser o suficientemente amplo e flexível para acomodar os novos desenvolvimentos relacionados à guerra cibernética.[201] De qualquer forma, e como a eficácia das regras frequentemente depende de sua inter-

---

200 *Supra*, nota 51.

201 No mesmo sentido Harrisson Dinniss, (nota 5), p. 28-9, 279.

pretação ampla ou restritiva, seria necessária a existência de "normas mais precisas".[202]

Os ataques cibernéticos que superam o umbral do conflito armado também podem configurar ataques generalizados ou sistemáticos no sentido do Art. 7.º do Estatuto do TPI. Em todo caso, eles devem ser cometidos de acordo com uma política de Estado ou de uma organização, no sentido do Art. 7.º (2) (a) deste mesmo Estatuto.

202 No mesmo sentido DROEGE, (nota 4), p. 540, 578.

5

# TERRORISTAS E O DEVIDO PROCESSO LEGAL. O DIREITO POSSUI UM DEVIDO PROCESSO PARA OS SUPOSTOS TERRORISTAS DETIDOS NA BAÍA DE GUANTÁNAMO*

*em coautoria com*

ANNIKA MALEEN POSCHADEL**

## INTRODUÇÃO

Alguns supostos terroristas estão detidos pelos EUA na baia de Guantánamo, na base aérea de Bagram, no Afeganistão e em outros locais desconhecidos.[1] Até o momento chegou-se ao julgamento de

---

* Uma versão inglesa deste artigo foi publicada em *Utrecht Law Review* 2013, p. 109-126 (<http://www.utrechtlawreview.org>). Traduzido do inglês para o espanhol por John E. Zuluaga T., advogado da Universidade de Antioquia (Colômbia); Magister Legum (LL.M.) e doutorando na Georg-August-Universität Göttingen (Alemanha). Tradução do espanhol para o português pelo Prof. Orlindo Borges Junior, revisão pelo Prof. Marcellus Polastri Lima, UFES, e Diego Reis, em conjunto com o autor; tradução das notas de rodapé por Diego Reis.

** Artigo elaborado em coautoria pelo Prof. Kai Ambos e Annika Maleen Poschadel, assistente de pesquisa na Universidade de Freiburg i. Br.

1 F. DE LONDRAS, Detention in the "War on Terror", 2011, p. 45. Desde sua inauguração em janeiro de 2002, 779 homens foram detidos en Guantánamo;

poucas pessoas, tendo sido prolatada a primeira sentença no ano de 2008.[2] Estas pessoas gozam do direito a um devido processo legal? Pode este direito ser restringido em nome de uma "guerra contra o terror"? Em seguida a uma resumida apresentação dos seus fundamentos e do seu conteúdo jurídico, analisaremos a possibilidade de sua restrição. Far-se-á uma particular consideração do Direito Internacional Humanitário (DIH) e das normas de direitos humanos, assim como da mesma Constituição dos EUA. Concluímos que o direito ao devido processo legal é aplicável, também, em favor de supostos terroristas, sem limitação, independentemente do contexto de sua detenção (em conflito armado ou em tempo de paz) ou de sua classificação jurídica como combatente de fato ou ilegal.

## A. FONTES RELEVANTES E CONTEÚDO DO DIREITO A UM DEVIDO PROCESSO

O direito a um devido processo que é aplicável à detenção e ao posterior processamento de possíveis terroristas originam-se de diferentes fontes. Em primeiro lugar, no plano internacional são garantidos pelas Convenções de Genebra (CG)[3] e em tratados de direitos humanos.[4] Em segundo lugar, concede-se ao direito a um devido processo normalmente nas Constituições nacionais, como a Constituição dos EUA (em

---

desde janeiro de 2013, 166 deles ainda estão presos (American Civil Liberties Union, 'Guantánamo by the Numbers', <http://www.aclu.org/national-security/Guantánamo-numbers> (última visita 10.09.2014). Acerca das condições de detenção em Guantánamo, veja-se D. Gartenstein-Ross, "The Future of Preventive Detention Under International Law", In: P. Muller *et alii* (eds.), The law of the Future and the Future of law: Volume II, 2012, p. 257, 259 ss.

2 M. Englerth, "Quo Vadis Guantánamo? Reflections on the U.P. Supreme Court's Boumediene Decision", in: European Journal of Crime, Criminal law and Criminal Justice 16 (2008), n. 4, p. 397, 407.

3 Cfr. especialmente Art. 3 Comum, Arts. 84-108 da CG III e Arts. 64-78 da CG IV.

4 Cfr. Pacto Internacional de Direitos Civis e Políticos (PIDCP), a Convenção Americana de Direitos Humanos (CADH) e a Declaração Americana de Direitos e Deveres do Homem (DADDH) ou a – não aplicáveis por competência territorial – Convenção Europeia de Direitos Humanos (CEDH), Carta dos Direitos Fundamentais da União Europeia (CDFUE), Carta Árabe de Direitos Humanos (CArDH) e a Carta Africana de Direitos Humanos e Direitos do Povo (CADHHDP).

particular, as Emendas V e XIV).[5] O direito ao devido processo representa um termo genérico que compreende várias espécies de direitos processuais concretizados de maneira diferenciada,[6] em particular:

- o direito à igualdade de representação ante um tribunal que deve ser competente, independente e imparcial e estabelecido por força de lei;[7]
- o direito a um julgamento público e declaração pública da sentença;[8]
- o direito a se defender e provar sua inocência enquanto não se demonstre a culpabilidade de acordo com a lei[9] e o direito a não ser obrigado a se autoincriminar (*nemo tenetur se ipsum accusare*);[10]
- o direito a ser informado da acusação e a dispor de tempo e meios adequados para preparar a defesa, incluído o direito a ter acesso ao processo e aos documentos pertinentes para suportar as imputações, assim como o direito a eleger um advogado (se for necessário, de

---

[5] Sobre a normatividade alemã, veja-se Rzepka, Zur Fairness im deutschen Strafverfahren, 2000, p. 115 ss.

[6] Cfr. Comitê de Direitos Humanos (CDH), Observação Geral n. 32 (23.08.2007), doc. CCPR/C/GC/32. Há uma grande quantidade de literatura sobre o significado do princípio do devido processo, veja-se, por exemplo, R. Smith, *Textbook on International Human Rights*, 2012, p. 265-282; W. Kälin/J. Künzli, *The Law of International Human Rights Protection*, 2009, p. 440-465; L. Doswald-Beck, *Human Rights in Times of Conflict and Terrorism*, 2011, p. 251-372; J.H. Israel/W.R. LaFave, *Criminal procedure: constitutional limitations in a nutshell,* 2006, p. 457-513; Rzepka, (*supra*, nota 5), p. 34 ss.; muito detalhado E. Hoven, *Rechtsstaatliche Anforderungen an völkerstrafrechtliche Verfahren*, 2012, p. 184-504; assim como Kai Ambos, *Internationales Strafrecht*, 4. ed., 2014, § 10 n. 10 ss.

[7] Cfr. Art. 14 (1) do PIDCP, art. 8 (1) da CEDH, art. 6 (1) CEDH, Art. XXVI DADDH, Sexta Emenda da Constituição dos EUA, o art. 84 (2) CG III, Art. 3 Comum (1) (d) GC; Art. 47 II Carta de Direitos Fundamentais da UE (CDFUE).

[8] Cfr. Art. 14 I PIDCP, ò Art. 8 (5) CEDH, (1) Art. 6 (1) CEDH; Art. 47 (2) CDFUE.

[9] Cfr. Art. 14 (2) do PIDCP, Art. 8 (2) CADH, Art. 7 (1) (b) CArDH, Art. 16 CArDH, Art. 6 (2) da CEDH, Art. XXVI DADDH; Art. 48 I CDFUE.

[10] Cfr. 14 (3) (g) do PIDCP, Art. 8 (2) (g) CADH, Art. 16 (6) CarDH, Quinta Emenda da Constituição dos EUA, Art. 99 (2) CG III.

forma gratuita e por conta do Estado) e a comunicar-se com ele confidencialmente;[11]

- o direito de ser julgado sem dilações indevidas em um prazo razoável;[12]
- o direito a ser assistido por um tradutor ou um intérprete, se for necessário;[13]
- o direito a ter uma revisão da sentença condenatória por parte de uma instância superior[14] e exigir uma indenização em caso de erros da justiça;[15]
- o direito a não ser julgado duas vezes pelo mesmo delito (*ne bis in idem*) e a proibição da aplicação retroativa da lei (*nulla poena sine lege praevia*).[16]

Princípio que guarda muita correspondência com o direito ao devido processo legal é o direito à proteção contra detenções arbitrárias e a impugnar a legalidade da detenção, assim como o direito a ser levado o mais rápido possível perante a um juiz.[17]

---

[11] Cfr. Art. 14 (3) (a), (b), (d), (e) PIDCP, art. 7 (4) e 8 (2) (c) – (e) CAIS, Arte. 16 (1), (3), (4) e art. 13 (2) CArDH, art. 6 (3) (a) – (c) CEDH, 17 (1) (c) CArDH, Sexta Emenda da Constituição dos EUA, Art. 99 (3), 105 CG III, Art. 71, 72 CG IV, Art. 47 (3) CDFUE). Veja-se também no marco da UE a Diretiva 2012/13/EU (DO 2012 L 142, 1) e a proposta de Diretiva sobre o direito a um advogado nos processos penais e o direito à comunicação no momento de detenção (Ratsdok. 10190/13 ANNEX).

[12] Cfr. Art. 14 (3) (c) do PIDCP, Art. 8 (1) da CEDH, Art. 7 (1) (c) CADHDP, Art. 6 (1) CEDH, Sexta Emenda à Constituição dos EUA, Art. 47 (2) CDFUE.

[13] Cfr. Art. 14 (3) (f) do PIDCP, Art. 8 (1) (a) CADH, Art. 16 (4) CArDH, Art. 6 (3) (e) da CEDH, Art. 105 (1) GC III. Veja-se no marco da UE também Diretiva 2010/64/EU (DOC. 2010 L 280, 1).

[14] Cfr. Art. 14 (5) do PIDCP, Art. 8 (2) (h) CADH, Art. 16 (7) CArDH, Art. 7 Prot. 7 CEDH, Art. 106 CG III, Art. 73 CG IV.

[15] Cfr. Art. 14 (6) do PIDCP, Art. 10 CADH, Art. 19 (2) CArDH, Art. 3 Prot 7 CEDH.

[16] Cfr. Art. 14 (7) do PIDCP, Art. 8 (4) CADH, Art. 19 (1) AChHR, Art. 4 Prot. 7 CEDH, Art. XXVI DADDH, Quinta Emenda à Constituição dos EUA, Art. 67 CG IV; Art. 49 I, 50 CDFUE.

[17] Cfr. Art. 9 PIDCP, Art. 7 CADH, Art. 14 CArDH, Art. 6 CADHDP, Art. 5 CEDH.

## B. AS RESTRIÇÕES ÀS GARANTIAS JUDICIAIS DURANTE OS JULGAMENTOS CONTRA PRESUMÍVEIS TERRORISTAS

### I. As comissões militares (*Military Commissions*)

Em contraste com outras pessoas detidas durante um conflito armado, os prisioneiros em Guantánamo não são julgados perante tribunais militares americanos seguindo o procedimento do Código Uniforme da Justiça Militar (*Uniform Code of Military Justice*-UCMJ), mas sim têm que enfrentar comissões militares.[18] A história destas comissões se remonta a uma ordem militar do presidente Roosevelt emitida durante a Segunda Guerra Mundial.[19] Sua base legal é a Lei de Comissões Militares (LCM) de 2009 que substituiu a LCM de 2006, modificada várias vezes devido a uma série de decisões da Corte Suprema dos EUA.[20] Estas comissões militares são formadas por um juiz militar e pelo menos cinco oficiais militares.[21]

### II. Restrições ao devido processo

Ainda que a principal diferença entre os tribunais militares e comissões militares consistia na jurisdição exclusiva dessa última sobre os estrangeiros inimigos (*enemy aliens*),[22] os processos perante as comis-

---

18 Para um panorama cfr. H.W. Elliott, "Military Commissions: An Overview", em D.K. Linnan (ed.), Enemy Combatants, Terrorism, and Armed Conflict law, 2008, p. 121, 126 ss.

19 F.D. Roosevelt, "Order Establishing a Military Commission to Try Eight Captured German Sab-oteurs", em G. Peters/J.T. Woolley, The American Presidency Project, <http://www.presidency.ucsb.edu/ws/index.php?pid=16280> (última visita 10.09.2014); cfr. K. Kögler, Rechtlos in Guantánamo?, 2007, p. 16. Sobre a história das comissões militares veja-se J.P. Lutz, Die behandlung von "ilegalen Kampfem", em *US-Amerikanichen Recht und Volkerrecht*, 2011, p. 226.234.

20 *Rasul vs. Bush,* 542 US 466 (2004), *Hamdi vs. Rumsfeld*, 542 US 507 (2004), *Hamdan vs. Rumsfeld*, 548 US 557 (2006). Sobre a influência destas decisões sobre a lei e acerca de sua cronologia veja-se L.A. Malone, "The Legal Dilemma of Guantánamo Detainees from Bush to Obama", *Criminal Law Forum* 23 (2012), n. 4, p. 347-362.

21 Cfr. Militar Commissions Act (MCA -Lei de Comissões Militares-) 2009, §948j(a) e §948m(a) I.

22 *Hamdan vs. Rumsfeld*, 548 US 557 (2006), p. 53. Na jurisdição dos antigos tribunais militares/comissões militares veja-se F.D. Roosevelt, "Proclamation

sões militares envolvem atualmente sérias restrições jurídicas.[23] Como exemplos registram-se que os detentos em Guantánamo têm somente um direito restrito à *assistência jurídica*;[24] a detenção da maioria dos presos nunca será submetida a uma *revisão* substantiva;[25] a comissão pode mudar as regras relativas à *admissão* das provas que se apresentam diante dos

---

2561 – Denying Certain Enemies Access to the Courts", in: G. PETERS/J.T. WOOLLEY, The American Presidency Project, <http://www.presidency.ucsb.edu/ws/?pid=16281> (última visita 09.09.2014): "all persons who are subjects, citizens, or residents of any Nation at war with the United States or who give obedience to or act under the direction of any such Nation and who during time of war enter or attempt to enter the United States or any territory or possession thereof, [...], and are charged with committing or attempting or preparing to commit sabotage, espionage, hostile or warlike acts, or violations of the law or war, shall be subject to the law of war and to the jurisdiction of military tribunals; and that such persons shall not be privileged to seek any remedy or maintain any proceeding, directly or indirectly, or to have any such remedy or proceeding sought on their behalf, in the courts of the United States, or of its States, territories, and possessions." ["todas as pessoas que sejam sujeitos, cidadãos ou residentes de qualquer país em guerra com os Estados Unidos ou que obedeçam ou atuem sob a direção de qualquer nação, e que em tempo de guerra entrem ou tentem entrar nos Estados Unidos ou em qualquer território ou possessão do mesmo, (...), e sejam acusados de cometer ou tentar cometer ou preparar sabotagem, espionagem, atos hostis ou bélicos, ou violações da lei ou da guerra, estarão sujeitos à lei da guerra e à jurisdição dos tribunais militares; e essas pessoas não terão o privilégio de buscar os recursos ou manter qualquer procedimento, direta ou indiretamente, ou ter algum recurso ou procedimento em seu próprio benefício, nas Cortes dos Estados Unidos, nem de seus Estados, territórios e possessões". Tradução de Diego Reis].

23 Para uma análise criminológica do tratamento dos detentos em Guantánamo, veja-se H.E. MÜLLER, "Staatsführungen als Tätergemeinschaften am Beispiel der Gefangenenmisshandlungen und Folter in Guantánamo und Abu Ghraib", in: H.E. MÜLLER *et alii*, *Festschrift für ulrich Eisenberg zum 70*. Geburtstag, 2009, p. 83-117.

24 Um defensor civil (não militar) chegará a ser admitido quando ele alcançar o nível de confidência ("secret") ou um nível mais alto (MCA 2009, § 949c(b) III lit. D; cfr. também o ordenamento das antigas comissões militares (MCO) n. 1 2005, §§ 4(C) II-III).

25 M.C. BASSIOUNI, *The Institutionalization of Torture by the bush Administration*, 2010, p. 273, citando L.B. WILKERSON.

tribunais militares[26] e os depoimentos pessoais são admitidos sem objeção.[27] Existe uma presunção a favor da autenticidade e exatidão dos meios probatórios do Governo.[28] O descumprimento probatório (*disclosure*) – totalmente constitutivo do processo penal americano[29] – pode ser notavelmente restringido, ainda que, por exemplo, informações que possuam certo grau de sigilo possam ser excluídas do processamento probatório;[30] no entanto, isso também é possível diante das cortes federais civis.[31] O juiz militar pode mandar retirar ou não autorizar a presença do acusado a qualquer ato do processo quando se verifique que ele persista em conduta que justifique a sua exclusão da sala de audiência, com o objetivo de garantir a segurança física das pessoas ou para evitar qualquer obstrução do processo por sua parte.[32] Também há dúvidas sobre a imparcialidade, a independência e a competência dos membros das comissões, já que são designados pelo Secretário de Defesa (o outro funcionário designado por ele para tal fim) e muitas vezes carecem de experiência judicial.[33]

---

[26] Por exemplo, não foram excluídos nem os meios probatórios, por considerar que fora dos EUA as provas não foram conseguidas em virtude de uma ordem de registro ou autorização (MCA 2009, § 949a(b) III (A)), nem – sob determinadas condições – as declarações dos acusados, que foram obtidas por coação ou autoincriminação induzida (MCA 2009, § 949a(b) III lit. B; a respeito dos métodos de interrogatório utilizados veja-se Bassiouni (*supra*, nota 25), p. 51 sp. com o estudo de alguns casos).

[27] MCA 2009, § 949a(b) III lit. D; cfr. J.K. Elsea, "The Military Commissions Act of 2009: Overview and Legal Issues" <http://fas.org/sgp/crs/natsec/R41163.pdf> (última visita 12.09.2014).

[28] Cfr. Elsea, *supra*, nota 27, p. 23 ss.

[29] Cfr. Swoboda, Verfahrens- und Beweisstrategien vor den UN-ad-hoc-Tribunalen, 2013, p. 181 ss.

[30] MCA 2009, § 949, p. 1 ss.

[31] D. Eviatar, "Obama Legacy: A Parallel Justice System?", em <http://www.ccrjustice.org/files/09.10.29_Military%20Commissions_WashingtonIndependent.pdf> (última visita 12.09.2014).

[32] MCA 2009, § 949d(d); Cfr. a antiga MCO n. 1 2005, § 6(B) III e MCO n. 1 2005, § 5(K).

[33] MCA 2009, §§ 948h, 948i(b); AI, "Guantánamo schließen, die Wahrheit offenlegen", janeiro 2007, (<http://www.konfliktbearbeitung.net/downloads/file705.pdf> última visita 10.09.2014), p. 2; Lutz, *supra*, nota 19, p. 215; G. Robertson, "Fair Trials for Terrorists?", em R.A. Wilson (ed.), human rights in the "War on Terror", 2005, p. 169, 174 s. (dando o exemplo de que alguns membros do júri haviam ficado a cargo de levar os detentos do Afeganistão a

Em conclusão, trata-se de sérias limitações ao devido processo legal[34] e numerosas outras restrições foram já levantadas com fundamento na jurisprudência da Corte Suprema dos EUA.[35]

---

Guantánamo ou eram altos oficiais de inteligência no Afeganistão); cfr. também a lei anterior: Comissão Militar n. 3 3.A. (todas as regras da Comissão Militar estão disponíveis em <http://biotech.law.lsu.edu/blaw/dodd/corres/mco.htm> [última visita 10.09.2014].

[34] Cfr. Lutz, *supra*, nota 19, p. 219, 223, 386; Robertson, *supra*, nota 33, p. 169, Cfr. também as recentes modificações por meio da National Defense Authorization Act 2012 (<http://www.gpo.gov/fdsys/pkg/BILLS-112hr1540enr/pdf/BILLS-112hr1540enr.pdf> última visita 12.09.2014); Cfr. também McGreal, Military given go-ahead to detain US terrorist suspects without Trial. The Guardian v. 15.11.2011 (<http://www.guardian.co.uk/world/2011/dec/15/americans-face-Guantánamo-detention-obama>, última visita 10.09.2014).

[35] Em um regulamento anterior todas as provas que "teriam valor probatório para uma pessoa razoável" ["would have probative value to a reasonable person"] eram admissíveis, inclusive "testemunhos de ouvir dizer e as provas obtidas mediante coação" ["testimonial hearsay and evidence obtained through coercion"]; declarações diretas e escritas de testemunhas não necessitarão de juramento. (MCO n. 1 de 2005, § 6 (D) (1), *Hamdan vs. Rumsfeld*, 548 EUA 557 (2006), p. 51). Por outro lado, o acesso do acusado e do advogado civil às provas qualificadas como "informação protegida" ["protected information"] (por exemplo, informação classificada, "a informação protegida pela lei de descobrimento não autorizado" ["information protected by law or rule from unauthorized disclosure"] e "informação sobre outros interesses de segurança nacional" ["information concerning other national security interests"]) foi negado, enquanto o oficial presidente da comissão militar decidiu que a evidência tem "valor probatório" ["probative value"] e que sua admissão sem o conhecimento do acusado não daria lugar à negação de um "juízo completo e devido" ["full and fair trial"] (*Hamdan vs. Rumsfeld,* 548 US 557 (2006), p. 51; MCO n. 1 2005, §§ 6(B) III, 6(D) I, V lit. a(v), b). Além do mais, a sentença "deveria (...) basear-se no reconhecimento da relevância das comissões militares para a condução da guerra (...) e do amplo impacto dissuasivo associado com o efeito de uma sentença na adesão às leis e costumes da guerra em geral" (Military Commission Instruction n. 7 3.A, veja-se nota de rodapé 34). Tal importância para as considerações de segurança nacional é não usualmente desconhecida no processo penal ordinário nos EUA; isso também foi criticado pela possível afetação da imparcialidade do juiz (Lutz, *supra*, nota 19, p. 217).

## C. ENFOQUES PARA A JUSTIFICATIVA DAS RESTRIÇÕES AO DEVIDO PROCESSO

Como exposto na seção A, o direito ao devido processo deve proteger integralmente o imputado tanto em tempos de guerra (DIH),[36] como em tempos de paz (DIDH). Em ambas situações, a pergunta que surge é se – e em caso afirmativo em que medida – o direito a um devido processo pode ser restringido. Partindo de que a CG só é aplicável durante um conflito armado,[37] tem-se que aclarar em primeiro lugar a natureza jurídica da "guerra contra o terror".

### I. É a "guerra contra o terror" um conflito armado (internacional)?

Um conflito armado exige hostilidades armadas entre diferentes atores (não) estatais.[38] Em caso de um conflito armado não internacional requer-se uma certa intensidade e duração.[39] Enquanto a chamada "guerra contra o terror", a posição oficial dos EUA é que se encontram em um conflito armado de alcance mundial contra Al-Qaeda e forças associadas.[40]

---

36 Uma introdução geral ao DIH em língua castelhana pode ser vista em K. Ambos, *Conceptos básicos del Derecho Internacional Humanitario y el nuevo crimen de agresión*, Valencia (Tiran) 2012.

37 Art. Comum 2 às CG; Shaw, *International Law*, 6. ed., 2008, p. 1170 s. 3.

38 E. Crawford, "Armed Conflict, International", em R. Wolfrum (ed.), *Max Planck Encyclopaedia of Public International Law* (MPEPIL), 2012, nota marginal (nm.) 1; veja-se também K. Ambos, *supra*, nota 6, § 7 n. 236.

39 *Prosecutor vs. Tadic,* Opinion and Judgment, Case n. IT-94-1-T, T.Ch., 07.05.1997, n. 562; Marauhn/Ntoubandi em: MPEPIL, Armed Conflict, Non-International n. 3; K. Schöberl, "Konfliktpartei und Krisengebiet in bewaffneten Auseinandersetzungen – zur Debatte um den Anwendungsbereich des Rechts internationaler und nicht-internationaler bewaffneter Konflikt", *Journal of International Law of Peace and Armed Conflic*t 3 (2012), p. 136; McCoubrey, *International Humanitarian Law*, 2. ed. 1998, p. 254; G.D., Solis, *The Law of Armed Conflict,* 2010, p. 153; Bianchi/Naqvi, *International Humanitarian Law and Terrorism*, 2011, p. 132; veja-se também K. Ambos, *supra*, nota 6, § 7 n. 235.

40 Cfr. Holder, "Speech at Northwestern University School of Law v. 5.3.2012", em US Department of Justice, (<http://www.justice.gov/iso/opa/ag/speeches/2012/ag-speech-1203051.html>) (última visita 10.09.2014): "We are at war with a stateless enemy, prone to shifting operations from country to country. Over the last three years alone, Al Qaeda and its associates have directed several attacks – fortunately, unsuccessful – against us from countries

Como é demonstrado em outro ponto,[41] não se trata de um argumento convincente, dado que, primeiro, a Al-Qaeda não cumpre os requisitos exigidos para a definição de "um grupo armado organizado" no sentido do DIH e, segundo, porque os EUA não estão em guerra com os Estados que supostamente abrigam os membros da Al-Qaeda. Ao contrário, é indiscutível que os EUA, pouco depois do 11 de setembro de 2001, entrou em um conflito armado internacional com Afeganistão, que nesse momento era governado pelos Talibãs.[42] Esse conflito, sem dúvida, não se iniciou pelos ataques de 11 de setembro de 2001 ao World Trade Center e ao Pentágono, já que os pilotos da Al-Qaeda atuaram como

---

other than Afghanistan." ("Estamos em guerra com um inimigo sem estado, com tendência a deslocar operações de um país a outro. Durante os últimos três anos, a Al Qaeda e seus sócios dirigiram vários ataques – por sorte, sem êxito – contra nós, de países distintos do Afeganistão", Tradução de Diego Reis).

[41] K. Ambos/J. Alkatout, "Has "Justice Been Done"? The Legality of Bin Laden's Killing Under International Law", em *Israel Law Review* 45 (2012), n. 2, p. 346-347 (sobre um conflito armado), 347-350 (Al-Qaeda como um grupo armado organizado?), 350-353 (sobre um possível spill over effect) com mais referências e uma discussão dos pontos de vista que dividem a posição oficial dos EUA de uma "guerra" contra a Al Qaeda (versão espanhola mais curta em *Cuadernos de Política Criminal* (Madrid, España) n. 104, II, Época II, outubro 2011, p. 5-26). Da mesma opinião também Lutz (*supra*, nota 19), p. 139; A. Walen/I. Venzke, "Unconstitutional Detention of Nonresident Aliens: Revisiting the Supreme Court's Treatment of the Law of War in *Hamdi vs. Rumsfeld*", em *Zeitschrift für ausländisches öffentliches Recht und Völkerrecht* 67 (2007), p. 843, 851 s.; Englerth, *supra*, nota 2, p. 397, 427 s.; Gill/van Sliedregt, "Guantánamo Bay: A Reflection On The Legal Status And Rights Of 'Unlawful Enemy Combatants'", em *Utrecht Law Review* [Utr. L. Rev.] 2005, p. 28, 30; Cfr. *Prosecutor vs. Tadic*, Decision on the Defence Motion for Interlocutory Appeal on Jurisdiction, Case n. IT-94-1, A.Ch., 2.10.1995, n. 70; Griesbaum/Wallenta, "Strafverfolgung zur Verhinderung terroristischer Anschläge – Eine Bestandsaufnahme", em *NStZ* 2013, p. 369.

[42] Y. Arai-Takahashi, "Disentangling legal quagmires: the legal characterisation of the armed conflicts in Afghanistan since 6/7 October 2001 and the question of prisoner of war status", em *Yearbook of International Humanitarian Law* 5 (2002), p. 64; G.H. Aldrich, "The Taliban, Al Qaeda, and the Determination of Illegal Combatants", em *American Journal of International Law* 96 (2002), n. 4, p. 893; J. Toman, "The Status of Al Qaeda/Taliban Detainees Under the Geneva Conventions", em *Israel Yearbook on Human Rights* 32 (2002), p. 272. Para uma cronologia veja-se M.C. Bassiouni, *supra*, nota 25, p. xxxiii ss.

autores individuais (terroristas).[43] Por outro lado, o conflito afegão pode ser dividido em duas fases centrais:[44]

A intervenção dos EUA, em outubro de 2001, internacionalizou o conflito não internacional que tinha curso entre Talibãs e forças afegãs dissidentes do regime, convertendo-o em um conflito internacional entre a coalizão encabeçada por Estados Unidos contra o governo *de fato* do Afeganistão;[45]

Depois da derrota dos Talibãs, o conflito armado se converteu em um conflito não internacional (Talibãs contra o novo governo).[46] Essa caracterização como conflito não internacional não se altera com o apoio dado ao governo (antigo) de Karzai pela Força Internacional de Assistência à Segurança, liderada pelos Estados Unidos em sua luta contra os Talibãs, já que atuavam em nome do governo afegão;[47]

---

[43] J. Toman, *supra*, nota 42, p. 273; Lutz, *supra*, nota 19, p. 139, 365; J. Fitzpatrick, "Jurisdiction of military commissions and the ambiguous war on terrorism", em American Journal of International law 96 (2002), n. 2, p. 348; R. Wolfrum/C.E. Philipp, "The Status of the Taliban: Their Obligations and Rights under International Law", em Max Planck Yearbook of united nations law 6 (2002), p. 588; Cfr. A. Walen/I. Venzke, *supra*, nota 41, p. 843, 853.

[44] Cfr. Lutz, *supra*, nota 19, p. 364 ss., que divide em três fases. Arai-Takahashi, *supra*, nota 42, p. 61, 64, que subdivide em cinco etapas diferentes, mas não chega a uma conclusão diferente.

[45] Elsea, "Treatment of 'Battlefield Detainees' in the War on Terrorism", em CRS Report for Congress, 15.11.2005 (<http://fpc.state.gov/documents/organization/58279.pdf>, última visita 10.09.2014), p. 14; J. Toman, *supra*, nota 42, p. 271, 272; Lutz, *supra*, nota 19, p. 364 ss.; K. Schöberl, *supra*, nota 39, p. 128, 131, salientando, entretanto, que a definição de um governo de fato é pouco clara até agora; veja-se também K. Ambos, *supra*, nota 6, § 7 n. 241.

[46] Lutz, *supra*, nota 19, p. 366.

[47] Milanovic, "What Exactly Internationalizes an Internal Armed Conflict?", em *EJIL:Talk!* v. 07.05.2010 (<http://www.ejiltalk.org/what-exactly-internationalizes-an-internal-armed-conflict/>, última visita 10.09.2014); Schöberl, *supra*, nota 39, p. 128, 135; Solis, *supra*, nota 39, p. 154; cfr. Schmitt *et alii*, The Manual on the Law of Non-International Armed Conflict (<http://www.iihl.org/iihl/Documents/The%20Manual%20on%20the%20Law%20of%20NIAC.pdf>, última visita 12.09.2014), p. 2: "Os conflitos armados não internacionais são enfrentamentos armados ocorridos no território de um só Estado e no qual as forças armadas de nenhum outro Estado se comprometem contra o governo central" (tradução de Diego Reis, ênfases

## II. Direito aplicável: direito internacional humanitário.

Para as pessoas detidas durante ou em relação ao conflito armado contra os Talibãs e/ou em Afeganistão, o DIH é aplicável:[48] concretamente aplicam-se os CG e seus Protocolo Adicionais (PA), ainda que só o primeiro tenha sido ratificado tanto pelos EUA, como pelo Afeganistão[49] e somente podem ser considerados, indiscutivelmente, como direito internacional consuetudinário.[50] No entanto, a CG, e em particular as CG III e IV, mormente seu artigo 3 comum, aplicam-se somente em um conflito armado internacional, quer dizer, nesse caso particular, até o momento em que se deu a derrota dos Talibãs. E ainda, somente se aplica o artigo 3 comum às CG I-IV , contendo ao menos algumas garantias mínimas.

### *1. Status de prisioneiros de guerra para presumíveis terroristas (CG III) ou proteção como civis (CG IV) ?*

Para responder à pergunta se os prisioneiros em Guantánamo gozam do status de prisioneiros, tem-se que diferenciar primeiro entre prisioneiros integrantes da Al-Qaeda e Talibãs.[51] Os Talibãs não foram reco-

---

do autor); veja-se também Ambos, "Afghanistan-Einsatz der Bundeswehr und Völker(straf)recht", em *NJW* 2010, p. 1725, 1726.

[48] Lutz, *supra*, nota 19, p. 139. Quanto à aplicação territorial do DIH nos conflitos armados internacionais e não internacionais veja-se em detalhe Schöberl, *supra*, nota 39, p. 128, 132 ss.

[49] Cf. <http://www.icrc.org/ihl> (última visita 12.09.2014). A Administração Obama insiste em que sua prática militar de todo modo já cumpre o Protocolo II e l art. 75 PA (<http://www.whitehouse.gov/sites/default/files/Fact_Sheet_--_Guantánamo_and_Detainee_Policy.pdf>, última visita 12.09.2014) p. 3; Cfr. C.J. Dunlap, "Do We Need New Regulations in International Humanitarian Law? One American's perspective", en *Journal of International law of Peace and Armed Conflict* 3 (2012), p. 120, 123, 124 s.).

[50] G.C. Kamens, "International Legal Limits on the Government's Power to Detain "Enemy Combatants", em D.K. Linnan (ed.), *Enemy Combatants, Terrorism, and Armed Conflict law*, 2008, p. 108; *Hamdan vs. Rumsfeld*, 548 US 557 (2006), p. 64-65.

[51] A palavra Talibã vem "talib", que significa algo como aquele que está buscando algo para si mesmo e se refere aos estudantes de instituições religiosas (Matinuddin, The Taliban phenomenon, 2001, p. 12). Os Talibãs vieram no ano 1994 de aldeias em Kandahar e campos de refugiados no Paquistão (Nojumi, The rise if the Taliban in Afghanistan, 2002, p. xi). Depois da retirada dos soviéticos,

nhecidos pelo governo Bush originalmente como prisioneiros de guerra no sentido da CG III, porque Afeganistão era visto como "*estado falido*" e os Talibãs não foram considerados como governo, senão como um "grupo militante que operava de maneira similar àquela dos terroristas" (*militant, terrorist-like group*).[52] Do artigo 4A (3) CG III[53] e o artigo 43 (1) do PA I ("não reconhecidos pela Potência detentora") deduz-se que a condição de prisioneiro de guerra não depende do reconhecimento da parte contrária, senão da interpretação razoável dessas regulamentações. Caso sejam considerados os Talibãs como forças armadas do (antigo) governo de *fato* do Afeganistão,[54] serão conceituados como se fossem prisioneiros de guerra pelo artigo 4A CG III, seja como "membros das forças armadas de uma parte em conflito" (número 1) ou "membros das forças armadas regulares que seguem as instruções de um Governo ou de uma autoridade não reconhecidos pela Potência detentora" (número 3).[55]

---

apoderaram-se de várias cidades afegãs, incluindo Kabul, em setembro de 1996, ganhando o controle de 80 a 90% do país (ebd.; Philipp en: MPEPIL, Taliban nm.).

[52] Gonzales, Decision Re Application of the Geneva Convention on Prisoners of War to the Conflict with Al Qaeda and the Taliban (<http://www.gwu.edu/~nsarchiv/NSAEBB/NSAEBB127/02.01.25.pdf>, última visita 10.09.2014), p. 1.

[53] Após isso, gozam do *status* de prisioneiros de guerra e dos respectivos direitos: "Membros de forças armadas de uma parte do conflito, bem como membros de milícias e corpos voluntários que pertençam a uma força armada", sob determinadas condições "membros de outras milícias e corpos voluntários, [...] que pertençam a uma parte envolvida no conflito", "membros de forças armadas regulares que sigam as instruções de um governo ou de uma autoridade não reconhecidos pela potência detentora", as pessoas que sigam as forças armadas sem formar realmente parte integrante delas [...], assim como a população de um território não ocupado que, ao ser cercado pelo inimigo, tome espontaneamente as armas para combater contra as tropas invasoras, sem haver tido tempo para constituir-se em forças armadas regulares, se leva as armas à vista e respeita as leis e os costumes da guerra" (§ 6). Uma proteção integral oferece o art. 43 I PA I, o qual não foi ratificado pelos Estados Unidos.

[54] J. Toman, *supra*, nota 43, p. 271, 284; R. Otto, Targeted Killings and International law, 2012, p. 223-224; Y. Arai-Takahashi, *supra*, nota 43, p. 61, 95-97; Lutz, *supra*, nota 19, p. 315; Philipp, "Taliban", em: MPEPIL, n. 9 ss.

[55] Otto, *supra*, nota 54, p. 22 ss.; L. Azubuike, "Status of Taliban and al Qaeda Soldiers: Another Viewpoint", em Connecticut Journal of International law 19 (2003-2004), p. 127, 147 (ambos aplicando o Art. 4A Nr. 1 CG III); Wolfrum/

O status de prisioneiro de guerra será assegurado independentemente da nacionalidade.[56] De fato, o governo de Bush mudou sua posição original e reconheceu status de prisioneiros de guerra aos Talibãs em princípios de 2002.[57]

Como organização terrorista internacional,[58] Al-Qaeda não pode ser parte da CG devido ao fato de que não é um Estado ("Alta Parte

---

PHILIPP, *supra*, nota 43, p. 598-599; J. TOMAN, *supra*, nota 43, p. 285-286 (ambos aplicando Nr. 3). Divergindo, Y. DINSTEIN, "Unlawful Combatancy", em Israel Yearbook on Human rights 32 (2002), p. 267, aplicando os requisitos do nr. 2 e nr. 3 e argumentando que os Talibãs não cumprem os requisitos dos lits. (a) a (d), já que não utilizam nenhum uniforme; contra, WOLFRUM/PHILIPP, *supra*, nota 43, p. 559, 599, enfatizando que os Talibãs se "distinguiam da população civil, já que usavam turbantes negros e tinham lenços que indicava a que força pertenciam".

56 Art. 16 CG III: "Tendo em conta as disposições do presente Convênio relativas à graduação, assim como ao sexo [...], todos os prisioneiros deveriam ser tratados da mesma maneira pela potência detentora, sem distinção alguma de índole desfavorável de raça, *nacionalidade*, de religião, de opinião política ou outras, fundadas em critérios análogos" (destaque do autor).

57 K.E. DAHLSTROM, "The Executive Policy Toward Detention and Trial of Foreign Citizens at Guan-tanamo Bay", em *Berkeley Journal of International Law* 21 (2003), n. 3, p. 662; B. KEMPER/N. BENDAVID, "U.P. grants POW status to Taliban, not Al Qaeda", em *Chicago Tribune*, 08.02.2002.

58 A Al-Qaeda é uma organização terrorista internacional que foi fundada nos fins de 1980, seu nome significa "a base". Evoluíram a partir dos movimentos *muyahidines* que lutaram contra a ocupação soviética do Afeganistão. Seus membros foram combatentes viajantes em conflitos nos quais estavam envolvidos combatentes muçulmanos, como os conflitos na Somália e Bósnia. Eles colaboram com os Talibãs desde meados dos anos 1990. Seus membros estão conectados por uma rede transnacional entre si, o que lhes facilitou a comunicação transnacional, intercâmbio de informação e transferência de dinheiro. Depois da intervenção dos EUA na Guerra do Golfo em 1990 e Somália em 1992, atacaram várias instituições estadunidenses, como o World Trade Center em 1993, as embaixadas dos EUA na África Oriental e o *ISS Cole* em um porto no Yémen. Os ataques de 11 de setembro de 2001 representam a cúspide da escalada de violência. Veja-se RIEDEL, The Search for Al Qaeda, 2008, p. ix; Migaux em: CHALIAND/BLIN (ed.), The history of terrorism, 2007, p. 314; MARGULIES, Al Qaeda, 2003, p. 10, 15 ss.; SCHNECKENER, Netzwerke des Terrors (<http://www.swp-berlin.org/de/publikationen/swp-studien-de/swp-studien-detail/article/netzwerke_des_terrors.html>, última visita 12.09.2014), p. 20 ss. Do ponto de vista alemão sobre a influência da Al-Qaeda em indivíduos

Contratante").[59] No entanto, isso não significa necessariamente que seus membros não possam desfrutar da CG III[60] considerando que existe uma vinculação de fato entre Al-Qaeda e uma parte do conflito no momento da captura.[61] Apesar de algumas dependências recíprocas,[62] não se pode confirmar um vínculo suficiente entre Al-Qaeda e os Talibãs e suas respectivas forças armadas,[63] nem se combater a Al-Qaeda em nome e sob a autoridade do Estado afegão ou de suas forças armadas. Ademais, os integrantes da Al-Qaeda não trazem consigo um símbolo que se pudesse reconhecer à distância.[64] Por essa razão não é aplicável a CG III, em regra geral, aos membros da Al-Qaeda.[65]

O Art. 4 (1) da CG IV determina que devem ser como *civis* "protegidas as pessoas que em qualquer momento e de qualquer forma estejam, no caso de conflito ou de ocupação, em poder de uma Parte em conflito ou de uma Potência ocupante da qual não sejam súditas". No comentário do Comitê Internacional da Cruz Vermelha (CICR) aparece o termo "no

---

terroristas, veja-se o informe da Comissão Delegada do Governo para revisar os detalhes da legislação de segurança na Alemanha (*Regierungskommission zur Überprüfung der Sicherheitsgesetzgebung in Deutschland* [Sicherheitsbericht], 28.08.2013), p. 7.

59 Veja-se Ambos/Alkatout, *supra*, nota 41, p. 341, 347.

60 A.A. Yoo/Delahunty, "Memorandum: Application of Treaties and Laws to Al- Qaeda and Taliban Detainees", em US Department of Justice, 9 January 2002, p. 1; G.W. Bush, "Status of Detainees at Guantánamo", em <http://www.presidency.ucsb.edu/ws/?pid=79402>, última visita 12.09.2014; R.A. Porrata-Doria, "The Geneva Conventions and Their Applicability to the 'War on Terror'", em *Temple Political & Civil Rights Law Review* 14 (2004-2005), p. 599, 607-608.

61 Cfr. International Committee of the Red Cross [ICRC], Commentary III Geneva Convention [CG III], 2006, p. 57.

62 Schneckener, *supra*, nota 58, p. 35.

63 J. Toman, *supra*, nota 42, p. 271, 292; G.H. Aldrich, *supra*, nota 54, p. 893, com nota de rodapé 11; *M. Sassòli*, "Guantánamo, Detainees", em R. Wolfrum (ed.), MPEPIL, 2012, n. 14; divergindo, Y. Dinstein, *supra*, nota 42, p. 268; L. Azubuike, *supra*, nota 55, p. 153-154.

64 J. Toman, *supra*, nota 43, p. 271, 293; Cfr. Art. 43 I CG PA I, Art. 1 Regulamento relativo às leis e costumes da guerra terrestre anexo à Convenção de Haia de 1907 IV relativa às leis e costumes da guerra terrestre; Cfr. J.-M. Henckaerts, "Armed Forces", em R.Wolfrum (ed.), MPEPIL, 2012.

65 Cfr. J. Toman, *supra*, nota 42, p. 271, 294; Otto, *supra*, nota 54, p. 232 s.

poder de" (*in the hands of*) como sinônimo para "no território de".[66] É por essa razão que alguns autores afirmam que as pessoas têm que ser capturadas, seja em território ocupado, seja em território de uma parte em conflito.[67] Essa restrição, porém, não tem nenhuma base no texto da CG IV. O termo "in the hands of" ("em poder de") sugere muito mais uma medida de fato em lugar de uma medida legal. A partir da variedade de lugares de controle de um conflito armado, o status de prisioneiro não pode depender de onde foi realizada a sua captura.

Do Art. 4 inc. 3 CG IV e das exceções de proteção ali definidas para as pessoas protegidas pela CG I-IV, pode-se chegar à conclusão inversa de que não deve haver vácuos de proteção entre as convenções.[68] Essa

---

[66] ICRC, Commentary IV Geneva Convention [CG IV], 1958, p. 51: "Nevertheless, disregarding points of detail, it will be seen that there are two main classes of protected person: (1) 'enemy nationals' within the national territory of each of the Parties to the conflict and (2) 'the whole population' of occupied territories (excluding nationals of the Occupying Power)." ("No entanto, sem levar em consideração questões de detalhe, ver-se-á que há duas classes principais de pessoa protegida: (1), cidadãos de países inimigos, dentro do território nacional de cada uma das partes em conflito, e (2), o conjunto da população dos territórios ocupados (excluindo os nacionais da potência ocupante"). Tradução de Diego Reis.

[67] J. Callen, "Unlawful Combatants and the Geneva Conventions", em *Virginia Journal of International Law* 44 (2004) p. 1025, 1065 e 1032: "... be captured either in occupied territory or in the home territory of [a] belligerent country" (ser capturado, seja em território ocupado ou em território de origem de [um] país beligerante", Tradução de Diego Reis).

[68] *Prosecutor vs. Delalic*, Judgement, Case n. IT-96-21-T, T.Ch., 16.11.1998, par. 271; K. Dörmann, "The legal situation of unlawful/unprivileged combatants", en *International Review of the Red Cross* 85 (2003), n. 849 p. 45, 47; Cassese, "Expert Opinion On Whether Israel's Targeted Killings of Palestinian Terrorists is Consonant with International Humanitarian Law" (<http://www.stoptorture.org.il/files/cassese.pdf>, última visita 12.09.2014), p. 14; M. Sassóli, "Use and Abuse of the Laws of War in the "War on Terrorism", em Law and Inequality 22 (2004), n. 2, p. 195, 207; ICRC, Commenary IV Geneva Convention, 1958, p. 51: "In short, all the particular cases we have just been considering confirm a general principle which is embodied in all four Geneva Conventions of 1949. Every person in enemy hands must have some status under international law: he is either a prisoner of war and, as such, covered by the Third Convention, a civilian covered by the Fourth Convention, or again, a member of the medical personnel of the armed forces who is covered

assertiva respalda-se, também, em um argumento a *contrario sensu* derivado do Art. 5 CG IV. O fato de que essa norma restringe os direitos das pessoas protegidas pelo presente convênio (*individual protected person*), se elas são suspeitas de se dedicar a atividades prejudiciais à segurança de uma parte no conflito ou da potência invasora, demonstra que essas pessoas gozam, em princípio, de tal proteção. Assim, se partirmos do princípio de que tal norma se aplica aos membros da Al-Qaeda, isso não restringiria o direito dos mesmos ao devido processo legal, segundo o Art. 5 inc. 3 CG IV.[69]

No entanto, ainda que a nacionalidade seja irrelevante para a aplicação da CG III,[70] no Art. 4 (2) CG IV é estabelecida uma "*exceção de nacionalidade*", a partir da qual os membros dos Estados "neutros" não chegam a ser contemplados como pessoas protegidas, se o Estado em cuja esfera de influência se encontram, tem relações diplomáticas com seu Estado de origem, quer dizer, enquanto o Estado de que sejam súditos tenha representação diplomática normal em relação ao Estado em cujo poder encontram-se.[71] Esta exceção de nacionalidade se aplica à maioria dos detentos em Guantánamo,[72] já que são cidadãos de "Estados neutros"

---

by the First Convention. There is no ‚intermediate status'; nobody in enemy hands can be outside the law." ("Em resumo, todos os casos particulares que acabamos de considerar confirmam um princípio geral que se materializa nos quatro Convênios de Genebra de 1949. Todas as pessoas em poder do inimigo devem ter um *status* no direito internacional: ou bem é um prisioneiro de guerra e, como tal, está coberto pelo Convênio III, ou um civil coberto pelo Convênio IV, ou de novo, um membro do pessoal médico das forças armadas que está coberto pelo Convênio I. Não há 'estado intermediário', nada em poder do inimigo pode estar fora da lei". Tradução de Diego Reis).

69 Art. 5 III 1 CG IV: "...no caso de diligências judiciais, não restarão privadas de seu direito a um processo equitativo e legítimo, tal como se prevê no presente Convênio".

70 Veja-se *supra*, nota 53.

71 Art. 4 II CG IV: "...Os súditos de um Estado neutral que estejam no território de um Estado beligerante e os súditos de um Estado cobeligerante não serão considerados como pessoas protegidas, enquanto o Estado de que sejam súditos tenha representação diplomática normal ante o Estado em cujo poder estejam."

72 A respeito de uma lista de detidos veja-se <http://www.guardian.co.uk/world/datablog/2011/apr/25/Guantánamo-bay-detainees-full-list#data> (última visita 10.09.2014); antes existia também uma lista oficial do Departamento de Defesa (<http://www.defense.gov/news/May2006/d20060515%20List.pdf> (última visita 14.10.2013; atualmente inativo).

como no caso do Yemen, Kuwait ou da Arábia Saudita, com os quais os EUA possuem relações diplomáticas.[73] Sem embargo, a exceção de nacionalidade não tem que ser forçosamente interpretada no sentido de uma exceção ao âmbito de proteção. Muito melhor, tal pode-se entender a partir da possível proteção consular e jurídica dos respectivos nacionais afetados por meio de seu Estado de origem.[74] Essa proteção não funciona com eficácia, porém, se esses nacionais são detidos por outro poder e os Estados de origem nem sequer sabem de sua detenção. Além disso, a exceção de nacionalidade não pode aplicar-se razoavelmente em tempos de ocupação[75] – *in casu*, pelo menos em tempo entre a intervenção dos EUA e a queda do governo Talibã[76] –, já que nessa situação os representantes diplomáticos não estão credenciados ante a potência ocupante e, portanto, a ajuda consular não pode ser concedida.[77] Porém mesmo que se utilize plenamente a exceção de nacionalidade, seguem sendo aplicáveis as garantias básicas "que são reconhecidas como indispensáveis pelos povos civilizados" (artigo 3 comum GC). Com efeito, caso seja aceita que estas garantias jurídicas se aplicam em tais conflitos, que estão excluídos *per se* do âmbito de proteção da CG, devem-se aplicar as mesmas a *maiore ad minus* também em tais situações nas quais o direito de Genebra é válido.

Em um conflito armado *não internacional*, o artigo 3 comum CG, mencionado acima, aplica-se e oferece um nível mínimo de proteção. Não resulta convincente a posição contrária tomada pela administração Bush, pela qual se argumentava que o artigo 3 comum se aplica unicamente aos cenários que se assemelham a uma guerra civil e que uma ampliação dos conflitos armados (não internacionais) com participação internacional necessitaria da aprovação dos Estados parte,[78] de tal forma que, assim, a

---

[73] J. Callen, *supra*, nota 67, p. 1025, 1070; J.B. Bellinger/V.M. Padmanabhan, "Detention Operations in Contemporary Conflicts: Four Challenges for the Geneva Conventions and Other Existing Law", em *American Journal of International Law* 105 (2011), n. 2, p. 201, 216.

[74] *ICRC*, Commentary IV Geneva Convention, 1958, p. 49.

[75] *ICRC*, Commentary IV Geneva Convention, 1958, p. 48.

[76] Veja-se *supra* seção C.I. Para o caso de uma ocupação, M. Sassóli, "Use and Abuse of the Laws of War in the "War on Terrorism", em *Law and Inequality* 22 (2004), n. 2, p. 195, 207; contra, J. Callen, *supra*, nota 67, p. 1025, 1069.

[77] *ICRC*, Commentary IV Geneva Convention, 1958, p. 49.

[78] Yoo/Delahunty, *supra*, nota 60, p. 7 ss.

CG não teria aplicação aos integrantes detidos da Al-Qaeda, privados da liberdade durante o conflito no Afeganistão.[79] Nos trabalhos preparatórios das CG se fez referência a "casos de guerra civil, conflitos coloniais ou guerras religiosas" como casos especiais (porém não concluídos) de um conflito armado não internacional.[80] Por essa razão não se pode deduzir que os redatores do projeto se propuseram a uma aplicação direta somente a conflitos similares a guerras civis. Sua vontade representa, de todo modo, somente um meio de interpretação complementar[81] e o texto literal ("conflito armado que não seja de índole internacional"), decisivo segundo o Art. 33 (1) da Convenção de Viena sobre o Direito dos Tratados, não contém nenhuma restrição. Como resultado, isso significa que tanto os Talibãs e membros de Al-Qaeda gozam de proteção em virtude do DIH. Os primeiros têm direito à condição de prisioneiros de guerra no sentido da CG III; os segundos gozam dos direitos do artigo 3 comum à CG ou da CG IV.[82]

### 2. *Negação de direitos por meio de uma terceira categoria: combatentes inimigos ilegais?*

A administração Bush tratou de privar aos detidos em Guantánamo do aludidos direitos e os qualificou como "combatentes inimigos ilegais" (*unlawful enemy combatants*) ou "inimigos beligerantes não privilegiados" (*unprivileged enemy belligerents*).[83] Se bem que esse conceito não se pode encontrar no DIH codificado,[84] o mesmo remonta à decisão

---

79 YOO/DELAHUNTY, *supra*, nota 60, p. 2: "... neither the Geneva Conventions nor the WCA [=War Crimes Act] regulate the detention of al Qaeda prisoners captured during the Afghanistan conflict." (nem os Convênios de Genebra, nem o WCA [= Lei de Crimes de Guerra] regulam a detenção de presos da Al Qaeda capturados durante o conflito do Afeganistão", tradução de Diego Reis).

80 Art. 2 IV Projetos de Convenção (XVII Conferência Internacional da Cruz Vermelha de Estocolmo), Draft Conventions (XVIIth International Red Cross Conference Stockholm), impresso em *ICRC*, Commentary III Geneva Convention, 1960, p. 31. Cfr. também BELLINGER/PADMANABHAN, *supra*, nota 73, p. 201, 206

81 Art. 32 Convenção de Viena sobre o Direito dos Tratados; cfr. também K. SCHÖBERL, *supra*, nota 39, p. 128, 137.

82 *Hamdan vs. Rumsfeld*, 548 US 557 (2006), p. 65 ss.

83 Sobre o conceito, veja-se *infra* nota de rodapé 88 e texto central.

84 WIECZOREK, Unrechtmäßige Kombattanten und humanitäres Völkerrecht, 2005, p. 27; T. GILL/E. VAN SLIEDREGT, "Guantánamo Bay: A Reflection On The

da Corte Suprema dos EUA, "*ex parte Quirin*", de 1942. Em referida sentença, a Corte Suprema de Justiça definiu *combatentes ilegais* como os combatentes que podem ser perseguidos penalmente por causa de violações cometidas em referência às regras da condução da guerra (como espionagem).[85]

A Lei de Comissões Militares (*Military Commissions Act-MCA)* de 2006 define um inimigo combatente ilegal como "uma pessoa que tenha participado das hostilidades ou que tenha apoiado decidida e materialmente as hostilidades contra Estados Unidos ou seus cobeligerantes e que não é um combatente legal (o que inclui integrantes dos Talibãs, Al-Qaeda ou forças associadas)" ou "uma pessoa que, antes, durante ou depois da data da promulgação da Lei de Comissões Militares [LCM] de 2006, definiu-se como um inimigo *combatente ilegal* pelo Tribunal para a Revisão do Estatuto de Combatente [*Combatant Status Review*

---

Legal Status And Rights Of "Unlawful Enemy Combatants"', em *Utrecht law review* 1 (2005), n. 1, p. 28, 32; A. Walen/I. Venzke, *supra*, nota 41, p. 843, 856 s., que criticam o conceito completo.

85 *Ex parte Quirin*, 317 US 1, 31 (1942): "Lawful combatants are subject to capture and detention as prisoners of war by opposing military forcep. Unlawful combatants are likewise subject to capture and detention, but in addition they are subject to trial and punishment by military tribunals for acts which render their belligerency unlawful. The spy who secretly and without uniform passes the military lines of a belligerent in time of war, seeking to gather military information and communicate it to the enemy, or an enemy combatant who without uniform comes secretly through the lines for the purpose of waging war by destruction of life or property, are familiar examples of belligerents who are generally deemed not to be entitled to the status of prisoners of war, but to be offenders against the law of war subject to trial and punishment by military tribunals." ("Combatentes legais estão sujeitos a capturas e detenções como prisioneiros de guerra por parte de forças militares opositoras. Combatentes ilegais são também objeto da captura e detenção, mas ainda estão sujeitos a julgamento e castigo por tribunais militares por atos que cometa ilegalmente sua beligerância. O espião que secretamente e sem uniforme passa às linhas militares de um beligerante em tempo de guerra, tratando de recolher informação militar e comunicá-la aos inimigos, ou um combatente inimigo que sem uniforme vem secretamente através das linhas com o fim de fazer a guerra com destruição da vida ou da propriedade, são exemplos familiares dos beligerantes que em geral se considera que não têm direito ao *status* de prisioneiros de guerra, mas ao serem infratores da lei de guerra se sujeitam a juízo e castigo pelos tribunais militares", Tradução de Diego Reis).

*Tribunal-CSRT*[86]] ou outro tribunal competente estabelecido sob a autoridade do Presidente ou do Ministro de Defesa".[87] As decisões do CSRT podem ser recorridas diante da Corte do Distrito de Colúmbia.[88] Desde 2009, a LCM distingue entre *beligerantes privilegiados* – indivíduos que pertencem a uma das oito categorias enumerados no artigo 4 CG III[89] – e *inimigos beligerantes não privilegiados* – pessoas que, sem ser *beligerantes privilegiados* "tenham participado em hostilidades contra os Estados Unidos ou seus associados da coalizão" ou eram "uma parte de Al-Qaeda no momento da suposta infração".[90] Ainda que as LCM de 2006 e 2009 utilizem uma terminologia diferente – combatentes

---

86 O CSRT foi criado depois de a Corte Suprema dos EUA ter pedido um exame do *status* como um "*inimigo ilegal combatente*". Crítico, Lutz (*supra*, nota 19), p. 209.

87 MCA 2006, § 948a: "a person who has engaged in hostilities or who has purposefully and materially supported hostilities against the United States or its co-belligerents who is not a lawful enemy combatant (including a person who is part of the Taliban, al Qaeda, or associated forces) [...] or a person who, [...] has been determined to be an unlawful enemy combatant by a Combatant Status Review Tribunal or another competent tribunal established under the authority of the President or the Secretary of Defense (uma pessoa que tenha participado das hostilidades ou que tenha apoiado propositada e materialmente as hostilidades contra Estados Unidos ou seus cobeligerantes, que não é um combatente inimigo legal (incluindo uma pessoa que é parte dos Talibãs, a Al Qaeda ou forças associadas) [...] ou uma pessoa que, [...] tenha sido determinada como um inimigo combatente ilegal por um Tribunal de Revisão do Estatuto de Combatente ou outro tribunal competente estabelecido sob a autoridade do Presidente ou do Secretário de Defesa" (Tradução de Diego Reis).

88 F. Meyer, "*Habeas Corpus* und Suspension Clause", *Zeitschrift für ausländisches öffentliches Recht und Völkerrecht*, vol. 69 (2009), p. 1, 2.

89 Veja-se MCA 2009, § 948a VI.

90 MCA 2009, § 948a VII: "an individual (other than a privileged belligerent) who [...] has engaged in hostilities against the United States or its coalition partners; [...] has purposefully and materially supported hostilities against the United States or its coalition partners; or [...] was a part of al Qaeda at the time of the alleged offense under this chapter" ("uma pessoa (que não seja um beligerante privilegiado) que [...] tenha participado nas hostilidades contra os Estados Unidos ou seus sócios de coalizão; [...] tenha apoiado propositada e materialmente as hostilidades contra os Estados Unidos ou seus sócios de coalizão; ou [...] era uma parte da Al Qaeda no momento do suposto delito sob este capítulo"). Tradução de Diego Reis.

inimigos ilegais frente aos beligerantes inimigos sem privilégios[91] – a única diferença notável se observa no fato de que a filiação aos Talibãs já não forma parte da definição mais recente.[92]

Dado que a "decisão Quirin" foi tomada antes da promulgação da CG e o conceito de combatente ilegal não foi adotado na codificações posteriores, é duvidoso se o conceito pode ser aplicado no DIH atual.[93] Em qualquer caso, o fundamento da "decisão Quirin" não se encaixa nos casos dos integrantes da Al-Qaeda ou Talibã, pois não são acusados de espionagem.[94] Em sua essência, o conceito sanciona uma violação do dever de um combatente de tornar público seu status de combatente que tenta se passar por um civil: se tenta enganar sobre essa natureza, perde sua condição de prisioneiro de guerra.[95] Na literatura entende-se o conceito mais amplamente, incluindo no mesmo aqueles que participam das hostilidades, sem ter direito a fazê-lo, quer dizer, sem ser combatentes.[96] Sem embargo, o conceito só poderá limitar os direitos dos combatentes estritos "formais"; já que sobre civis não se pode encontrar terminologicamente nenhuma aplicação – estes não são "combatentes" nem "beligerantes".[97] Além disso, como em um conflito armado não-internacional não há uma distinção entre combatentes e civis, mas, na

---

91 MCA 2009, § 948b(e).

92 A respeito das diferenças, veja-se J. Mariner, "A First Look at the Military Commissions Act of 2009, Part One", em *Find Law*, 4 November 2009, <http://writ.news.findlaw.com/mariner/20091104.html> (última visita 10.09.2014): "cosmetic change, not a real improvement"; criticamente M.C. Bassiouni (*supra*, nota 25) p. 255.

93 Walen/Venzke, *supra*, nota 41, p. 843, 856 ss.

94 Lutz, *supra*, nota 19, p. 145; H. Keller/M. Forowicz, "A New Era for the Supreme Court After *Hamdan vs. Rumsfeld*?", em Zeitschrift für ausländisches öffentliches Recht und Völkerrecht, 67 (2007), p. 1, 39; cfr. também J. Fitzpatrick, *supra*, nota 43, p. 345, 349: "analogy to the Second World War [...] is quite weak".

95 Y. Dinstein, *supra*, nota 55, p. 249; J. Callen, *supra*, nota 67, p. 1026.

96 Cfr. G.H. Aldrich, *supra*, nota 42, p. 893; J.P. Bialke, "Al-Qaeda & Taliban: Unlawful Combatant Detainees, Unlawful Belligerency, and the International Laws of Armed Conflict", em *Air Force Law Review* 55 (2004), p. 4-5.

97 Walen/Venzke, *supra*, nota 41, p. 843, 858.

verdade, todos são, em regra, civis, não pode ter nenhum âmbito de aplicação o conceito.[98]

Aplicando estas definições à Al-Qaeda e aos Talibãs, podemos dizer, primeiramente, que eles haviam atuado ilegalmente enquanto participaram de maneira ativa nas hostilidades sem ter um status formal de combatente e, portanto, sem direito de assim agir. Ao contrário, os Talibãs pertenceriam às forças armadas do Afeganistão e, por essa razão, seriam *combatentes legais.*[99] Porém, mesmo com respeito à Al-Qaeda, a exclusão de uma pessoa do status de prisioneiro de guerra ou de qualquer outro tipo de proteção internacional humanitária, sob um mero embasamento de pertencer à Al-Qaeda, sem se ter em conta a participação real, por exemplo, nas hostilidades, é uma posição demasiado formalista e arbitrária. Ademais, não é convincente se argumentar que todos os que decidiram participar e apoiaram materialmente as hostilidades contra Estados Unidos ou a seus associados da coalizão, alteraram ou lesionaram forçosamente os fins do DIH. Finalmente, a sanção proporcional nos casos de lesões ao direito de Genebra não é a perda da proteção do DIH, mas sim um processo penal em razão de possíveis crimes de guerra.[100]

Em qualquer caso, não se pode dar a perda total da proteção do DIH. Mesmo se, a título de argumentação, considerarmos que a Al-Qaeda e os Talibãs são combatentes ilegais ou não privilegiados, sua detenção tem que cessar imediatamente assim que terminadas as hostilidades.[101] Ainda que se um negue a aplicação das CG III e IV, seguem tendo vigência direitos básicos, por exemplo, aqueles que estão consagrados no Artigo

---

98 AMBOS, *supra*, nota 6, § 7 n. 246 com nota de rodapé 115; K. DÖRMANN, *supra*, nota 68, p. 45, 47; K. DÖRMANN, "Combatants, Unlawful", em R. WOLFRUM (ed.), *MPEPIL*, 2012, n. 36; J. WIECZOREK, *supra*, nota 84, p. 44 ss.

99 Veja-se nota 42 com texto central.

100 Cfr. Art. 82 ss. CG III, especialmente Art. 85 CG III; WOLFRUM/PHILIPP, *supra*, nota 55, p. 559, 598; C.E. PHILIPP, "Taliban", em R. WOLFRUM (ed.), MPEPIL, n. 11; contra, a respeito do que se refere "*battlefield unlawful combatants*", J. CALLEN, *supra*, nota 67, p. 1025, 1028 ss.

101 Y. DINSTEIN, *supra*, nota 55, p. 269; LUTZ, *supra*, nota 19, p. 369. De acordo com o D. GARTENSTEIN-ROSS, *supra*, nota 1, p. 262, há 48 detidos em Guantánamo que não serão processados, mas são detidos por razões preventivas. Cfr. sobre uma detenção preventiva desde o ponto de vista alemão o SICHERHEITSBERICHT, *supra*, nota de 58, p. 47.

3 comum às CG e as "leis fundamentais da humanidade" no sentido da Cláusula Martens,[102] aplicáveis à situação dos detentos.[103]

No entanto, a Corte Suprema de EUA aceita algumas restrições ao devido processo legal durante um conflito armado, sendo exemplos, a admissão de provas que são originárias de boatos, prova de ouvir dizer ou a presunção a favor da retidão e autenticidade das provas do

---

[102] A cláusula de Martens se encontra no preâmbulo da Conferência de Haia de 1899 e determinou que, apesar da falta de normas específicas, em qualquer caso, "as populações e os beligerantes seguem estando sob a proteção e os princípios vigentes do direito internacional, tal como se depreende dos costumes válidos entre os Estados civilizados, das leis de humanidade e dos ditames da consciência pública". Essa cláusula encontra-se no substancial da mesma forma no preâmbulo da Conferência de Haia de 1907: "...as populações e os beligerantes permanecem sob a garantia e o regime dos princípios do Direito de Gentes preconizados pelos usos estabelecidos entre as nações civilizadas, pelas leis da humanidade e pelas exigências da consciência pública." A respeito da controvertida interpretação da cláusula Martens, veja-se R. Ticehurst, "The Martens Clause and the Laws of Armed Conflict", em *International Review of the Red Cross* 37 (1997), n. 317, p. 125 ss.

[103] Zechmeister, Die Erosion des humanitären Völkerrechts in den bewaffneten Konflikten der Gegenwart, 2007, p. 116 ss.; K. Dörmann, *supra*, nota 68, p. 45, 66 ss. Ainda que os EUA não sejam um Estado-Parte do PA I (*supra*, nota 49), deve se ter em conta o Art. 44 II PA I ("Ainda que todos os combatentes estejam obrigados a observar as normas de direito internacional aplicáveis nos conflitos armados, a violação de tais normas não privará um combatente de seu direito a ser considerado como tal ou, se cai em poder de uma parte adversa, de seu direito a ser considerado prisioneiro de guerra, salvo o disposto nos parágrafos 3 e 4."). Cfr. assim mesmo *Hamdan vs. Rumsfeld*, 548 US 557 (2006), p. 65 ss.; A Corte do Distrito de Columbia determinou: "Thus at some level – whether as a prisoner-of-war entitled to the full panoply of Convention protections or only under the more limited protections afforded by Common Article 3 [...] the Third Geneva Convention applies to all persons detained in Afghanistan during the hostilities there." (District Court of Columbia, *Hamdan v Rumsfeld*, Civil Action n. 04-1519, 8.11.2004 (<http://cte.rockhurst.edu/s/945/images/editor_documents/content/ORIGINAL%20SYLLABUS%20(Click%20for%20course%20information)Live%20Syllab/indRumsfeldvHamdan.doc>, última visita em 12.09.2014); assim mesmo Lutz, *supra*, nota 19, p. 325 ss., especialmente p. 347 s. Quanto ao caráter consuetudinário destas garantias, veja-se *ibidem*, p. 351 p. 356; sobre a aplicação aos terroristas em relação com um conflito armado *ibidem*, p. 357 s., 376.

Governo.[104] É de se anotar que o Comitê de Direitos Humanos da ONU (CDH) acentua que de conformidade com o artigo 14 do PIDCP, a presunção de inocência e o direito à defesa, mesmo em conflito armado, são direitos que não podem ser suspensos.[105] Enquanto *as comissões militares, a* Corte Suprema dos EUA vem exigindo serem necessários argumentos embasados em necessidades práticas para desviar-se da prática dos Tribunais militares.[106] A Corte confirmou, além do mais, que o direito do acusado de estar presente no juízo pertence às garantias jurídicas reconhecidas como indispensáveis pelos povos civilizados.[107] Um "interesse convincente" do Governo para restringir o descumprimento probatório (*disclosure*), não pode ser considerado sem fundamento legal expresso.[108]

## III. Proteção no direito internacional dos direitos humanos

O Direito Internacional dos Direitos Humanos (DIDH) não só é aplicável em tempos de paz, senão, também, durante os conflitos armados. Enquanto o DIH poderia ser visto como uma *lex specialis* e, da mesma forma, como direito aplicável de maneira exclusiva,[109] isso não implica a suspensão total dos direitos humanos, senão que preferencial-

---

104 *Hamdi vs. Rumsfeld*, 542 US 507 (2004), p. 26 f.

105 United Nations Human Rights Committee (HRC), General Comment n. 29 (31.8.2001), UN Doc. CCPR/C/21/Rev.1/Add.11, n. 6; veja-se também Kälin/Künzli, *supra*, nota 6, p. 461.

106 *Hamdan vs. Rumsfeld*, 548 US 557 (2006), p. 70.

107 *Hamdan vs. Rumsfeld*, 548 US 557 (2006), p. 70 ss.

108 *Hamdan vs. Rumsfeld*, 548 US 557 (2006), p. 70 ss.: "That the Government has a compelling interest in denying Hamdan access to certain sensitive information is not doubted. [...] But, at least absent express statutory provision to the contrary, information used to convict a person of a crime must be disclosed to him." (Que o Governo tem um interesse premente em negar acesso a Hamdan a certa informação sensível, não está em dúvida. [...] No entanto, na ausência de disposição legal expressa em contrário, pelo menos, a informação utilizada para condenar uma pessoa por um delito deve ser divulgada a ele", tradução de Diego Reis).

109 Cfr. J.B. Bellinger, "Opening Remarks, U.S. Meeting with U.N. Committee Against Torture", en *US Department of State*, May 5, 2006, (<http://www.state.gov/j/drl/rls/68557.htm>, última visita 10.09.2014) relativa à aplicabilidade da Convenção contra a Tortura e Outros Tratamentos ou Penas Crueis, Desumanas ou Degradantes.

mente eles cumprem uma função preenchendo os vazios daquele escopo nos respectivos casos; eles são aplicados complementariamente.[110] Para a Corte Internacional de Justiça (CIJ) existe uma complementariedade dos regimes em forma de círculos que se superpõem.[111] Portanto, os direitos humanos podem ser consultados para interpretar certas garantias previstas no DIH.[112] Mesmo se um tomar a *lex specialis* do DIH ao ponto de derrogar ou substituir os direitos humanos, seguiria sendo aplicado o direito a um devido processo no âmbito do DIH (artigo 3 comum aos CG I-IV, artigos 84 a 108 CG III e os artigos 64 a 78 CG IV).[113]

---

[110] Cfr. SCHÄFER, Zum Verhältnis Menschenrechte und humanitäres Völkerrecht, 2006, p. 17; MILANOVIC, Extraterritorial Application of Human Rights Treaties, 2011, p. 232 ss.; C. JOHANN, Menschenrechte im internationalen bewaffneten Konflikt, 2012, p. 174 s.; também AMBOS, Treatise of International Criminal Law. Volume 2: *Crimes and Sentencing*, 2014, p. 139.

[111] *Legal Consequences of the construction of a Wall in the Occupied Palestinian Territory* (*Wall Opinion*), [2004] ICJ Reports, p. 136, n. 106: "More generally, the Court considers that the protection offered by human rights conventions does not cease in case of armed conflict, save through the effect of provisions for derogation of the kind to be found in Article 4 of the International Covenant on Civil and Political Rightp. As regards the relationship between international humanitarian law and human rights law, there are thus three possible situations: some rights may be exclusively matters of international humanitarian law; others may be exclusively matters of human rights law; yet others may be matters of both these branches of international law." (Em termos mais gerais, a Corte considera que a proteção oferecida pelas convenções de direitos humanos não cessa em caso de conflito armado, salvo em caso de que se apliquem disposições de suspensão, como as que se encontram no artigo 4 do Pacto Internacional de Direitos Civis e Políticos. Quanto à relação entre o direito internacional humanitário e direitos humanos, podem apresentar-se três situações: alguns direitos podem estar contemplados exclusivamente no direito internacional humanitário, enquanto que outros podem estar contemplados exclusivamente nos direitos humanos, e outros podem estar contemplados em ambos os ramos de direito internacional", Tradução de Diego Reis); cfr. também J. Toman (*supra*, nota 42) p. 271, 276; DENNIS/SURENA, *European Human Rights Law Review,* 2008, p. 714.

[112] KÄLIN/KÜNZLI, *Universeller Menschenrechtsschutz*, 2. ed., 2008, p. 196.

[113] Veja-se também BUERGENTHAL/THÜRER, *Menschenrechte*, 2010, p. 116 s.

*1. Pacto Internacional de Direitos Civis e Políticos*

Enquanto Guantánamo Bay pertence oficialmente a Cuba, os EUA têm plena jurisdição e controle da mesma sobre o fundamento de um acordo do ano 1903.[114] Apesar de tal acordo ser válido desde o ponto de vista do direito internacional e, ainda, de estar em vigor,[115] não altera a soberania territorial formal de Cuba sobre Guantánamo, de tal maneira que o PIDCP – que só foi firmado por Cuba, porém, não foi ratificado[116] – não é aplicável a este território. Isso nos leva à questão de uma possível *aplicação extraterritorial* do Pacto. O Art. 2 (1) do PIDCP considera:

> "Cada um dos Estados-Partes no presente Pacto se compromete a respeitar e a garantir a todos os indivíduos que se encontrem *em seu território e estejam sujeitos à sua jurisdição* os direitos reconhecidos no presidente Pacto, sem distinção alguma de raça, cor, sexo, idioma, religião, opinião política ou de outra índole, origem nacional ou social, posição econômica, nascimento ou qualquer outra condição social."[117]

Ainda que o texto pareça sugerir uma compreensão cumulativa das condições relevantes – "que se encontram em seu território" e "estejam sujeitos à sua jurisdição" – havendo o aditivo "e", conclui-se que, portanto,

---

[114] Cfr. o convênio entre os EUA e Cuba "for the Lease of Lands for Coaling and Naval Stations v. 23.11.1903", o texto pode ser visto em <http://avalon.law.yale.edu/20th_century/dip_cuba002.asp> (última visita 10.09.2014). O Art. III relevante diz: "Enquanto que por um lado os Estados Unidos reconhecem a continuação da *soberania definitiva da República de Cuba* sobre as áreas antes descritas de terra e água, por outro lado, a República de Cuba consente que durante o período da ocupação pelos Estados Unidos de ditas áreas, nos termos deste acordo *os Estados Unidos exercerão completa jurisdição e controle* sobre e dentro de ditas áreas com direito a adquirir (nas condições que se acordem adiante pelos dois Governos) aos fins públicos dos Estados Unidos qualquer terra ou outra propriedade ali por compra ou pelo exercício do domínio eminente com o pagamento aos proprietários dos mesmos" (Tradução de Diego Reis, ênfases do autor).

[115] LUTZ, *supra*, nota 19, p. 59 ss. Posteriormente houve outros acordos, especialmente o "*Relations with Cuba Treaty*", o qual prevê que o contrato de arrendamento continuará até quando ambas as partes acordem uma ab-rogação ou modificação (Art. III).

[116] A assinatura se deu em 2008, os EUA ratificaram o Pacto em 1992. Cfr. <https://treaties.un.org/Pages/ViewDetails.aspx?src=TREATY&mtdsg_no=IV-4&chapter=4&lang=en> (última visita 12.09.2014).

[117] Destaques do autor.

ambas as condições têm que ocorrer,[118] o Comitê de Direitos Humanos afirmou a aplicabilidade extraterritorial em vários casos.[119] Especialmente no caso de Israel, o Comitê enfatizou o "exercício da jurisdição efetiva das forças de segurança de Israel" sobre o território ocupado[120] e, por esta razão, baseou-se no princípio de um *controle efetivo*.[121] Sobre esta base, o Comitê de Direitos Humanos emitiu a seguinte observação geral em 2004:

> "Os Estados-Partes estão comprometidos (...) a respeitar e garantir os direitos consagrados no Pacto a todas as pessoas que se encontrem em seu território e para todas as pessoas sujeitas à sua jurisdição. Isso significa um Estado-Parte deve respeitar e garantir os direitos estabelecidos no Pacto a qualquer pessoa submetida ao poder ou ao controle efetivo desse Estado-Parte, mesmo que não se encontre no território do Estado-Parte. (...). O exercício dos direitos reconhecidos no Pacto não se limitam aos cidadãos dos Estados-Partes (...). Este princípio também se aplica aos submetidos ao poder ou ao controle efetivo das forças de um Estado-Parte que atuam fora de seu território, independentemente

---

118 Milanovic, *supra*, nota 47, p. 222; M.J. Dennis, "Application of Human Rights Treaties Extraterritorially in Time of Armed Conflict and Military Occupation", em *American Journal of International Law* 99 (2005), n. 1, p. 119, 122 com exemplos na nota de rodapé 24.

119 Por exemplo, em relação a uma captura por parte do Uruguai sobre território argentino (*Delia Saldias de Lopez vs. Uruguay*, Communication n. 52/1979, U.N. Doc. CCPR/C/OP/1(1984), p. 88, nm. 12.1), em relação às obrigações de direitos humanos do Iraque como uma potência ocupante no Kuwait (HRC, Reports by States Parties submitted under Art. 40 of the Covenant, Consideration of Reports, Iraq (1991), UN Doc. A/46/40, p. 158); sobre a responsabilidade da República Federal da Iugoslávia por crimes cometidos pelos nacionalistas sérvios em solo croata e bósnio-herzegovino (HRC, Concluding observations: Yugoslavia (28.12.1992), UN Doc. CCPR/C/79/Add.16, p. 2 s.), e finalmente a respeito da responsabilidade de Israel por lesões aos direitos humanos nos territórios palestinos ocupados (HRC, Concluding Observations: Israel (18.08.1998), UN Doc. CCPR/C/79/Add.93, p. 3).

120 HRC, Concluding Observations: Israel (18.08.1998), UN Doc. CCPR/C/79/Add.93, p. 3.

121 Lorenz, Der territoriale Anwendungsbereich der Grund- und Menschenrechte, 2005, p. 43; veja-se também Ambos/Alkatout, *supra*, nota 41, p. 341, 345.

das circunstâncias em que se haja adquirido essa autoridade ou controle efetivo (...).”[122]

Os critérios de jurisdição e de controle (efetivo) dos Estados responsáveis pelas violações extraterritoriais de direitos humanos também vem confirmando em outros regimes de direitos humanos, entre outros, pelo Tribunal Europeu de Direitos Humanos[123] (TEDH), a Comissão Interamericana de Direitos Humanos[124] (CIDH) e a CIJ em sua

---

[122] HRC, General Comment n. 31 (80) (29.03.2004), UN Doc. CCPR/C/21/Rev.1/Add.13, n. 10 (ênfases do autor; disponível em castelhano em <http://www1.umn.edu/humanrts/hrcommittee/Sgencom31.html> última visita 10.09.2014). As observações gerais (*General Comments*) representam os instrumentos de interpretação da DIDCP (Lorenz, *supra*, nota 121, p. 35).

[123] *Bankovic and Others vs. Belgium and Others*, App. n. 52207/99, 12.12.2001, nm 71: “In sum, the case-law of the Court demonstrates that its recognition of the exercise of extra-territorial jurisdiction by a Contracting State is exceptional: it has done so when the respondent State, through the *effective control* of the relevant territory and its inhabitants abroad as a consequence of military occupation or through the consent, invitation or acquiescence of the Government of that territory, *exercises* all or some of the *public powers* normally to be exercised by that Government.” (“Em suma, a jurisprudência da Corte demonstra que o reconhecimento do exercício da jurisdição extraterritorial por um Estado contratante é excepcional: se há ocorrido quando o Estado demandado, através do *controle efetivo* do território em questão e de seus habitantes no estrangeiro como consequência da ocupação militar ou pelo consentimento, o convite ou a aquiescência do Governo desse território, *exerce* a totalidade ou parte *dos poderes públicos* que normalmente são exercidos pelo Governo”. Tradução de Diego Reis, ênfases do autor). Veja-se também *Hirsi Jamaa and Others vs. Italy*, App. n. 27765/09, 23.02.2012, n. 70 ss. e em relação aos cárceres britânicos e às operações no Iraque *Al-Saadoon and Mufdhi vs. United Kingdom*, App. n. 61498/08, 02.03.2010; *Al-Skeini and Others vs. United Kingdom*, App. n. 55721/07, 07.07.2011, nm. 131 ss. Para outros casos, veja-se Besson, “The Extraterritoriality of the European Convention on Human Rights: Why Human Rights Depend on Jurisdiction and What Jurisdiction Amounts to”, em *Leiden Journal of International law* [LJIL] 25 (2012), n. 4, p. 857, 858 (872 ss.), identificando os três elementos constitutivos de jurisdição (*effective power, overall control* y *normative guidance*). Cfr. também Lutz, *supra*, nota 19, p. 384 s.

[124] *Armando Alejandro Jr et alii vs. Cuba*, Caso 11.589, Informe n. 86/99, 19.09.1999, n. 23: “Dado que os direitos individuais são inerentes à pessoa humana, todos os Estados americanos estão obrigados a respeitar os direitos protegidos de qualquer pessoa sujeita a sua jurisdição. Enquanto isso se refere

opinião consultiva em 2004.[125]

---

comumente às pessoas que estejam dentro do território de um Estado, em determinadas circunstâncias pode referir-se à conduta com um *locus* extraterritorial, em que a pessoa está presente no território de um Estado, mas está sujeita ao *controle* de outro Estado, geralmente através dos atos dos agentes no exterior deste último. Em principio, a investigação não se refere à nacionalidade da pretensa vítima ou à sua presença numa determinada zona geográfica, senão a que se nessas circunstâncias específicas, o Estado observou os direitos de uma pessoa submetida à sua *autoridade e controle*" (ênfases do autor, disponível em <http://www.cidh.oas.org/annualrep/99span/De%20Fondo/Cuba11.589.htm> última visita 10.09.2014); *Coard and Others v United States*, Caso 10.951, Informe n. 109/99, 29.09.1999, n. 37 (quase literalmente).

125 *Legal Consequences of the construction of a Wall in the Occupied Palestinian Territory* (*Wall Opinion*), [2004] ICJ Reports, nm. 109 ss.: "The Court would observe that, while the jurisdiction of States is primarily territorial, it may sometimes be exercised outside the national territory. Considering the object and purpose of the International Covenant on Civil and Political Rights, it would seem natural that, even when such is the case, States parties to the Covenant should be bound to comply with its provisionp. The constant practice of the Human Rights Committee is consistent with this. [...] The *travaux préparatoires* of the Covenant confirm the Committee's interpretation of Article 2 of that instrument. These show that, in adopting the wording chosen, the drafters of the Covenant did not intend to allow States to escape from their obligations when they exercise jurisdiction outside their national territory. They only intended to prevent persons residing abroad from asserting, vis-à-vis their State of origin, rights that do not fall within the competence of that State, but of that of the State of residence. [...] In conclusion, the Court considers that the International Covenant on Civil and Political Rights is applicable in respect of acts done by a State in the exercise of its jurisdiction outside its own territory." ("A Corte observa que, enquanto a jurisdição dos Estados é primordialmente territorial, às vezes pode ser exercida fora do território nacional. Tendo em conta o objeto e fim do Pacto Internacional de Direitos Civis e Políticos, pareceria natural que, ainda quando tal é o caso, os Estados-Partes no Pacto devem ser obrigados a dar cumprimento à sua disposição. A prática constante da Comissão de Direitos Humanos é consistente com isso. ... Os trabalhos preparatórios (*travaux préparatoires*) do Pacto confirmam a interpretação do Comitê do artigo 2 de dito instrumento. Estes mostram que, ao adotar a formulação eleita, os redatores do Pacto não tinham a intenção de permitir aos Estados escapar de suas obrigações no exercício de jurisdição fora de seu território nacional. Só pretende evitar que as pessoas residentes no estrangeiro, *vis-à-vis* em seu Estado de origem, possam fazer valer os direitos que não caem dentro da competência desse Estado, senão da do Estado de residência. ... Em conclusão, a Corte

À luz desses antecedentes, a possível oposição dos Estados-Partes é irrelevante[126] e a compreensão acumulada dos dois elementos "em seu território" e "sujeitos à sua jurisdição" deve ser rejeitada.[127] De fato, não teria muito sentido para a proteção efetiva dos direitos humanos se os Estados com controle efetivo sobre violações de direitos humanos extraterritoriais estivessem isentos de responsabilidade pelo simples fato de que não se produzem estas violações em seu próprio território. O controle efetivo sobre o território implica a responsabilidade do Estado, já que somente o Estado é o que tem esse controle efetivo para poder prevenir violações.[128] A única pergunta que resta é em que medida é necessária a aplicação dos Tratados de direitos humanos pelo poder soberano, ou seja, pelo Estado que tem controle efetivo. Claro, isso depende de se o Estado tem instituições para referida aplicação.[129] Em qualquer caso, no que se refere ao controle de EUA em Guantánamo, não pode haver dúvida de que é eficaz e completo como assim o mostra o funcionamento do centro de detenção e os julgamentos das comissões militares, com o qual se fundamenta uma responsabilidade extraterritorial dos EUA.

De acordo com a redação do artigo 4 do PIDCP o direito a um devido processo pode, contudo, sem prejuízo de tudo que se afirmou, ser derrogado em um "estado de emergência público". Isso requer, em primeiro lugar, uma extraordinária ameaça que ponha em risco a integridade estatal como uma guerra ou outro perigo público que ameace a vida da nação.[130] Ainda que se aceite que uma ameaça terrorista também possa constituir uma ameaça,[131] este requisito tem que ser interpretado de maneira restritiva. Por exemplo, o Comitê de Direitos Humanos destacou que, mesmo durante um conflito armado, uma ameaça à vida da nação não se deriva automaticamente. Em seu lugar, a ameaça deve representar

---

considera que o Pacto Internacional de Direitos Civis e Políticos é aplicável a respeito dos atos realizados por um Estado no exercício de sua jurisdição fora de seu próprio território", tradução de Diego Reis).

126 A respeito dos *travaux* em detalhe: MILANOVIC, *supra*, nota 47, p. 224 ss.

127 MILANOVIC, *supra*, nota 47, p. 226.

128 Cfr. BESSON, *supra*, nota 123, p. 857, 865; MILANOVIC, *supra*, nota 47, p. 53.

129 TOMUSCHAT, *Human Rights: Between Idealism and Realism*, 2. ed., 2008, p. 131.

130 MACKEN, *Counter-terrorism and the Detention of Suspected Terrorists*, 2011, p. 80.

131 MACKEN, *supra*, nota 130, p. 81 com outras referências.

certa gravidade.[132] Com respeito à detenção de suspeitos de terrorismo, portanto, é necessário que a ameaça terrorista seja "real ou iminente", o que afeta o Estado em seu conjunto e põe em perigo a "continuação da vida organizada da comunidade" para a qual as contramedidas comuns (permitidas pelos tratados de direitos humanos) seriam insuficientes.[133] Mesmo que uma parte destes requisitos tenha sido cumprida imediatamente após 09/11, é duvidoso de que esta prática deva ser considerada certa, quando já transcorridos onze anos.[134] Além dessas dúvidas, os EUA nunca notificaram o Secretário Geral da ONU, como é exigido pelo artigo 4 (3) PIDCP, de qualquer estado de emergência.[135] Portando pode concluir-se que não existe tal estado de emergência, o que permitiria a aplicação do direito a um devido processo.

Inclusive, se se supõe que existia uma emergência, mas mesmo que exista, não se podem suspender por completo todas as garantias processuais, mesmo que se o artigo 4 do PIDCP pareça levar a este efeito. Ao contrario, também em tempos de paz deve existir um nível mínimo de direitos, pois de outra maneira seriam derrogados direitos inderrogáveis (como a proibição da tortura,[136] a presunção de inocência[137] ou o direito a impugnar a legalidade da detenção de alguém por meio do *habeas corpus*[138]). Além disso, os processos que podem desencadear em uma pena de morte devem ser cumpridos com as normas de um devido

---

[132] ORAÁ, *Human rights in states of emergency in international law*, 1996, p. 20; HRC, General Comment n. 29 (31.08.2001), UN Doc. CCPR/C/21/Rev.1/Add.11, Rn 3; cfr. auch *Legal Consequences of the construction of a Wall in the Occupied Palestinian Territory* (*Wall Opinion*), [2004] ICJ Reports, p. 136, nm.106.

[133] MACKEN, *supra*, nota 130, p. 82.

[134] TOMUSCHAT, *supra*, nota 129, p. 131.

[135] K.E. DAHLSTROM, *supra*, nota 57, p. 662, 670.

[136] E. SCHMID, "The Right to a Fair Trial in Times of Terrorism: A Method to Identify the Non-Derogable Aspects of Article 14 of the International Covenant on Civil and Political Rights", em *Goettingen Journal of International Law* 1 (2009), n. 1, p. 29, 43 s.

[137] HRC, General Comment n. 32 (23.08.2007), UN Doc. CCPR/C/GK/32, nm. 6.

[138] F. DE LONDRAS, *supra*, nota 1, p. 65; Comissão de Direitos Humanos, Opinions adopted by the Working Group on Arbitrary Detention, Opinion n. 11/2000 (Peru), UN Doc. E/CN.4/2001/14/Add.1, p. 75 ss.

processo em todas as circunstâncias.[139] Adicionalmente, a lista de direitos que não podem ser derrogados, mencionados no artigo 4 (2) do PIDCP não é compatível com as normas do *jus cogens* do direito internacional, normas que dado seu caráter imperativo nunca possam ser suspensas ou derrogadas.[140] Direitos processuais básicos, tais como a presunção de inocência ou o direito à defesa também se podem contar entre estas normas imperativas ou de *ius cogens.*[141]

## 2. Nível regional: Declaração Americana dos Direitos e Deveres do Homem

Ainda que nem os EUA nem Cuba sejam partes da Convenção Americana dos Direitos Humanos (CADH), [142] prevê-se o direito a um devido processo na Declaração Americana dos Direitos e Deveres do Homem, do qual Cuba e os EUA são partes como membros da Organização dos Estados Americanos (OEA).[143]

Considerando que o caráter e o status da Declaração são controvertidos – já que somente foi adotada como uma "declaração" na Nona Conferência Internacional Americana, junto com a Carta da OEA[144] e,

---

[139] HRC, General Comment n. 32 (23.08.2007), UN Doc. CCPR/C/GK/32, nm. 6.

[140] HRC, General Comment n. 29 (31.08.2001), UN Doc. CCPR/C/21/Rev.1/Add.11, n. 11: "The enumeration of non-derogable provisions in article 4 is related to, but not identical with, the question whether certain human rights obligations bear the nature of peremptory norms of international law." ("A enumeração das disposições não derrogáveis no artigo 4 relaciona-se, mas não se identifica, com a questão de se certas obrigações de direitos humanos têm o caráter de normas imperativas de direito internacional", tradução de Diego Reis)

[141] HRC, General Comment n. 29 (31.08.2001), UN Doc. CCPR/C/21/Rev.1/Add.11, n. 11.

[142] <http://www.oas.org/dil/treaties_B-32_American_Convention_on_Human_Rights_sign.htm> (última visita 12.09.2014). Crítico *Pasqualucci*, The Practice and Procedure of the Inter-American Court of Human Rights, 2003, p. 340 s.

[143] Veja-se <http://www.oas.org/dil/treaties_A-41_Charter_of_the_Organization_of_American_States_sign.htm> (última visita 12.09.2014); cfr. *Buergenthal/Thürer*, *supra*, nota 113, p. 298 ss.

[144] C.M. Grossman, "American Declaration of the Rights and Duties of Man (1948)", em R. Wolfrum (ed.), *MPEPIL,* 2012, n. 2.

assim, não tenha originalmente nenhum efeito juridicamente vinculante[145] –, a Corte Interamericana de Direitos Humanos (CorteIDH) vem dando um caráter vinculante ao reconhecê-la como "uma fonte de obrigações internacionais em relação à Carta da Organização".[146] Apesar disso, os EUA negam seu caráter vinculante e insistem em que o fato de serem parte na Declaração não implica em nenhum compromisso.[147] Apesar da contradição persistente dos EUA (*persistent objector*),[148] a Comissão Interamericana de Direitos Humanos (CIDH) tem encontrado diversas violações da Declaração por parte dos EUA.[149] Na hipótese de acordo com a posição da CIDH e da Corte IDH, a Declaração também vincularia

---

[145] Buergenthal/Thürer, *supra*, nota 113, p. 299 s.; em detalhe C. Medina Quiroga, "The inter-American system for the protection of human rights", em *C. Krause* (ed.), International protection of human rights, 2009, p. 475, 477 s.

[146] IAGMR, *Advisory Opinion* OC-10/89 July 14, 1989, n. 45. Essa interpretação evolutiva é bastante comum na jurisprudência internacional, veja-se em detalhe M. Dawidowicz, "The effect of the passage of time on the interpretation of treaties: some reflections on *Costa Rica vs. Nicaragua*", em *Leiden Journal of International Law* 24 (2011), n. 1, p. 201 ss.

[147] K.E. Dahlstrom, *supra*, nota 57, p. 662, 671; Resposta do Governo dos EUA ante a Comissão Interamericana de Direitos Humanos, Report 85/00 of October 23, 2000 a respeito de Mariel Cubans (Caso 9903) (<http://www.cidh.org/Respuestas/USA.9903.htm>, última visita 10.09.2014): "With regard to each implication or direct assertion in the Commission's report that the American Declaration of the Rights and Duties of Man itself accords rights or imposes duties, some of which the United States has supposedly violated, the United States reminds the Commission that the Declaration is no more than a recommendation to the American Statep. Accordingly, the Declaration does *not* create legally binding obligations and therefore *cannot* be violated'" (Com relação a cada implicação ou afirmação direta no informe da Comissão de que a Declaração Americana dos Direitos e Deveres do Homem, se concede direitos ou impõe deveres, alguns dos quais os Estados Unidos supostamente violaram, os Estados Unidos recordam à Comissão que a Declaração não é mais que uma recomendação para os Estados americanos. Em consequência, a Declaração *não* cria obrigações juridicamente vinculantes e portanto *não pode* ser violada." Tradução de Diego Reis, destaques originais).

[148] Veja-se Dumberry, International & Comparative Law Quarterly, 2010, p. 779, 787.

[149] Veja-se por exemplo *Roach and Pinkerton vs. United States*, Rep. n. 3/87, Case 9647; *Michael Domingues vs. United States*, Report No 62/02, Merits, Case 12.285.

os EUA e, portanto, os obriga a cumprir com as garantias mínimas do devido processo, mesmo em um estado de emergência.[150]

### 3. Constituição dos EUA

Com fundamento, entre outras coisas, na cláusula do devido processo da Emenda Quinta e Décimo Quarta da Constituição dos EUA,[151] uma pessoa pode impugnar sua detenção por meio de uma impugnação via *habeas corpus*,[152] uma ação judicial extraordinária para ser apresentada e conduzida diante de um juiz ou tribunal.[153] Uma condenação pode ser

---

150 Em particular, o limiar de gravidade a respeito de um estado de emergência pode comparar-se com o requerido pelo art. 4 PIDCP (veja-se Oraá [*supra*, nota 132], p. 22 ss. e texto central com nota de rodapé 116 ss.). Fora isso, o direito ao devido processo pode ser visto como um direito inderrogável (Svensson-McCarthy, The International Law of Human Rights and States of Exception, 1998, p. 462). Respectivamente, a CIDH declarou admissível uma petição de um detento em Guantánamo em relação às supostas violações, entre outros, do art. XXVI DADDH ("direito ao devido processo legal"); "fundamentalmente sobre a base da falta de determinação adequada de seu *status* legal; sua detenção arbitrária durante uma década sem acusação formal nem revisão judicial; os atos de tortura física e psicológica e trato cruel, desumano e degradante, os quais alega terem ocorrido enquanto estava em Kandahar e Guantánamo; a privação de desenvolver sua vida privada e familiar; e a falta de recursos judiciais efetivos para remediar as violações que alega ter sofrido." (*Djamel Ameziane vs. United States*, Petição 900-08, Informe n. 17/12, 20.3.2012, [<www.oas.org/es/cidh/decisiones/2012/USAD900-08ES.doc> (última visita 10.09.2014)], n. 48).

151 Dimitrakopoulos, Individual Rights and Liberties Under the U.P. Constitution, p. 151 s. com mais referências. Enquanto o primeiro vincula ao governo federal, este último é aplicável em termos de Estados e governos locais.

152 O procedimento de *habeas corpus* permite lograr, como um recurso extraordinário, a revisão da legalidade da detenção aos efeitos da liberação mediante a emissão de um *writ of habeas corpus*. (F. Meyer, *supra*, nota 88, p. 1, 8 s.). Como *writ* entende-se aqui as instruções ou ordens de um Tribunal superior a outro tribunal subordinado a este (Dietl/Lorenz, Wörterbuch für Recht, Wirtschaft und Politik, Teil I, 6. ed. 2000, p. 912).

153 A.U. Davenport, *Basic Criminal Law*, 2012, p. 20; Ingram, *Criminal Procedure*, 2008, p. 69; C.-F. Stuckenberg, "*Habeas corpus* ad subjiciendum: Zugang zu ordentlichen Gerichten für die Gefangenen von Guantánamo Bay", en *Juristenzeitung* 64 (2009), p. 85, 87. A respeito do desenvolvimento do *writ of habeas corpus* e sua recepção nos EUA cfr. F. Meyer, *supra*, nota 88, p. 1, 10 ss.; R.H. Fallon/D.J. Meltzer, "*Habeas corpus* jurisdiction, substantive rights, and the war on terror", em *Harvard Law Review* 120 (2007), n. 8, p. 2029, 2037.

invalidada pelo fato de que se fundamenta em uma violação da Constituição.[154] Uma suspensão da ordem judicial só se permite quando haja uma "rebelião ou invasão" que apresente um perigo à "segurança pública" (a chamada *cláusula de suspensão*).[155]

A administração Bush propôs, baseando-se na decisão da Corte Suprema em *Johnson vs. Eisentrager*, que o *habeas corpus* não é aplicável aos estrangeiros detidos fora do território dos EUA.[156] No caso *Johnson*, os querelantes foram 21 prisioneiros de guerra alemães, capturados pelo Exército dos EUA, julgados e condenados por uma comissão militar estadunidense na China por violações das leis de guerra ali cometidas. Posteriormente foram encarcerados na prisão militar estadunidense em Landsberg, situada em uma zona da Alemanha ocupada pelos EUA Ainda que nunca estivesse na jurisdição territorial de EUA, apresentaram diante da Corte do Distrito de Colúmbia um *habeas corpus* tendo por justificativa uma violação, entre outras questões, da Quinta Emenda e da CG de 1929, em particular seus artigos 60 e 63.[157] A maioria da Corte negou a possibilidade de interposição de um *habeas corpus* considerando que os prisioneiros nunca estiveram em um território sobre o qual os Estados Unidos foram soberanos e os momentos do delito, da prisão, julgamento e castigo se deram todos fora da jurisdição territorial de um Tribunal dos EUA.[158] Nesse sentido, argumentou, também, o Governo

---

[154] INGRAM, *supra*, nota 153, p. 467.

[155] Art. I § 9 cl. 2 Constituição dos EUA: "The Privilege of the Writ of Habeas Corpus shall not be suspended, unless when in Cases of Rebellion or Invasion the public Safety may require it." ("O privilégio de *habeas corpus* não se suspenderá, salvo quando, em casos de rebelião ou invasão, a segurança pública o exija." Tradução de Diego Reis).

[156] Cfr. PHILBIN/YOO, Memorandum: Possible Habeas Jurisdiction over Aliens Held in Guantánamo Bay, Cuba (<http://texscience.org/reform/torture/philbin-yoo-habeas-28dec01.pdf>, última visita 10.09.2014), p. 6 s.

[157] Cfr. *Johnson vs. Eisentrager*, 399 US 763 (1950); C.-F. STUCKENBERG (*supra*, nota 153) p. 85, 89. O texto da CG de 1929 pode ser visto em <http://www.icrc.org/ihl/INTRO/305≥ (última visita 10.09.2014).

[158] *Johnson vs. Eisentrager*, 399 US 763, 777 s. (1950): "... at no relevant time were within any territory over which the United States is sovereign, and the scenes of their offense, their capture, their trial and their punishment were all beyond the territorial jurisdiction of any court of the United States [...] the privilege of litigation has been extended to aliens, whether friendly or enemy, only because permitting their presence in the country implied protection". ("...

Bush, alegando que os prisioneiros de Guantánamo se encontravam em um território no qual Cuba exercia a soberania formalmente.[159]

Apesar do efeito precedente da decisão *Johnson*,[160] deve-se ter em conta as seguintes diferenças:[161] em primeiro lugar, em *Johnson* não havia dúvida de que os 21 detentos alemães eram combatentes inimigos e, portanto, prisioneiros de guerra. No caso de Guantánamo *Boumediene*, sem embargo, os querelantes impugnaram seu status de combatentes inimigos. Apesar desse argumento, essa condição se verificou mediante um procedimento ante o CSRT. Neste processo provocou-se realmente uma revisão por meio do *habeas corpus*.[162] Em segundo lugar, a Corte Suprema não pode ver nenhuma razão pela qual a missão militar em Guantánamo viesse a se comprometer pela revisão da detenção por parte de um tribunal independente. Ao contrário, os esforços aliados de reconstrução e ajuda na ocupação da Alemanha foram postos em risco por um controle judicial dos tribunais dos EUA, que estavam afastados da realidade da ocupação.[163] Em terceiro lugar, talvez a diferença mais importante radica nos controles soberanos das respectivas prisões: enquanto que a prisão de Landsberg, em Alemanha, estava sob o controle conjunto das quatro forças aliadas, Guantánamo se encontra dentro da "competência contínua" e não transitória dos EUA.[164]

---

em nenhum momento se encontravam dentro de um território sobre o qual os Estados Unidos são soberanos, e as cenas de seu delito, sua captura, seu juízo e seu castigo se deram todas mais além da jurisdição territorial de uma Corte dos Estados Unidos [...] o privilégio de litígios se ampliou aos estrangeiros, seja amigo ou inimigo, só porque sua presença no país permite proteção implícita". Tradução de Diego Reis).

159 Cfr. Philbin/Yoo (*supra*, nota 156), p. 6 s.

160 *Boumediene vs. Bush*, 553 US 723 (2008), p. 36 ss.

161 *Boumediene vs. Bush*, 553 US 723 (2008), p. 36 ss.

162 *Boumediene vs. Bush*, 553 US 723 (2008), p. 37.

163 *Boumediene vs. Bush*, 553 US 723 (2008), p. 39 ss.

164 *Boumediene vs. Bush*, 553 US 723 (2008), p. 38 s.; Cfr. *Rasul vs. Bush*, 542 US 466 (2004), p. 12; Crítico Stuckenberg, *supra*, nota 153, p. 85, 93; Desai, *Vanderbilt Journal of Transnational Law*, 2003, p. 1579, 1598 ss. Ainda que isso relembre o critério de controle efetivo (cfr. *supra*, nota 110 s. com texto principal), o conceito da Corte Suprema da soberania *de fato* e o princípio do direito internacional de um controle efetivo não devem confundir-se, veja-se em detalhe F. de Londras, "What Human Rights Law Could do: Lamenting the Absence of an International Human Rights Approach in Boumediene & Al

Assim mesmo, o argumento adicional da administração Bush de outorgar o direito de *habeas corpus* somente aos cidadãos estadunidenses[165] é igualmente errôneo, pois já desde sua origem o Art. 28 USC § 2241 também se aplica aos cidadãos estrangeiros.[166] A partir da concepção histórica como *recurso prerrogativo*,[167] que se refere àqueles que detêm e não aos que estão detidos,[168] deduz-se que o *habeas corpus* se aplica também nos casos dos estrangeiros detidos se estão sob a soberania real dos Estados Unidos. Portanto, como consequência, o direito a um *habeas corpus* tem "pleno efeito na Bahia de Guantánamo".[169] Este direito não foi suspenso. Ainda que o 28 USC § 2241 (5) (e) e a Lei sobre o Tratamento aos Detentos de 2005 ("*Detainee Treatment Act*", DTA) excluíram os "combatentes inimigos" da proteção do *habeas corpus*, o Governo não pretendia nem uma suspensão formal do recurso prerrogativo, nem o argumento de que ele se suspendera de maneira automática.[170] É evidente

---

Odah", en *Israel Law Review* 41 (2008), n. 3, p. 562 ss.; BESSON, *supra*, nota 123, p. 857, *supra*, nota 35 e texto principal.

165 Cfr. a posição do governo em *Boumediene vs. Bush*, 553 US 723 (2008), p. 35; Cfr. B.J. PRIESTER, "Return of the Great Writ: Judicial Review, Due Process, and the Detention of Alleged Terrorists as Enemy Combatants", em *Rutgers Law Journal* 37 (2005-2006), n. 1, p. 39, 90; FALLON/MELTZER, *supra*, nota 153, p. 2029, 2053. Agora não há cidadãos dos EUA detidos em Guantánamo, já que todos foram levados a cárceres no território dos Estados Unidos (LUTZ, *supra*, nota 19, p. 35; cfr. Também a lista de detentos [*supra*, nota 72]).

166 STUCKENBERG, *supra*, nota 153, p. 85, 88; *Rasul vs. Bush*, 542 US 466 (2004), p. 12 f.

167 F. DE LONDRAS, *supra*, nota 1, p. 39 s.

168 P.D. HALLIDAY/G.E. WHITE, "The Suspension Clause: English Text, Imperial Contexts, and American Implications", en *Virginia Law Review* 94 (2008), 94, p. 575, 714; *Braden vs. 30th Judicial Circuit Court of Ky.*, 410 US 484, 494 s. (1973); *Rumsfeld vs. Padilla*, 542 US 426 (2004), p. 5 s.

169 *Boumediene vs. Bush*, 553 US 723 (2008), p. 41. Crítico, a respeito da duração dos procedimentos de *habeas corpus* D. GARTENSTEIN-ROSS, *supra*, nota 1, p. 257, 262 s.

170 *Boumediene vs. Bush*, 553 US 723 (2008), p. 41 s. – A Corte Suprema examinou se a ação legal ante o CSRT e o Tribunal de Apelações do Distrito de Columbia é um substituto suficiente. Criticou o fato de que o Tribunal de Apelações não tinha jurisdição para examinar a legalidade da detenção, mas somente se os procedimentos ante o CSRT coincidem com o procedimento estabelecido pelo Secretário de Defesa e se esse procedimento é legal. Por outra parte, sustentou que a Corte de Apelações só tem um papel limitado em

que o exercício de um *habeas corpus* é somente um meio procedimental para o exercício dos direitos constitucionais fundamentais que devem existir em um primeiro plano.[171] A Corte Suprema deixou sem resposta a pergunta se os direitos constitucionais, em última instância, poderiam ser invocados pelos detentos.[172] A fim de preservar a eficácia do *Habeas corpus*, porém, o paciente deve ter a possibilidade de invocar ao menos os direitos fundamentais constitucionais,[173] por exemplo, a cláusula do devido processo legal da 5ª e 14ª Emendas.[174]

## D. CONCLUSÃO

O direito a um devido processo é plenamente aplicável em relação a presumidos terroristas no marco da "guerra contra o terror". Constitui um direito humano fundamental consagrado em vários regimes que criam um âmbito de proteção às garantias judiciais básicas. Nunca pode ser derrogado e deve ser respeitado tanto em tempos de paz, como em tempos de conflito armado.

No plano *internacional* é garantido pela CG durante um *conflito armado*, independentemente de seu caráter internacional ou não internacional, tanto para as forças armadas quanto para população civil. Para a situação dos detidos em Guantánamo, consideram-se aplicáveis como garantias mínimas as "leis da humanidade" no sentido da cláusula de Martens e o artigo 3 comum às CG. Isso inclui "garantias judiciais

---

comparação com outros procedimentos de *habeas corpus*. Tendo em conta a falta de assistência por um advogado e a admissão de testemunhas de ouvir dizer, como exemplos de meios limitados de proteção dos detentos, assim como o "considerável risco de erro nas conclusões do Tribunal sobre os fatos" (p. 56), a Corte Suprema rechaçou a existência de um procedimento substituto suficiente (*ibidem*, p. 48-64). Em 2011, o presidente Obama emitiu uma ordem que estabelecia um processo de revisão periódica a cada três anos (Executive Order N. 13567, §1(b); A regulação está disponível em <http://www.whitehouse.gov/the-press-office/2011/03/07/executive-order-periodic-review-individuals-detained-guant-namo-bay-nava>, última visita em 12.09.2014); com detalhes L.A. MALONE, *supra*, nota 20, p. 347, 356 ss.

[171] F. MEYER, *supra*, nota 88, p. 1, 36.

[172] Crítico F. MEYER, *supra*, nota 88, p. 36, 38; cf. também R.H. FALLON/D.J. MELTZER, *supra*, nota 153, p. 2048; L.A. MALONE, *supra*, nota 20, p. 347, 350 s.

[173] Cfr. também R.H. FALLON/D.J. MELTZER, *supra*, nota 153, p. 2029, 2064.

[174] A. WALEN/I. VENZKE, *supra*, nota 41, p. 843, 876 ss.; cfr. também *Hamdi vs. Rumsfeld*, 542 US 507 (2004), p. 26.

reconhecidas como indispensáveis pelos povos civilizados" (Artigo 3 (1) (d) CG). Mesmo se se aceitar o conceito de combatentes ilegais para os supostos terroristas, a proteção das garantias judiciais das CG não podem ser suspensas.

Em *tempos de paz*, o direito a um devido processo está garantido pelos instrumentos internacionais de direitos humanos. Se bem que podem ser suspensos em tempo de emergência, certos direitos processuais mínimos e necessários para a proteção dos direitos humanos inderrogáveis seguem existindo em todas as circunstâncias. Os direitos humanos básicos também se aplicam aos conflitos armados de maneira complementaria ao DIH como *lex specialis.*

Em nível nacional, a Constituição dos EUA e sua Quinta Emenda se aplicam, portanto, a cidadãos estrangeiros detidos em Guantánamo.

# 6
# O USO "TRANSNACIONAL" DA PROVA OBTIDA POR MEIO DE TORTURA[*]

## INTRODUÇÃO

Na perspectiva do direito penal (internacional), a questão da tortura tem dois aspectos. O primeiro é material: é lícito o uso da tortura em todas as situações, inclusive nas mais extremas em que ela é aplicada para salvar vidas inocentes (a chamada tortura preventiva), e o torturador deve sempre ser punido? Já tentamos, em outra oportunidade, encontrar uma resposta diferenciada para esta questão.[1] O segundo aspecto

---

[*] Agradeço a María Laura Böhm por sua ajuda. Agradeço aos Profs. Paul Roberts (Nottingham) e ao Dr. Richard Vogler (Sussex) por seus comentários críticos e construtivos e igualmente ao revisor anônimo do *Jornal de Direito de Israel* por suas críticas observações. Tradução do original em inglês do Prof. Dr. Ezequiel Malarino, Buenos Aires. Para facilitar a compreensão do texto aos leitores em idioma espanhol, também foram traduzidas as citações de doutrinadores e da jurisprudência em inglês e alemão. Tradução do espanhol para o português da Profa. Dra. Margareth Vetis Zaganelli, com a colaboração de Gizelly Gussye Amaral Rabello, Mestranda do Curso de Mestrado em Direito da Universidade Federal do Espírito Santo; revista pelo Prof. Dr. Marcellus Polastri Lima e com revisão posterior do autor; revisão final Diego Reis.

[1] "May a State Torture Suspects to Save the Life of Innocents?", Journal of International Criminal Justice ("JICJ"), n. 6 (2), 2008, p. 261-288; em castelhano em: *Revista Penal* (España), 2009, n. 24 (edição).

é processual: a prova obtida por meio da tortura pode ser utilizada em processos penais? Em países regidos pelo estado de direito (*rule of law*) e pelo julgamento justo (*fair trial*) a resposta é simples e clara: "não", se a tortura tiver sido aplicada por autoridades nacionais e a prova obtida mediante a tortura tiver sido utilizada em um processo penal posterior. Para tal situação, que poderíamos chamar de "uso direto da prova obtida por meio da tortura", as normas de procedimentos nacionais estabelecem claras proibições.[2] Estas proibições nacionais estão baseadas no respeito aos direitos humanos, em especial ao art. 15 da Convenção contra Tortura da ONU ("CT-ONU").[3] Uma questão mais complexa, que será analisada neste trabalho, é a de se tais proibições também são aplicáveis *ao uso*

---

2 Ver, por exemplo, o § 136 a (1) da Ordenação Processual Penal Alemã (*Strafprozessordnung,* "StPO"), cuja tradução é a seguinte: "A liberdade de resolução e manifestação da voluntariedade do acusado não pode ser afetada por meio de maus tratos, cansaço, ingerência corporal, ingestão de substância, tortura, ardil ou hipnose. Somente pode empregar-se coerção se o direito processual penal o permitir. A ameaça de uma medida inadmissível segundo suas disposições e a promessa de uma vantagem não prevista legalmente estão proibidas". O n. (3) expressa ser: "A proibição dos ns. (1) e (2) independentemente do consentimento do acusado. As declarações que tenham sido obtidas em violação desta proibição não podem ser valoradas, ainda que o imputado consinta com sua valoração". Ver também o § 166 da *Ordenação Processual Penal austríaca* (*Strafprozessordnung):* "Em prejuízo do acusado [...] não está permitido utilizar seu testemunho, assim como aqueles de testemunhas coacusadas, como prova se eles: 1. Foram obtidos sob tortura (art. 7 PIDCP, [...], art. 3 CEDH, [...], y art. 1 (1) y 15 CT-ONU [...]) [...]". Ver também o art. 171 § 5 do *Código Processual Penal polaco* (*Kodeks Postępowania Karnego*) segundo o qual não está permitido "influenciar a declaração da pessoa sob exame por meio de coerção ou ameaça ilícita" e o art. 170 § 1 (1) segundo o qual uma diligência probatória que se refira a tal evidência será denegada. No procedimento *francês* todo ato de investigação pode ser apelado perante a *Chambre d'Instruction*, a qual pode declará-la nula e excluir a evidência assim obtida ("requête en nullité", Art. 170-174 Code de Procédure Pénale) cf. Stefani, G./Levasseur, G./Bouloc, B, *Procédure pénale*, Paris, Dalloz, 21.ed. 2008, número marginal ("nm") 107, 777; Pfefferkorn, F., *Einführung in das französische Strafverfahren*, Hamburg, Lit, 2006, p. 176, 178. Sobre a Lei de Polícia e Prova Criminal inglesa) (*Police and Criminal Evidence Act*; em diante *Pace, Police and Criminal Evidence Act*) de 1984 ver *infra* C. II. 2.

3 Para uma análise detalhada, ver C. I.; ver também Thienel, T., "The Admissibility of Evidence Obtained by Torture Under International Law", *EJIL*, 2006, n. 17(2), p. 349-367, p. 356 ss.

*"transnacional" da prova obtida através da tortura*, isto é, situações em que a tortura é aplicada em um país e a prova obtida por este meio é utilizada em outro. É possível aqui distinguir duas situações. Primeiro, o Estado A que tem uma clara proibição quanto à utilização da prova obtida por meio de tortura transfere um suspeito ao Estado B – conhecido por suas práticas de tortura – para obter tal prova. Segundo, o Estado A em uma investigação (conjunta) no Estado B obtém uma prova por meio de tortura e suas investigações trazem tal prova ao país para utilizá-la em um processo penal. A diferença entre estes casos é óbvia: no primeiro, a prática da tortura pelo Estado B é utilizada consciente e intencionalmente para contornar as proibições quanto à tortura do Estado A; no segundo caso, o Estado A consegue a prova mediante tortura acidentalmente, sem se utilizar intencionalmente das práticas de tortura do Estado B. O uso "transnacional" da prova obtida por meio da tortura deve ser distinguido do uso *supranacional de tal prova*, isto é, do uso perante tribunais penais internacionais. Logo, partindo de uma breve explicação do ponto de vista teórico relativo ao uso da prova obtida ilegalmente, começaremos com a análise de nossa questão a nível supranacional, dado que, através disso, podemos chegar a algumas conclusões importantes a respeito do uso "transnacional" em tribunais nacionais da prova obtida mediante tortura.

## A. O PONTO DE PARTIDA TEÓRICO

O enfoque positivista e desvinculado dos princípios do Estado de Direito no uso da prova obtida ilegalmente somente foi superado na Alemanha, e nos sistemas processuais influenciados pelo pensamento alemão, no início do século XX com a teoria das "proibições probatórias" de Ernst Beling (*Beweisverbote*), publicada em 1903.[4] A ideia fundamental desta teoria é que a busca pela verdade dentro da inves-

---

[4] BELING, E., Die Beweisverbote als Grenzen der Wahrheitsfindung im Strafprozess, Breslau, Schletter, 1903 (Aula inaugural na Universidade de Tübingen); traduzido ao espanhol em BELING/AMBOS/GUERRERO, Prohibiciones probatorias, Bogotá (Temis), 2008; em português em N.E. Araruna SANTIAGO (Coord.), *Proibições probatórias no processo penal*, São Paulo (Gazeta Jurídica), 2013; já antes: BENNECKE/BELING, Lehrbuch des Deutschen Reichs--Strafprozessrechts, Breslau, Schletter, 1900, §§ 83 3., p. 327 ss. Ver também SENGE, L., em Karlsruher Kommentar zur Strafprozessordnung, München, Beck, 6. ed. 2008, antes do § 48 n. 20; JAHN, M., "Beweiserhebungs- und Beweisverwertungsverbote im Spannungsfeld zwischen den Garantien des Rechtsstaats

tigação processual penal possui limitações em razão dos interesses contrapostos de natureza coletiva e individual.[5] A determinação destas limitações depende principalmente da posição que o ordenamento jurídico outorga ao *indivíduo* frente ao poder estatal.[6] Em uma democracia liberal constitucional, ordenada de acordo com os princípios do Estado de Direito, tal posição encontra sua expressão mais significativa nos direitos fundamentais, especialmente na dignidade da pessoa humana e no livre desenvolvimento da personalidade, garantidos constitucionalmente ou pelos tratados de Direitos Humanos aplicáveis.[7] Nesta classe de ordenamento existem áreas que o legislador constitucional protegeu da ingerência estatal, ou seja, o esclarecimento de fatos através de determinados meios probatórios é inadmissível e proibido.[8] Como exposto pelo Tribunal Superior de Justiça alemão (*Bundesgerichtshof*): "Se bem que a finalidade do tribunal penal é descobrir a verdade, em um Estado

---

und der effektiven Bekämpfung des Terrorismus", in: Verhandlungen zum 67, DJT, Erfurt 2008, vol. I, Gutachten [estudos] Parte C, C 1-128, en C 21.

5 Ver também: HENKEL, H., *Strafverfahrensrecht*, Stuttgart, Kohlhammer, 1968, p. 271; OTTO, H., "Grenzen und Tragweite der Beweisverbote im Strafverfahren", *GA*, n. 117, 1970, p. 289-305, p. 289.

6 Ver OTTO, *supra*, nota 5, p. 291, em que se refere a Beling.

7 Ver também: BELING, nota *supra* 4, p. 37: "Allseitig einverstanden wird man darüber sein, dass auch der Strafprozess die Menschenwürde achten muss, und dass daher ein unlöslicher Konflikt zwischen Menschenwürde und Strafprozessinteresse zu einem Beweisverbot führen muss. (…) Aber auch von der Menschenwürde abgesehen wird die moderne Anschauung – und sicher mit Recht – darauf bestehen, dass jedem seine Persönlich keitssphäre vor Staatszugriff sichergestellt werde, auch im Strafprozess." ["Haverá acordo em relação a que também o processo penal deve ter em consideração a *dignidade humana,* e que consequentemente deste surge um conflito insolúvel entre a dignidade humana e os interesses do processo penal, que leva a uma proibição de prova. (...) Mas, ainda deixando de lado a dignidade humana, a opinião moderna seguirá afirmando- e seguramente com razão- que a *esfera da personalidade de* qualquer indivíduo deve ser assegurada ante a investigação estatal, também no processo penal".] (grifos no original). Ver também: ROGALL, *K.*, "Gegenwärtiger Stand und Entwicklungstendenzen der Lehre von den strafprozessualen Beweisverboten", *ZStW*, 1979, n. 91, p. 1-44, p. 9; EISENBERG, U., Beweisrecht der Strafprozessordnung, München, Beck, 6. ed. 2008, Parte 1, Cap. 3 par. 330; KÜHNE, H.-H., *Strafprozessrecht*, Heidelberg, Müller, 7. ed. 2007, n. 880.

8 ROGALL, *supra*, nota 7, p. 6.

constitucional a verdade não pode ser perseguida a qualquer preço".[9] Portanto, o acusado é reconhecido e respeitado como um sujeito ativo e não simplesmente como o objeto dos processos penais.[10] Sua liberdade de decisão e de ação é intangível e invulnerável; não pode ser menosprezada nem manipulada.[11] A manipulação da livre vontade do acusado mediante ameaças, coerção, engano ou ardil e outros métodos similares deve ser proibida, e esta proibição deve ser efetiva mediante as sanções correspondentes. Contudo, as proibições quanto à prova não possuem apenas o aspecto individual de proteger os direitos individuais[12] e punir sua violação através da exclusão da prova obtida ilegalmente *contra*[13] o

---

[9] BGH, Sentença, 14 de junho de 1960, reimpresso em BGHSt 14, p. 358, p. 365, *NJW*, 1960, n. 13, p. 1580 ss., 1582: "Allerdings hat diese Rechtsauffassung zur Folge, daß wichtige, unter Umständen die einzigen Mittel zur Aufklärung von Straftaten unbenutzt bleiben. Das muß jedoch hingenommen werden. Es ist auch sonst kein Grundsatz der StPO, daß die Wahrheit um jeden Preis erforscht werden müßte (§§ 245, 52 ff., 252, 81 a ff., 95 ff., 69 Abs. 3 StPO)." ["Contudo, essa interpretação jurídica tem por consequência que importantes meios para o esclarecimento de delitos – em certos casos, os únicos meios – não podem ser utilizados. Contudo, isso deve ser tolerado. Não é um princípio da Ordenação Processual Penal Alemã, que a verdade deva ser investigada a qualquer preço, §§ 245, 52 ss., 252, 81 a ss., 95 ss., 69 n. 3 Ordenação Processual Penal Alemã]". Ver também BGH, sentença, 17 de março de 1983 reimpressa em BGHSt 31, p. 304, p. 309 = *NJW*, 1983, n. 36, p. 1570 ss., p. 1571: "[...] die StPO zwingt nicht zur Wahrheitserforschung um jeden Preis." ["(...) a Ordenação Processual Penal não obriga a investigação da verdade a qualquer preço."].

[10] Ver, mais recentemente, Kelker, B., "Die Rolle der Staatsanwaltschaft im Strafverfahren", em *ZStW*, 2006, n. 118 (2), p. 389-426, p. 420 ss.; para uma perspectiva com base nos princípios constitucionais ver *Murmann, U.*, "Über den Zweck des Strafprozesses", em *GA*, 2004, n. 151, p. 65-86, p. 65 ss.; em particular sobre a relação sujeito-objeto Roberts, P., "Subjects, objects, and values in criminal adjudication", in: Duff, A./Farmer, L./Marshall, S./Tadros, V. (coord.), The trial on trial. Vol. 2. Judgment and calling to account, Oxford, Hart, 2006, p. 37-64, p. 40 ss.

[11] Schmidt, E., "Zur Frage der Eunarkon-Versuche in der gerichtlichen Praxis", *SJZ*, 1949, p. 449, p. 450.

[12] Originalmente, neste sentido e em especial, Rogall, *supra*, nota 7, p. 16 ss.

[13] É controvertido, contudo, se informação exculpante não deveria ser sempre admitida na prova já que opera em favor do acusado (neste sentido Roxin, C./Schäfer, G./Widmaier, G., "Die Mühlenteichtheorie, Überlegungen zur Ambivalenz von Verwertungsverboten", *StV*, 2006, n. 26, p. 655-660, p. 656, 659, 660; Roxin, C., "Beweisverwertungsverbot bei bewußter Mißachtung

acusado.[14] As proibições probatórias possuem também uma *dimensão* coletiva ao preservar a *integridade* constitucional da ordem legal,[15] especialmente mediante a garantia e realização de um julgamento justo.[16] Isso foi reconhecido em 1961, muito depois de Beling, pela Suprema Corte de Justiça dos USA ao explicar a regra de exclusão – equivalente a doutrina das "Beweisverbote" – através do "imperativo da integridade judicial",[17] – *developed by others* to "integridade moral".[18] Um efeito colateral (positivo) das regras de exclusão poderia ser o impacto disciplinar que estas regras poderiam ter sobre as autoridades investigadoras, mas este não pode ser seu propósito principal já que existem procedimentos administrativos específicos para punir as condutas ilegais dos agentes oficiais.[19] Em suma, o interesse público ou estatal em descobrir a verdade

---

des Richtervorbehalts (Bspr. von BGH StV 2007, 337)", *NStZ*, 2007, n. 27, p. 616-618, p. 618; conc. Jahn, *supra*, nota 4, C 112 ss. (114).

[14] Sobre essa teoria "vindicativa" ["vindication"] ou "curativa" ["remedial"] crít. Roberts, P./Zuckerman, A., Criminal Evidence, Oxford, OUP, 2004, p. 151, 152 ss.

[15] Sobre esse aspecto ver também Schmidt, E., Lehrkommentar zur Strafprozessordnung und zum Einführungsgesetz zur Strafprozeßordnung, Göttingen, Vandenhoeck & Ruprecht, 1957, vol. II, § 136a n. 21 com sua doutrina da superioridade moral do Estado, sobre a qual se desenvolve a exigência de um julgamento justo (*ibidem*, vol. I, nms. 40, 44, 49). Neste sentido também a doutrina de Gerhard Fezer sobre a função autodelitiva do Estado, em *Grundfragen der Beweisverwertungsverbote,* Heidelberg, Müller, 1995, p. 20 ss.

[16] Beulke, W., Strafprozessrecht, Heidelberg, Müller, 10. ed. 2008, n. 454; Finger, T., "Prozessuale Beweisverbote – Eine Darstellung ausgewählter Fallgruppen", em *JA*, 2006, n. 38, p. 529-539, p. 530.

[17] *Mapp vs. Ohio*, 367 U.S., p. 659 ["the imperative of judicial integrity"]; ver Dressler, J., *Understanding Criminal Procedure*, Newark, NJ, LexisNexis, 3. ed. 2002, p. 381, assinalando contudo também a jurisprudência subsequente, que está perto de se constituir em renúncia por completo à regra de exclusão da Quarta Emenda.

[18] Roberts/Zuckerman, *supra*, nota 14, p. 157 ss.

[19] O efeito "disciplinatório" ou "dissuasivo" é controvertido: a favor a Suprema Corte de Justiça dos USA desde *Mapp vs. Ohio*, ver Dressler, *supra*, nota 17, p. 381-382; críttica em contrário Otto, *supra*, nota 5, p. 292, 301, argumentando que as regras de exclusão são "kein geeignetes Mittel zur Disziplinierung der Strafverfolgungsorgane" ["não é um método adequado para disciplinar os órgão investigadores"]; crít. também Roberts/Zuckerman, *supra*, nota 14, p. 155 ss.; também nesta linha crítica a decisão 2 d) da seção de Direito Penal do

no julgamento penal pode ser *outweighed* pelos *interesses privados* protegidos como garantias fundamentais ou direitos, ou inclusive pelo *interesse coletivo na* busca pela integridade dos processos criminais e, finalmente, pela ordem constitucional. Este enfoque duplo *individual--coletivo* também é seguido em nível internacional, em particular ao se considerar o possível efeito do uso da prova "tainted" na integridade dos processos (ver *infra* B.).

O sistema na questão de proibições probatórias ou de regras de exclusão pode gerar tensões entre a justiça material (realização do *ius puniendi*) e a justiça processual (proteção dos direitos e da integridade judicial).[20] Em outras palavras, isso poderia acarretar em uma relação conflituosa entre o interesse no funcionamento de uma administração da justiça penal voltada, por um lado, para a realização da investigação e aplicação de sanção efetiva aos delitos, e, por outro, para a proteção dos direitos fundamentais do acusado e a integridade do sistema como um todo.[21] Isso não permite uma "regra simples, algorítmica, apta a todo fim", ou seja, inflexível,[22] mas, ao contrário, muitas vezes irá requerer um delicado equilíbrio que conduzirá a decisões que poucas vezes irão satisfazer a ambas as partes – acusação e defesa – equitativamente. Em todo caso, regras baseadas em princípios constitucionais regem o uso da prova obtida ilegalmente, e suas consequências são o preço que um Estado constitucional atrelado a princípios de um Estado de Direito, um

---

67. *Deutschen Juristen Tag* (Erfurt 2008), de acordo com a qual a função das proibições ou exclusões probatórias não deveria ser a manutenção da conduta legal das instâncias investigadoras (42 votos a favor, 31 contra, 5 abstenciones). Ver, por outro lado, sobre as consequências práticas para o treinamento policial ARLOTH, F., "Dogmatik in der Sackgasse – Zur Diskussion um die Beweis-verwertungsverbote", en *GA*, 2006, n. 153, p. 258-261, p. 259; nessa linha mais positiva também PRITTWITZ, C., "Richtervorbehalt, Beweisverwertungsverbot und Widerspruchslösung bei Blutentnahmen gem. § 81 a Abs. 2 StPO", en *StV*, 2008, n. 28, p. 486-494, p. 494; JAHN, *supra*, nota 4, C 57 ss.

20 See AMELUNG, K., "Zum Streit über die Grundlagen der Lehre von den Beweisverwertungsverboten", in: *Festschrift für Claus Roxin*, Berlin u.a., de Gruyter, 2001, p. 1259-1280, p. 1279; JÄGER, M., *Beweisverwertung und Beweisverwertungsverbote im Strafprozess*, München, Beck, 2003, p. 128.

21 Bundesverfassungsgericht (Tribunal Constitucional) Entscheidungen (Fallos), vol. 44, p. 353, aqui p. 374.

22 ROBERTS/ZUCKERMAN, *supra*, nota 14, p. 159 ["simple, algorithmic, all-purpose rule"].

verdadeiro *Rechtsstaat, deve estar* disposto a pagar sem querer estar à altura da letra de sua própria lei.

## B. O USO "SUPRANACIONAL" DA PROVA OBTIDA MEDIANTE TORTURA

Ainda que os processos perante os Tribunais *ad-hoc* da ONU (Tribunal Penal Internacional para a Antiga Yugoslávia, "TPIY", e Tribunal Penal Internacional para Ruanda, "TPIR") estejam fortemente influenciados pela tradição da *common law*,[23] em relação à admissão da prova tem sido adotada uma postura liberal típica da tradição do *civil law*,[24] não existem regras técnicas estritas. Isso se deve, por um lado, à necessidade que tem um Tribunal internacional de "combinar as tradições jurídicas de muitos países";[25] e por outro, é o resultado do trabalho dos tribunais penais internacionais que, em razão dos violentos contextos de seus casos, se confrontam frequentemente com a falta de evidências que deve ser compensada com regras probatórias flexíveis.[26]

### I. TPIY/TPIR

As regras para a admissão de provas encontram-se nas Regras de Procedimento e Provas de ambos os tribunais, que foram estabelecidos por juízes (cfr. art. 15 do Estatuto do TPIY e art. 14 do Estatuto do TPIR). Dado que ambas as normas são essencialmente idênticas, concentraremo-nos nas RPP do TPIY e indicaremos as diferenças, caso seja necessário. Até agora, nem o TPIY nem o TPIR tiveram que decidir sobre a admissão de prova obtida por meio de tortura. A regra 89, da

---

[23] Nemitz, J. C., "Die Hauptverhandlung unter besonderer Berücksichtigung des Beweisrechts", in: *Internationale Strafgerichtshöfe*, 2005, n. 53.

[24] May, R./Wierda, M., International Criminal Evidence, Ardsley/NY, Transnational Publishers, 2002, p. 93; Ambos, K., "The Structure of International Criminal Procedure: Adversarial, Inquisitorial or Mixed?", in: Bohlander, M. (coord.), International Criminal Justice: A Critical Analysis Of Institutions And Procedure, London, Cameron May, 2007, p. 429-503, p. 477 ss.; *Idem*, *Internationales Strafrecht*, München, Beck, 2. ed. 2008, § 8 n. 32.

[25] Archbold, International Criminal Courts (Kahn, K.A.A. *et alii* eds.), 2.ed. 2005, § 9-1 ["to combine the legal traditions of many countries"].

[26] Cf. May/Wierda, *supra*, nota 24, p. 95, 98 ss.; Archbold, *supra*, nota 25, § 9-2.

"Carta Magna" do direito probatório,[27] contém o princípio geral de que "uma Câmara de julgamento pode admitir toda prova relevante que possua valor probatório" (regra 89 (C) RPP del TPIY y TPIR) e que "pode excluir uma prova caso seu valor probatório seja substancialmente anulado ou invalidado tendo em vista a necessidade de se assegurar o julgamento justo"[28] (regra 89 (D) RPP do TPIY). Se bem que as RPP do TPIR não contêm regra de exclusão específica na correspondente seção sobra regras probatórias (regras 89 ss.), a regra 70 (F) RPP do TPIR confirma o poder inerente às Câmaras de julgamento do TPIR de excluir a prova "caso seu valor probatório seja substancialmente anulado ou invalidado pela necessidade de assegurar um julgamento justo".[29] Se bem que, ao final, a regra 89 (D) concede uma ampla descrição a respeito da exclusão da prova – sem sujeição às regras probatórias nacionais (regra 89 (A)) –, a regra 95 é mais específica em relação a prova obtida através de certos métodos (proibidos) e por conseguinte é aplicável especificamente em relação às provas obtidas mediante tortura. Assim dispõe a referida regra:

> "Nenhuma prova será admitida caso seja obtida através de métodos que lancem uma dúvida substancial sobre sua confiabilidade ou se sua admissão é antiética e cause grave dano ao processo."[30]

Apesar de ser controvertido se esta regra é uma *lex specialis* a respeito da regra 89 (D)[31] ou se somente esclarece seu conteúdo,[32] é claro

---

27 Nemitz, *supra*, nota 23, p. 56.

28 ["a chamber may admit any relevant evidence which it deems to have probative value" – 89 (C) –], ["may exclude evidence if its probative value is substantially outweighed by the need to ensure a fair trial" – 89 (D) –].

29 ["if it's probative value is substantially outweighed by the need to ensure a fair trial"]. Veja May/Wierda, *supra*, nota 24, p. 100; também Schabas, W., The UN International Criminal Tribunals – The Former Yugoslavia, Rwanda and Sierra Leone, Cambridge, CUP, 2006, p. 459.

30 ["No evidence shall be admissible if obtained by methods which cast substantial doubt on its reliability or if its admission is antithetical to, and would seriously damage, the integrity of the proceedings."].

31 Sobre esse ponto de vista Safferling, C. J. M., *Towards an International Criminal Procedure*, Oxford, OUP, 2003, p. 295; para um ponto de vista diferente Nemitz, *supra*, nota 23, p. 70; segundo o qual a regra 95 somente tem uma "klarstellende Bedeutung" ["uma função de esclarecimento"].

32 Cf. Nemitz, nota *supra* 23, p. 70.

que ela exclui a prova obtida por meio de métodos proibidos sem que ocorra nenhuma ponderação ulterior (como expresso, pelo contrário, na regra 89 (D): "anulado ou invalidado pela necessidade...").[33] Esta regra deixa aos juízes a decisão sobre que métodos utilizar quando houver "uma dúvida substancial quanto a sua confiabilidade" ou quando a admissão da prova seria "antiética" e "cause grave dano" ao processo.[34] Portanto, a resolução sobre se uma prova deve ou não ser admitida ou excluída depende das circunstâncias do caso.[35]

É interessante observar que a versão original da regra era mais clara em relação à nossa questão aqui discutida. Ela excluía a admissão da prova obtida por meios "que constituam uma grave violação aos direitos humanos internacionalmente protegidos".[36] Dada a proteção contra a tortura em vários instrumentos de direitos humanos e o status da proibição de tortura como *ius cogens* (ver *infra* 2.), a prova obtida mediante tortura constituiria "uma grave violação aos direitos humanos internacionalmente protegidos"[37] e em consequência teria que ser excluída. Contudo, com a modificação da regra 95, a exclusão não é mais "uma questão de meio, senão uma questão de resultado".[38] Como estabelece a regra, ainda sim são violados direitos humanos internacionalmente protegidos, como a liberdade frente à tortura, e os juízes contam ainda com discricionariedade para admitir a prova obtida mediante tortura, desde que a considerem confiável e não gravemente danosa para a inte-

---

33 ["outweighed by the need ..."].

34 ["cast substantial doubt on its reliability"], ["antithetical"], ["seriously damage"].

35 Rule 89 (D): A Chamber may exclude evidence if its probative value is substantially outweighed by the need to ensure a fair trial.

36 Citado por CALVO-GOLLER, K. N., The Trial Proceedings of the International Criminal Court – ICTY and ICTR Precedents, Leiden, Nijhoff, 2006, p. 97 ["which constitute a serious violation of internationally protected human rights"]; ver também ZAPPALÀ, S., Human Rights in International Criminal Proceedings, Oxford, OUP, 2003, p. 151. O título original estabelecia: "Evidence obtained by means contrary to international protected human rights." ["Prova obtida por meios contrários aos direitos humanos internacionalmente protegidos."] (modificado em a 12. revisão das RPP).

37 ["a serious violation of internationally protected human rights"].

38 Como exposto por CALVO-GOLLER, K. N., *supra*, nota 36, p. 97 ["no longer a matter of means but one of result"].

gridade do processo. Por conseguinte, essas condições de admissibilidade devem ser analisadas com maior cautela.

*1. A tortura é um método que lança dúvidas substanciais sobre a sobre confiabilidade da prova assim obtida?*

A não confiabilidade da prova obtida mediante tortura foi, além das considerações humanitárias, a razão principal de sua abolição dos códigos de processo penal da Europa continental pela reforma iluminista pós revolucionária.[39] A doutrina passou a entender que a imposição da tortura adequava-se mais a uma avaliação da capacidade dos suspeitos de suportar a dor, do que revelava a fidelidade com a verdade.[40] Claramente, a maioria dos interrogados sob tortura admitiam quase tudo para fazer cessar sua dor. No velho procedimento criminal da inquisição da época medieval, a questão da confiabilidade muitas vezes levou a se limitar o uso de alguma informação colhida sob tortura a uma posterior verificação, por exemplo, registrando o lugar onde o suspeito torturado havia indicado estar a arma do homicídio, para fins de verificação posterior.[41] A não confiabilidade da prova obtida mediante tortura foi também uma das razões para a introdução da regra de exclusão do art. 15 CT-ONU, que será discutida com mais detalhes mais adiante (C. I. 1.). Considerou-se que invocar tal declaração não confiável diante de um tribunal seria contrário ao principio do "julgamento justo".[42] Por fim, ainda que o tribunal deva sempre excluir a prova obtida mediante tortura em razão de uma "dúvida substancial" quanto à sua confiabilidade, poderiam existir ainda casos em que tal prova pudesse ser obtida por investigações poste-

---

[39] Ver, por todos, IGNOR, A., Geschichte des Strafprozesses in Deutschland 1532-1846, Paderborn, Schöningh, 2002, p. 163 ss., entendendo que a tortura não era somente considerada como desumana, como também cada vez mais ineficiente para a persecução e castigo dos verdadeiros criminosos.

[40] LANGBEIN, J. H., Torture and the Law of Proof, Europe and England in the Ancien Régime, Chicago, UCP, 2006, p. 8; KÜHNE, *supra*, nota 7, n. 890; PATTENDEN, R., "Admissibility in Criminal Proceedings of Third Party and Real Evidence Obtained by Methods Prohibited by UNCAT", en The International Journal of Evidence & Proof, 2006, n. 10, p. 1-41, p. 6 ss.

[41] LANGBEIN, nota *supra* 40, p. 5.

[42] BURGERS, J. H./DANELIUS, H., The United Nations Convention Against Torture – A Handbook on the Convention Against Torture and Other Cruel Inhuman and Degrading Treatment and Punishment, Dordrecht, M. Nijhoff, 1988, p. 148.

riores e, assim, se lograsse provar que era correta. Por conseguinte, a questão crucial quanto à sua admissibilidade seria a confiabilidade.

*2. A admissão da prova obtida mediante tortura seria antiética e causaria grave dano à integridade do processo?*

Ainda que esta parte da regra 95 não se refira ao método por meio do qual a prova é obtida, senão à consequência (resultado) de sua admissão para o processo como um todo, um Tribunal deve ainda avaliar a prova à luz dos métodos e circunstâncias para a sua obtenção. Se a admissão da prova seria "antiética" e "causaria grave dano à integridade do processo" dependeria da gravidade da violação cometida para se obter a prova.[43] Em regra, é possível dizer que o crescimento do nível de gravidade da violação aumenta também a probabilidade de que a admissão da prova seja "antiética" e "cause grave dano à integridade do processo".[44]

Quanto à prova obtida mediante tortura, é possível distinguir entre aquela *obtida pelos investigadores* do tribunal e aquelas obtidas por terceiros. No primeiro caso, resulta em poucas dúvidas de que tal prova será considerada como altamente antiética e lesiva à integridade do processo e, por consequência, teria que ser excluída. Isso decorre, antes de mais nada, em vista da importância da proibição de tortura que o mesmo TPIY reconheceu em sua frequentemente citada decisão no caso *Furundzija*, quando considerou esta norma como de *ius cogens*[45] e como "um dos *standards* mais fundamentais da comunidade internacional".[46] Em *Nicolic*, a Câmara considerou em um *obiter* que graves maus-tratos ou torturas a um suspeito podem constituir um obstáculo à jurisdição do Tribunal:

---

43 ["antithetical"] ["Would seriously damage the integrity of the proceedings"].

44 ["antithetical"] ["seriously damage the integrity of the proceedings"]. Ver, por exemplo, *Prosecutor vs. Brdjanin*, Case n. IT-99-36-T, Decision on the Defence Objection to Intercept Evidence (Oct. 3, 2003), par. 61 ss.

45 *Prosecutor vs. Furundzija*, Case n. IT-95-17/1, Judgment, (Dec. 10, 1998), par. 144, 153 s.

46 *Idem,* par. 154 ["one of the most fundamental standards of the international community"]; para ulteriores referências ver Ambos, *supra*, nota 1, p. 265 s.; recentemente Möhlenbeck, M., Das absolute Folterverbot, Frankfurt a.M., Lang, 2008, p. 39 ss.

> "Em circunstâncias em que um acusado tenha sido gravemente maltratado, ou possivelmente submetido a (...) tortura, antes de ser entregue ao Tribunal, isso pode constituir um impedimento jurídico ao exercício da jurisdição sobre tal acusado. Este seria certamente o caso, se pessoas que atuam em nome da Força de Estabilização na Bósnia e Herzegovina ou mesmo o Procurador estivessem envolvidos em tais graves maus-tratos (...).[47] (...) Não seria apropriado para uma Corte de justiça julgar uma vítima destes abusos."[48]

Disso se segue, *a fortiori*, que a prova obtida mediante tortura seria antiética e nociva à integridade do processo e por consequência deveria ser excluída. Isso é aplicável não somente à prova obtida pelos investigadores do Tribunal, senão também àquela obtida por pessoas que atuam em nome do Tribunal, por exemplo, as forças de manutenção da paz da ONU. Outra questão é, contudo, a indagação de como deve ser tratada a prova obtida por *terceiros* independentes, em particular, autoridades nacionais, que atuam sem nenhuma vinculação com os tribunais. Esta questão tem uma grande importância prática para todo o tribunal penal internacional, visto que normalmente estes não contam com pessoal suficiente para obter todas as evidências e dependem da cooperação das autoridades nacionais.[49]

Como dito anteriormente, os tribunais ainda não tomaram uma decisão quanto à admissão da prova obtida mediante tortura. Todavia, tiveram que lidar com provas obtidas por autoridades nacionais em violação aos direitos de suspeitos aplicáveis perante estes tribunais. Assim, a Câmara, no caso *Celebici,* deparou-se com a questão referente à admissibilidade de prova que havia sido obtida durante um interroga-

---

[47] Ver *Prosecutor vs. Nikolic*, Case n. IT-94-2-PT, Decision on Defence Motion Challenging the Exercise of Jurisdiction by the Tribunal, (Oct. 9, 2002), par. 114; também citado em *Prosecutor vs. Nikolic*, Case n. IT-94-2-AR73, Decision on Interlocutory Appeal Concerning Legality of Arrest (June 5, 2003), par. 28.

[48] *Prosecutor vs. Nikolic* (June 5, 2003), *supra*, nota 47, par. 30 ["In circumstances where an accused is very seriously mistreated, maybe even subject to (...) torture, before being handed over to the Tribunal, this may constitute a legal impediment to the exercise of jurisdiction over such an accused. This would certainly be the case where persons acting for SFOR or the Prosecution were involved in such very serious mistreatment (...). (...) it would be inappropriate for a court of law to try a victim of these abuses"].

[49] *Safferling*, *supra*, nota 31, p. 292.

tório conduzido pela polícia austríaca sem a presença do advogado do suspeito. Ainda que o direito nacional aplicável (austríaco) à época não previsse um direito à defesa técnica durante o interrogatório policial e, por consequência, a prova teria sido legalmente obtida segundo o direito austríaco,[50] a Câmara abraçou o argumento de que o procedimento austríaco lesionava o direito a defesa técnica segundo o art. 18 (3) do Estatuto do TPIY e que, por consequência, as declarações feitas diante da polícia eram inadmissíveis no processo.[51] Uma posição semelhante parece ter sido tomada na primeira decisão de apelação do TPIR no caso *Barayagwiza*.[52] A questão era se a excessiva duração da prisão provisória do acusado em Camerún (sem ser informado imediatamente a quais acusações respondia) converteria sua prisão, de outro modo legítima, em ilegítima e poderia constituir um obstáculo à jurisdição (pessoal) do Tribunal em razão da "doutrina do abuso do processo". A Câmara de Apelação respondeu esta questão de maneira afirmativa, separando a questão do órgão responsável pela duração da detenção do efeito da violação como tal:

> "Inclusive se a culpa é compartilhada entre os três órgãos dos tribunais – ou é resultado da ação de um terceiro, como Camerún –, isso comprometeria a integridade do processo judicial para proceder. Além disso, seria injusto para o apelante enfrentar um juízo sobre essa acusações se seus direitos foram abertamente violados. Por conseguinte, para a doutrina do abuso do processo é irrelevante qual entidade ou entidades foram responsáveis pelas alegadas violações dos direitos do apelante."[53]

---

[50] A nova Ordenação Processual Penal de 2004 concede tal direito, ver seção 164 (2).

[51] *Prosecutor vs. Delalic,* Case n. IT-96-21-T, Decision on Zdravko Mucic's Motion for the Exclusion of Evidence (Sept. 2, 1997), par. 52.

[52] *Prosecutor vs. Barayagwiza*, Case n. ICTR-97-19-AR72, Decision (Nov. 3, 1999).

[53] *Idem*, par. 73 ["even if fault is shared between the three organs of the Tribunals – or is the result of the action of a third party, such as Cameroon – it would undermine the integrity of the judicial process to proceed. Furthermore it would be unfair for the Appellant to stand trial on these charges if his rights were egregiously violated. Thus, under the abuse of process doctrine, it is irrelevant which entity or entities were responsible for the alleged violations of the Appellant's right"].

Ainda que isso se siga, outra vez *a fortiori*, do fato de que a prova obtida mediante tortura nunca possa ser admitida, uma Corte de Apelação distinta acabou por modificar posteriormente esta decisão, concentrando-se nas responsabilidades (organizacionais) pela duração da detenção e negando um recurso em razão de uma lesão aos direitos do acusado, pois isso seria responsabilidade principal de terceiros.[54] De forma similar, no caso *Brdjanin*, uma Câmara de julgamento admitiu transcrições de conversações telefônicas interceptadas (ilegalmente) por forças de segurança da Bósnia e Herzegovina com o argumento de que a "função deste tribunal não seria a de dissuadir e punir a conduta ilegal das autoridades de investigação domésticas, excluindo a prova obtida ilegalmente".[55] Em outras decisões, o TPIR absteve-se de analisar a legalidade dos atos das autoridades nacionais.[56]

Resumindo esta jurisprudência, é claro que os tribunais não admitiriam provas obtidas mediante tortura por seus próprios investigadores ou por forças que atuam em seu nome (como, por exemplo, a Força de Estabilização – SFOR – em *Nikolic*), mas não fica suficientemente claro como eles tratariam a prova que fosse produzida por terceiros atuando de maneira completamente independente. Penso que a prova obtida mediante tortura não deve ser admitida sob nenhuma circunstância, independente de sua proveniência. Dado o *status* da proibição de tortura como "um dos *standards* mais fundamentais da comunidade internacional",[57] esta

---

54 *Prosecutor vs. Barayagwiza*, Case n. ICTR-97-19-AR72, Decisão (Mar. 31, 2000), par. 71, referindo-se a novos fatos que "diminish the role played by the failings of the prosecutor as well as the intensity of the violation of the rights of the appellant" ["dimuinuem o papel desempenhado pelos defeitos do procurador, assim como a intensidade da violação aos direitos do apelante"].

55 Ver *Prosecutor vs. Brdjanin*, *supra*, nota 44, par. 63 (n. 9) ["function of this Tribunal is not to deter and punish illegal conduct by domestic law enforcement authorities by excluding illegally obtained evidence"]; ver também *Prosecutor vs. Kordic,* Case n. IT-95-14/2-T, Oral Decision of Judge May (Feb. 2, 2000), Transcript 13671: "It's not the duty of this Tribunal to discipline armies or anything of that sort" ["Não é dever deste Tribunal disciplinar exércitos ou nada semelhante"] (referida em Brdjanin, como citada).

56 Ver Sluiter, G., "International Criminal Proceedings and the Protection of Human Rights", em *New England Law Review*, 2002-2003, n. 37, p. 935-948, p. 941 com várias referências na nota 25.

57 *Supra*, nota 46 ["one of the most fundamental standards of the international community"].

não pode ser comparada com lesões ordinárias ou menores de regras de processo. Inclusive nestes casos os tribunais não ignoram a infração, mas, em certas ocasiões, destacam a importância que tem a prova para o processo no caso concreto; neste contexto, o fato da prova ter sido obtida por um terceiro pode se levado em conta a favor de sua admissão. Em outras palavras, a responsabilidade pessoal ou da organização pela infração, isto é, a questão acerca da infração poder ser imputada aos tribunais é somente um aspecto a se ter em conta em uma ponderação de interesses.[58] Claramente, o resultado dessa ponderação varia com a gravidade da infração processual em questão e com as considerações a favor da admissão de provas, sendo que não podem tais ponderações se sobrepor a uma violação a uma proibição tão importante como é a proibição da tortura.[59] Em outras palavras, a regra processual – *in casu* a proibição de obtenção de prova mediante tortura – pode adquirir uma importância tal que impede qualquer ponderação de interesses e que, em consequência, sua violação importa necessariamente na exclusão da respectiva prova. Do mesmo modo, a "doutrina da bandeja de prata" da Suprema Corte dos EUA,[60] sobre cuja base a prova obtida por particulares ou por um governo estrangeiro restava geralmente permitida,[61]

---

[58] Tal ponderação também pode ser identificada em Brdjanin, *supra*, nota 44, par. 63 (n. 7) y 63 (n. 8) onde a Câmara expressa (com referência a *Prosecutor vs. Delalic,* Case n. IT-96-21-T, Decision on the Tendering of Prosecution Exhibits 104-108 (Feb. 9, 1998) par. 18-20) que sua tarefa seria posta em perigo se a prova não pudesse ser admitida por causa de "a minor breach of procedural rules" ["uma violação menor às regras de procedimento"], dada a gravidade dos casos que ela deve resolver em geral e *in casu* dada a gravidade dos ônus contra o acusado. Em consequência, "it would be utterly inappropriate to exclude relevant evidence due to procedural considerations, as long as the fairness of the trial is guaranteed" ["seria completamente inapropriado excluir prova relevante devido às considerações de procedimento, desde que a lealdade do juízo esteja garantida"].

[59] De forma similar Sluiter, nota *supra* 56, p. 946-947, enfatizando a natureza da violação.

[60] Sobre a base da doutrina ("nacional") da bandeja de prata ["silver platter doctrine"], originalmente a Suprema Corte também permitiu o uso nas Cortes federais de prova que tivesse sido obtida ilegalmente por oficiais dos Estados. Mas posteriormente denunciou essa posição no caso *Elkins vs. United States,* 364 U.S. 206, 80 S.Ct. 1437 U.S. (1960), veja-se Worrall, J. L., *Criminal Procedure*, Boston, Pearson Allyn & Bacon, 2.ed. 2007, p. 55.

[61] *United States vs. Janis*, 428 U.S. 433, 455 n. 31 (1976).

foi limitada à condição da violação processual, como no caso da tortura "comover a consciência da Corte americana".[62]

Existem considerações adicionais, baseadas no direito dos tribunais, que são levantadas contra a admissão de prova obtida mediante tortura, ainda que tenha sido obtida por terceiros. Primeiro, a obrigação dos tribunais estabelecida em seus Estatutos de assegurar que o processo seja justo e rápido (art. 20 (1) TPIY, art. 19 (1) TPIR), que se estende a violações de regras processuais anteriores ao julgamento, visto que elas podem afetar a justiça do processo como tal. Isso significa que tais violações devem ser consideradas e não podem ser desprezadas juntamente com considerações meramente organizacionais relacionadas com a responsabilidade pela violação.[63] Segundo, a regra 95 deve ser interpretada à luz de sua versão original que, como explicitado acima, claramente proibia a admissão de prova obtida mediante tortura. A modificação da regra não teve o propósito de limitar, senão de ampliar os direitos do acusado.[64] Terceiro, a Câmara no caso *Brdjanin* emitiu em 15 de fevereiro de 2002 uma decisão sobre os *standards* que orientam a admissibilidade da prova ("*Order on the Standards Governing the Admissibility of Evidence*"), onde se estabelece que as "declarações que não são voluntárias, que são obtidas dos suspeitos por meio de conduta opressiva, não podem

---

[62] *United States vs. Fernandez-Caro*, 677 F.Supp. 893, 894 (S.D. Tex. 1987) ["shocks the conscience of American court"]: "If conduct of foreign officers 'shocks the conscience of American court, fruits of their mischief will be excluded under Fourth Amendment'." ["Se a conduta de oficiais estrangeiros 'comove a consciência da Corte Americana, os frutos de seu ilícito serão excluídos sob a Quarta Emenda'."]. Ver recentemente Scharf, M. P., "Tainted provenance: When, if ever, should Torture Evidence be admissible?", em *Washington and Lee Law Review*, 2008, n. 65, p. 129-172, p. 151 ss., estendendo esse argumento ao uso pelos tribunais da prova obtida por terceiros mediante tortura.

[63] Cf. Sluiter, nota *supra* 56, p. 942 ss. argumentando inclusive que "every human rights violation" ["toda violação a direitos humanos"] deve ser levada em consideração.

[64] Zappalà, *supra*, nota 36, referendou-se o Segundo relatório anual do TPIY (*ICTY Second Annual Report*), par. 26 incluída na nota 9 em conjunto com o título ("To broaden the rights of suspects and accused persons"), disponible en internet: <www.un.org/icty/rappannu-e/1995/index.htm> (consultado pela última vez em 19 de fevereiro de 2008).

passar no crivo da regra 95".[65] De forma similar, dentro do marco do procedimento de admissão da culpabilidade (*guilty plea*) (regra 62*bis*), a admissão deve ser feita voluntariamente, para que seja aceita como uma confissão.[66] Isso mostra que a voluntariedade, que sempre é anulada com a tortura, é um pressuposto para que a declaração seja admitida.[67] Em quarto lugar, há um argumento teleológico a respeito dos crimes de competência dos tribunais: se a tortura é parte desses crimes (como um crime contra a humanidade ou crime de guerra, art. 2 (b), art. 5 (f) Estatuto do TPIY e art. 3 (f), art. 4 (a) Estatuto do TPIR), seria contraditório que os tribunais pudessem admitir prova obtida mediante uma

---

65 *Prosecutor vs. Brdjanin*, *supra*, nota 44, par. 67 ["statements, which are not voluntary but are obtained from suspects by oppressive conduct, cannot pass the test under Rule 95 of the Rules"].

66 Cf. la regra *62bis* RPP-TPIY que estabelece: "If an accused pleads guilty in accordance with Rule 62 (vi), or requests to change his or her plea to guilty and the Trial Chamber is satisfied that: (i) the guilty *plea* has been made *voluntarily*; [...]" ["Se um acusado se declara culpado de acordo com a regra 62(vi) ou solicitar alterar sua manifestação e declarar-se culpado e a Câmara de julgamento está satisfeita com que: (1) a *declaração* de *culpabilidade tenha sido feita voluntariamente*; [...]"] (sem grifos no original).

67 Claramente, a analogia com a declaração de culpabilidade se baseia na premissa de que é uma confissão, e como tal um elemento de prova (cf. *Blackstone's Criminal Practice* 2009, Oxford 2008, F17.2 (s. 2645): "A plea of guilty is a confession for the purposes of *PACE* 1984, s. 82 (1), and as such admissible in evidence provided that the provisions of s. 76 (2) are complied with" ["Uma declaração de culpabilidade é uma confissão aos fins de *PACE* 1984, s. 82 (1), e como tal é admissível como prova se estão dadas as previsões da sec. 76 (2)]. Especificamente falando, contudo, se trata somente de um ato forense e sua admissão na prova pode variar de acordo com as circunstâncias do caso (cf. *R vs. Rimmer* [1972] 1 WLR 268 CA, complementado por Blackstone tal como citado *supra*, mas reiterando a importância dos "facts of the case" ["hechos del caso"] e da discricionariedade judicial, e afirmando que uma declaração será somente "rarely" ["raramente"] admitida na prova [272]; ver também, recentemente, *R vs. Adams* (Ishmael) [2008] 1 Cr App R 35, [2007] EWCA Crim 3025: "Whether a suggestion of a plea at a case management hearing is or is not a provable admission or is or is not a safe basis for identifying what the issue is will vary from case to case." ["Se a sugestão de uma declaração de culpabilidade na audiência preliminar de um caso é ou não é um reconhecimento demonstrável, ou é ou não é uma base segura para identificar qual é a questão, vai variar de caso para caso."]).

conduta que eles mesmos devem julgar.[68] O argumento não pode ser refutado com o raciocínio de que os tribunais têm de julgar os "crimes mais graves conhecidos pela humanidade"[69] e que, por consequência, estaria justificado um enfoque mais flexível para a admissão de prova obtida (mediante tortura).[70] Esse não é um argumento material, mas sim processual, discutido acima com relação à ponderação de interesses. Por conseguinte, são aplicáveis os mesmos contra-argumentos: existe um limite para ponderação caso um dos valores em jogo seja absoluto, isto é, *in casu*, o valor absoluto da proibição de tortura.

## II. O Tribunal Penal Internacional

A situação perante o TPI é essencialmente a mesma. O artigo 69 (7) do Estatuto do TPI – *lex specialis* a respeito da regra geral de admissibilidade do n. (4) do mesmo artigo[71] – repete a (nova) regra 95 das RPP dos TPIY/TPIR e estabelece:

> "Não serão admissíveis as provas obtidas como resultado de uma violação ao presente Estatuto ou das normas de direitos humanos internacionalmente reconhecidas quando: (a) Essa violação suscite sérias dúvidas sobre a confiabilidade das provas; ou (b) Sua admissão atente contra a integridade do julgamento ou redunde em graves efeitos sobre ele."

Desse modo, em princípio, a prova obtida em violação a direitos humanos não é *per se* inadmissível, ou seja, só pode a decisão ficar dependente de sua confiabilidade e de seus efeitos sobre a integridade do processo. Assim, no caso *Lubanga*,[72] a defesa invocou uma violação ao art. 33 do Código de Processo Penal Congolês em vista de um ataque realizado a uma habitação de um suspeito sem que o mesmo se encon-

---

68 De forma similar PATTENDEN, *supra*, nota 40, p. 15.

69 ["gravest crimes that are known to mankind"].

70 SCHARF, nota *supra* 62, p. 155.

71 O art. 69 (4) se concentra no "valor probatório" da evidência e no possível "prejuízo"para um julgamento justo. Ver também PIRAGOFF, D. K., EM TRIFFTERER, O. (ed.), Commentary on the Rome Statute of the International Criminal Court, Wien, NWV, 2.ed. 2008, art. 69, n. 9. As RPP-CPI não contêm regras mais concretas, ver as regras 63 ss.

72 *Prosecutor vs. Thomas Lubanga Dyilo*, Case n. ICC-01/04-01/06, Decision on the confirmation of charges (Jan 29 2007).

trasse presente.[73] Embora a Câmara de Questões Preliminares (*Pre-Trial Chamber*) tenha reconhecido uma violação ao princípio da proporcionalidade e, portanto, uma violação aos "direitos humanos internacionalmente reconhecidos", não declarou a inadmissibilidade da prova, em razão de ter considerado que, no caso concreto, dita violação não afetava a "confiabilidade" de tal prova, nem prejudicava a integridade do processo.[74] A Câmara considerou, com base na revisão da jurisprudência relevante, que unicamente graves violações podem acarretar a exclusão de uma prova, acrescentando, contudo, que a prova somente seria admissível "para fins da audiência de confirmação", enfatizando ainda o "alcance limitado" de tal audiência, assim como a possibilidade de que a Câmara de Primeira Instância (*Trial Chamber*) pudesse se pronunciar de forma diferente a respeito da admissibilidade da prova em questão.[75]

Quanto à prova obtida mediante tortura, as mesmas considerações antes efetuadas conduziriam à sua inadmissibilidade absoluta.[76] Isso é aplicável a toda prova obtida mediante tortura, independentemente de sua fonte ou seu efeito a favor ou contra o acusado.[77] Do parágrafo 8 do art. 69[78] deriva a irrelevância para o TPI do direito nacional, dado que a

---

[73] Idem, par. 62 ss.

[74] Idem, par. 81 ss. ["internationally recognised human rights"], par. 85 ["reliability"].

[75] Idem, par. 86 ss., par. 90 ["for the purpose of the confirmation hearing"], ["limited scope"].

[76] Para o mesmo resultado CALVO-GOLLER, *supra*, nota 36, p. 286, "The difficulty does not lie in cases of evidence obtained by means of grave breaches of an internationally recognized human right, such as torture for example, but by means of less severe measures." ["A dificuldade não está nos casos de prova obtida por meio de graves violações a um direito humano internacionalmente reconhecido, tal como a tortura, por exemplo, senão por meio de medidas menos graves."].

[77] Ver também PIRAGOFF, *supra*, nota 71, art. 69 n. 66 ("no distinction between evidence proffered by the Prosecutor or the accused, or requested by the Court" ["nenhuma distinção entre a prova oferecida pelo Procurador ou o acusado, ou requerida pela Corte"]). O ponto contudo é controvertido, quanto a prova obtida mediante tortura utilizada contra o torturado ver a discussão da postura de Scharf notas *infra* 99 ss.

[78] Art. 69 (8) ECPI: "A Corte, ao decidir sobre a permanência ou a admissibilidade das provas apresentadas por um Estado, não poderá pronunciar-se sobre a aplicação do direito interno desse Estado."

Corte não se pronunciará sobre a "aplicação" deste direito. Consequentemente, o TPI deve julgar a admissibilidade com base em seu direito; em particular, sua "aplicação e interpretação (...) deverá ser compatível com os direitos humanos internacionalmente reconhecidos" (art. 21 (3)). Esta clara referência a direitos humanos fundamentais, tal como a liberdade frente à tortura, é um forte argumento adicional de que existem "algumas violações que, por natureza, são tão graves ou tão incompatíveis com os direitos humanos internacionalmente reconhecidos que a admissão de prova obtida" por tais meios sempre será antiética e lesiva à integridade do processo.[79] *Last but not least,* com relação ao procedimento de admissão da culpabilidade previsto no art. 65 do Estatuto do TPI também se reconhece que tal admissão deve ser feita "voluntariamente" (ver art. 65 (1) (b)) e que seria "nula e inválida"[80] se obtida mediante tortura.

## III. Primeira conclusão intermediária a respeito do uso "supranacional" de prova obtida mediante tortura

O uso "supranacional" de prova obtida mediante tortura é sempre inadmissível. Tal evidência não é confiável e o mais importante é que sua utilização é antiética e prejudicial à integridade do processo. Para considerar inadmissível tal prova é suficiente que exista um destes defeitos, visto que a regra 95 TPIY/TPIR e o art. 69 (7) do Estatuto do TPI preveem uma formulação alternativa ("ou"). Uma distinção entre a prova obtida mediante tortura pelos investigadores do tribunal ou por terceiros não pode ser feita razoavelmente, já que somente prejudicaria a regra geral de que se espera de tribunais penais internacionais – ou seja, que sejam modelos para a justiça penal nacional – respeitando completamente os direitos humanos internacionalmente reconhecidos. Isso implica dizer que os tribunais não podem utilizar a prova obtida em violação a estes direitos. Como assinalado por Sluiter:

---

[79] PIRAGOFF, *supra*, nota 71, art. 69 n. 71 ["some violations which, by their nature, are always so egregious or so inconsistent with internationally recognized human rights that the admission of evidence obtained"]; ver também PATTENDEN, *supra*, nota 40, p. 15.

[80] GUARIGLIA, F./HOCHMAYR, G. EN TRIFFTERER, O. (ed.), *Commentary on the Rome Statute of the International Criminal Court,* Wien, NWV, 2. ed. 2008, art. 65, n. 25.

> "Como modelos para a justiça penal internacional, pode se esperar que o TPIY e o TPIR respeitem plenamente os direitos humanos internacionalmente protegidos. A longo prazo, o apoio e a confiança em formas de imputação penal internacional, incluindo a recentemente estabelecida corte penal internacional (CPI), dependerá de se os tribunais podem honrar a esta expectativa ou não."[81]

## C. A UTILIZAÇÃO "TRANSNACIONAL" DE PROVA OBTIDA MEDIANTE TORTURA

A utilização "transnacional" de prova obtida mediante tortura foi objeto de duas decisões recentes de cortes superiores da Grã-Bretanha e Alemanha. Ambas podem orientar nossa discussão e servir de modelo.

No caso *A and others vs. Secretary of State for the Home Department,*[82] a Câmara dos Lordes britânica (House of Lords) deveria decidir se os tribunais britânicos poderiam admitir como prova declarações obtidas mediante tortura por oficiais de um Estado estrangeiro sem que estivessem envolvidas as autoridades britânicas. Os recorrentes detiveram-se à aplicação da seção 23 da Lei de antiterrorismo, crime e segurança (*Anti-terrorism, Crime and Security Act*) de 2001.[83] A disposição autoriza a detenção por um período indeterminado de suspeitos identificados como terroristas internacionais e, segundo a seção 21 da referida Lei, por razões jurídicas ou práticas, é impossível deportá-los.

---

[81] SLUITER, *supra*, nota 56, p. 935 ["As models for international criminal justice, the ICTY and the ICTR may be expected to fully respect internationally protected human rights. In the long run, the support for and confidence in forms of international criminal adjudication, including the recently established permanent international criminal court (ICC) will depend on whether or not the tribunals can live up to this expectation."].

[82] *A and Others vs. Secretary of State for the Home Department* (No. 2) [2005] UKHL 71, [2005] 3 WLR 1249, disponível também na internet: <www.publications.parliament.uk/pa/ld200506/ldjudgmt/jd051208/aand-1.htm> (consultada pela última vez em 25 de fevereiro de 2008) [adiante em *A and others,* HL].

[83] As seções 21 a 32 desta lei foram revogadas pela Prevention of Terrorism Act 2005 ["Lei de prevenção de Terrorismo de 2005"], a qual foi logo emendada pela Counter-Terrorism Act 2008 ["Lei de Contra-Terrorismo"] (ver <www.statutelaw.gov.uk>) (ver também WALKER, C., "Keeping Control of Terrorists without Losing Control of Constitutionalism", en *Stanford Law Review,* 2007, p. 1395-1463.

A pessoa identificada como terrorista, segundo a seção 21, pode apelar à Comissão de Apelação Especial de Imigração (*Special Immigration Appeals Commission* – SIAC) contra tal identificação, argumentando que não existem motivos razoáveis para a suspeita (ver seção 25 da Lei). Os recorrentes sustentaram que o secretário de Estado havia se baseado, para realizar tal identificação, em prova obtida mediante tortura realizada por outro Estado. Contudo, a SIAC sustentou que a prova, na qual se fundava (em parte) a suspeita, podia ser usada e, consequentemente, rejeitou a apelação. A Corte de Apelação para Inglaterra e Gales confirmou tal decisão. Em 8 de dezembro de 2005, a Câmara de Lordes, concordando com a posição dos recorrentes, anulou a decisão por unanimidade, sustentando que o sistema da *common law* proíbe a admissão de prova obtida mediante tortura "independentemente de onde, ou por quem ou ainda por qual autoridade foi imposta a tortura".[84]

Em sua decisão em 14 de junho de 2005, o Tribunal Superior estadual de Hamburgo, (*Oberlandesgericht*) teve que tratar de uma questão simular no caso *El Motassadeq*.[85] A Motassadeq foi imputado um delito similar ao de conspiração, previsto no § 30 (2) terceira alternativa do Código penal alemão (*Strafgesetzbuch*)[86] em relação aos ataques de 11 de setembro. O Departamento de Estado dos EUA enviou, via fax, resumos e declarações de três membros de alta hierarquia da Al-Qaeda prestadas em interrogatórios realizados por autoridades norte-americanas enquanto estavam detidos.[87] Por causa da suspeita geral, baseada em informações veiculadas pela imprensa e organizações de direitos humanos, de que os membros da Al-Qaeda eram submetidos a tortura, o Tribunal buscou informações referentes ao lugar e às circunstâncias dos interrogatórios; mas, tal informação não pôde ser obtida. Embora o Tribunal tenha admitido, em última instância, as declarações como "evidência-dado", e que,

---

[84] *A and others*, HL, *supra*, nota 82, par. 10 (Lord Bingham) ["irrespective of where, or by whom, or on whose authority the torture was inflicted."].

[85] OLG Hamburg, Decisión del 14 de junio de 2005, reeditada en *NJW*, 2005, n. 58, p. 2326 ss., p. 2326 [adiante OLG Hamburg, *El Motassadeq*].

[86] Acordo com outro para cometer um crime ou instigar a cometê-lo.

[87] Não é claro onde exatamente estão detidas as testemunhas. O Tribunal Superior estadual de Hamburgo (OLG Hamburg, *El Motassadeq*, *supra*, nota 85, p. 2327) expressou que eles estavam "... mit hoher Wahrscheinlichkeit zumindest im Zugriffsbereich der Administration der USA ..." ["... com alta probabilidade ao menos ^no âmbito da admissão dos EUA ..."].

com base na livre apreciação da prova disponível, a tortura não pôde ser provada (sobre a delicada questão do ônus e do *standard* da prova, ver-se mais detalhadamente, *infra* C.), também declarou, em um *obter,* que nenhuma declaração obtida mediante tortura – sem se importar com sua proveniência (autoridades nacionais ou estrangeiras) – pode ser obtida como prova.[88]

Ao se comparar esses casos, o que mais chama atenção é que em *nenhum* deles as autoridades nacionais estavam envolvidas na obtenção da respectiva prova. De acordo com a distinção feita na introdução, entre a obtenção proativa da prova através da transferência do suspeito a Estados que praticam a tortura (primeira situação) e a obtenção bem mais acidental de tal evidência (segunda situação), estes casos correspondem à segunda situação. Contudo, se (ainda) nesta situação a admissão da prova obtida mediante tortura deve ser considerada legalmente impossível, então, o mesmo vale *a fortiori* para a primeira situação. Quanto à analise posterior, isso significa que a segunda situação deve ser examinada em primeiro lugar e a primeira somente deve ser examinada se a prova obtida mediante tortura for considerada admissível nesta (segunda) situação.

---

[88] OLG Hamburg, *El Motassadeq*, *supra*, nota 85, p. 2326, se refere ao segundo princípio guia ("Leitsatz") da sentença ao art. 15 de la CT-ONU e aplica essa disposição a testemunhos obtidos sob tortura pelas autoridades estrangeiras ("...Verbot der gerichtlichen Verwertung von durch Folter herbeigeführten Aussagen, das ... auch bei im Ausland durch Organe anderer Staaten mittels Einsatzes von Folter herbeigeführten Aussagen eingreift." ["...proibição de valoração judicial de declarações provocadas por meio de tortura, que... também opera no caso de declarações provocadas por meio de tortura por parte de órgãos de Estados estrangeiros"]). Além disso, em seu terceiro princípio guia, o Tribunal sustentou que o § 136a OPP também é aplicável, por analogia, se tais meios de interrogação proibidos são praticados por autoridades estrangeiras e constituem uma flagrante violação da dignidade humana ("...auf die Anwendung unzulässiger Vernehmungsmethoden durch Angehörige anderer Staaten entsprechend anwendbar, sofern die Erkenntnisse, um deren Verwertung es geht, unter besonderes krassem Verstoß gegen die Menschenwürde zu Stande gekommen sind." ["... aplicável correspondentemente à utilização de métodos de interrogação inadmissíveis por parte de membros de outros Estados, em ambos os reconhecimentos, de cuja valoração se trata, hajam sido obtidos através de uma violação especialmente crassa da dignidade humana."]).

## I. A utilização "transnacional" da prova obtida mediante tortura à luz do direito internacional

A utilização "transnacional" da prova obtida mediante tortura pode ser considerada incompatível com o art. 15 CT-ONU e o princípio do julgamento justo, tal como é reconhecido especialmente pelo art. 6 do Convênio Europeu de Direitos Humanos (CEDH) e a jurisprudência respectiva.

### *1. Art. 15 CT-ONU*

#### *a) Razão e alcance (Ratio y alcance )*

O art. 15 CT-ONU é a única regra universal[89] que explicitamente exclui a prova obtida mediante tortura:

> "Todo Estado-Parte se assegurará de que nenhuma declaração que se demonstre ter sido prestada através de tortura não possa ser invocada como prova em nenhum procedimento, salvo quando invocada contra uma pessoa acusada de tortura como prova de que a declaração foi assim formulada."

Os *travaux* da CT-ONU[90] demonstram que esta regra obrigatória foi incluída na convenção, essencialmente, por duas razões: a primeira era salvaguardar a fidelidade do processo, visto que toda declaração feita sob tortura é, como já se expôs, suscetível de ser não confiável. A segunda razão era para desencorajar o uso da tortura, eliminando um de seus principais incentivos para aplicá-la. Além disso, em última instância, o art. 15 CT-ONU reflete o "mais amplo princípio",[91] também expresso na regra 95 das RPP dos TPIY/TPIR e no art. 69 (7) (b) do Estatuto do TPI, da salvaguarda da integridade do processo (judicial).[92] Impedindo

---

89 A Convenção Interamericana para prevenir e sancionar a Tortura (Adaptada na Assembleia Geral da OEA, em seu 15.º Período Ordinário de Seções, Cartagena de Índias, Colômbia, 09.12.1985) tem uma regra em seu Art. 10: "Nenhuma declaração que se comprove haver sido obtida mediante tortura poderá ser admitida como meio de prova em um processo, salvo naquele contra a pessoa ou pessoas acusadas de tê-la obtido mediante atos de tortura e unicamente como prova de que por este meio o acusado obteve tal declaração."

90 Tal como narrado por Burger/Danelius, nota *supra* 42, p. 148.

91 *A and others*, *HL*, nota *supra* 82, par. 39 (Lord Bingham) ["wider principle"].

92 La disposición no se extiende a los procedimientos administrativos llevados a cabo por la rama ejecutiva; para una discusión Thienel, T., "Foreign Acts of

o uso da prova obtida mediante tortura no processo judicial, o art. 15 CT-ONU não assegura somente que seja excluída a prova não confiável, mas, também, que a prova "representa [ria] abuso e degradação do processo"[93] e "envolve[ria] o Estado em uma contaminação moral".[94] O art. 15 CT-ONU não somente é aplicável – obviamente – à situação "clássica" em que o Estado utiliza a prova que ele mesmo obteve em um juízo penal contra o acusado (torturado),[95] mas, também, à prova obtida mediante tortura por outro Estado em outro Estado. Isso se segue de uma interpretação literal, visto que o art. 15 CT-ONU não limita a exclusão à prova própria (nacional) obtida mediante tortura, mas, por outro lado, estabelece de maneira geral que "*nenhuma declaração* (...) feita como resultado de tortura" será invocada como prova "em nenhum procedimento", isto é, a prova obtida mediante tortura não é admissível independentemente de sua proveniência,[96] inclusive a prova que

---

Torture and the Admissibility of Evidence", en *JICJ*, 2006, n. 4, p. 401-409, p. 406.

[93] *A and others*, HL, nota *supra* 82, par. 39 (Lord Bingham) ["abuse and degrade the proceedings"]. Lord Bingham remite a *United States vs. Toscanino*, 500 F.2d 267, 276 (2d Cir. 1974) mas essa Corte se expressou de uma maneira um pouco diferente: "Drawing again from the field of civil procedure, we think a federal court's criminal process is abused or degraded where it is executed against a defendant who has been brought into the territory of the United States by the methods alleged here" ["Partiendo otra vez del campo del proceso civil pensamos que un proceso penal ante una Corte federal es abusado o degradado cuando se ejecuta contra un acusado que ha sido traído al territorio de los EUA por los métodos aquí alegados"].

[94] *The people (Attorney General) vs. O'Brien* (1965) IR 142, 150 ["involve the state in moral defilement"]; reimpresso em *A and others*, HL, *supra*, nota 82, par. 17, 39 (Lord Bingham).

[95] Isto é, prova obtida mediante tortura do acusado ou outras pessoas que possam incriminar o acusado; a respeito, ver THIENEL, *supra*, nota 3, p. 358-359; PATTENDEN, *supra*, nota 40, p. 7; sobre a aplicação de prova derivada, isto é, de prova obtida a partir de uma declaração feita sob tortura, ver PATTENDEN, nota *supra* 40, p. 8-10.

[96] Para o mesmo resultado BRUHA, T., "Folter und Völkerrecht", en *Das Parlament, Aus Politik und Zeitgeschichte*, 2006, n. 36, disponível na internet: <www.bundestag.de/dasparlament/2006/36/Beilage/003.html> (consultado pela última vez em 25 de fevereiro de 2008); *Thienel*, *supra*, nota 3, p. 360-361; *Pattenden*, *supra*, nota 40, p. 10; ver também OLG Hamburg, *El Motassadeq*, *supra*, nota 85, segundo princípio guia como citado *supra* na nota 88.

foi obtida com base naquela (efeito estendido).[97] O alcance limitado da disposição pode ser explicado por sua *ratio,* a saber, eliminar incentivos ao uso da tortura, assim como impedir a produção de prova não confiável e qualquer prejuízo à integridade do processo; a proveniência da prova não altera sua natureza ilícita e seus efeitos negativos. Além disso, se os legisladores quisessem limitar o alcance de tal disposição, eles facilmente poderiam fazer o que fizeram com outras determinações legais que surgem da CT-ONU (ver, por exemplo, o art. 2 (1), 12 y 13).[98] Na verdade, atuaram assim com relação à utilização (excepcional) da prova obtida mediante tortura contra o torturador com o fim de provar a existência da declaração sob tortura (ver o art. 15, última parte). Contudo, uma aplicação extensiva desta exceção por analogia a outros casos contra o torturador, como recentemente sugeriu Scharf,[99] deve ser afastada.

Scharf sustenta que as declarações biográficas dos detidos do centro de tortura Tuol Sleng dos Khmer Vermelhos (*Khmer Rouge*) deveriam ser admitidas como prova no juízo contra os líderes dos Khmer Vermelhos diante das Câmaras extraordinárias do Tribunal internacional estabelecido pela ONU.[100] Scharf estava bem cônscio do risco que tal exceção acarretaria ao art. 15 CT-ONU e, por consequência, propunha quatro critérios que deveriam ser satisfeitos para que um tribunal pudesse considerar a prova obtida mediante tortura. Primeiro, tal prova nunca deveria ser utilizada em um processo em que a vítima do abuso é o acusado. Segundo, nunca deveria ser utilizada quando as autoridades de persecução estiveram direta ou indiretamente envolvidas nos atos de maus-tratos. Terceiro, tal prova tampouco poderia ser considerada, a

---

97 Nowak, M./Mcarthur, E., The UN Convention against Torture, Oxford, OUP, 2008, Art. 15 n. 2, p. 75 ss., 88; no mesmo sentido *Esser*, A. "EGMR in *Sachen Gäfgen vs. Deutschland* (22978/05), Urt. v. 30.06.2008", em *NStZ*, 2008, p. 657-662, p. 659; no resultado também Möhlenbeck, *supra*, nota 46, p. 162 ss.

98 *A and others vs. Secretary of State for the home Department* (No 2) [2004] EWCA Civ 1123, [2005] 1 WLR 414, também disponível na internet: <www.bailii.org/ew/cases/EWCA/Civ/2004/1123.html> (consultado pela última vez em 25 de fevereiro de 2008), par. 448 [adiante em *A and others*, EWCA].

99 Scharf, nota *supra* 62, p. 159 ss.

100 Ver <www.eccc.gov.kh>; para uma explicação geral do marco jurídico ver Kashyap, S., "The Framework of Prosecutions in Cambodia", en Ambos, K./ Othman, M., *New Approaches in International Criminal Justice*, Freiburg i.B., ed. iuscrim, 2003, p. 189-205.

menos que fosse suficientemente corroborada. Quarto, não deveria ser admitida se, com esforços razoáveis, a autoridade de persecução pudesse obter prova não viciada que fosse bastante e efetiva a fim de estabelecer a responsabilidade penal.[101] Ainda que seja difícil aceitar que acusados, como os lideres dos Khmer Vermelhos, tirem vantagem do art. 15 CT-ONU, isto é, uma disposição que certamente não estava destinada a ampará-los quanto à responsabilidade penal, o dano causado à legitimidade de um processo contra torturadores *que se baseia essencialmente em prova obtida mediante tortura* não deveria ser subestimado e certamente não pode ser superado pelos quatro critérios propostos por Scharf. Com efeito, estes critérios não se relacionam com a questão da integridade do processo, mas sacrificam estas considerações em nome da "eficiência probatória" [*evidentiary efficiency*] com vistas a condenar acusados com a maior facilidade possível. Tal "flexibilidade", que se exemplificou recentemente no processo contra Saddam Hussein,[102] prejudica, a longo prazo, a justiça penal internacional.

*b) O impacto do art. 15 CT-ONU no direito doméstico*

A CT-ONU, como tratado internacional, não tem força vinculante no direito local, a menos que tal força venha por efeito de uma incorporação explícita no direito nacional local, seja através de um ato do parlamento, seja através de lei, e, além disso, tal pode se dar em algumas jurisdições do *commom law,* através de princípios do direito consuetudinário internacional.[103] Isso significa que a CT-ONU somente é parte do direito alemão, mas não do direito doméstico inglês, porque somente no primeiro o ato legislativo correspondente foi adotado ou ratificado pelo parlamento.[104] Assim, para que o tratado em questão possa ser aplicado diretamente (em parte) por tribunais locais, dependerá da natureza e conteúdo de suas normas, isto é, se elas são suficientemente claras e

---

[101] Scharf, nota *supra* 62, p. 170.

[102] ["flexibility"]; Ver Ambos, K./Said, P., "Das Todesurteil gegen Saddam Hussein", en *Juristen Zeitung* ["JZ"], 2007, n. 62, p. 822-828.

[103] A respeito do Reino Unido, ver *A and others*, HL, *supra*, nota 82, par. 27 (Lord Bingham) com ulteriores referências; a respeito da Alemanha ver o art. 59 (2) da Lei Fundamental (*Grundgesetz*); ver também Doehring, K., Völkerrecht, Heidelberg, Müller, 2.ed. 2004, n. 708 ss.; Malanczuk, P., Akehurst's modern introduction to international law, London, Routledge, 7.ed. 2007, p. 65 ss.

[104] BGBl. 1990 II p. 246.

precisas para serem "autoexecutáveis" (*self executing*) com relação aos agentes, sem a necessidade de um esclarecimento posterior por disposições legais locais.[105] Por outro lado, o efeito desse tratado estaria limitado a uma imposição de uma obrigação geral de adaptação da ordem jurídica aos objetivos estabelecidos por suas regras.[106]

No caso *A and Others,* o juiz Lord Neuberger negou que o art. 15 CT-ONU fosse autoexecutável nos tribunais ingleses, visto que só é dirigido a "todo Estado-parte".[107] Contudo, este não é um argumento convincente, já que os tratados internacionais nem sempre distinguem entre o governo e os outros órgãos do Estado.[108] Pois bem, o fato de que o art. 15 CT-ONU obriga os Estados-parte, ou signatários, a assegurar que a prova obtida mediante tortura não seja invocada em processos (judiciais), dá a entender que está dirigido ao Poder Judiciário.[109] O mesmo ponto de vista foi seguido pelo Tribunal Federal Constitucional alemão (*Bundesverfassungsgericht*),[110] ainda que a jurisprudência do Comitê contra a tortura da ONU e tal prática pelos Estados não sejam uniformes.[111] Seja como for, o Tribunal Superior estadual de Hamburgo aplicou o art. 15 CT-ONU como uma regra de exclusão local "autoexecutável".[112] Ainda quando não se queira ir tão longe, em posição adversa a uma concepção dualista, não se pode negar que o art. 15 CT-ONU é obrigatório para os Estados-parte da CT-ONU e, como tal, essa disposição influencia as respectivas interpretações do direito e práticas locais. Por conseguinte, a *House of Lords* utilizou corretamente o art. 15 CT-ONU como uma pauta

---

105 Ver Doehring, *supra*, nota 103, n. 731, 735; Herdegen, M., Völkerrecht, München, Beck, 7. ed. 2008, § 22 n. 5; Kunig, P., em Vitzhum, W. G. (ed.), Völkerrecht, Berlin, de Gruyter Recht, 3.ed. 2004, n. 99.

106 Ver também Thienel, *supra*, nota 3, p. 351 ss.

107 *A and others*, EWCA, *supra*, nota 98, par. 435 ["each state party"].

108 Ver, por exemplo, o art. 6 I CEDH; ver também OLG Hamburg, *El Motassadeq*, *supra*, nota 85, p. 2328; Thienel, nota *supra* 3, p. 352.

109 Ver também Thienel, nota *supra* 3, p. 352.

110 BVerfG, decisão de 31 de maio de 1994 *reimpressa em*: NJW, 1994, n. 47, p. 2883 ss.

111 Para uma discussão ver também Thienel, *supra*, nota 3, p. 353.

112 OLG Hamburg, *El Motassadeq*, *supra*, nota 85, p. 2326: "innerstaatlich unmittelbar geltendes und im Strafverfahren zu beachtendes Verbot der gerichtlichen Verwertung ...." ["diretamente vigente no direito interno e proibição de valoração judicial a observar no processo penal..."].

para se interpretar o direito doméstico inglês e suas obrigações segundo o CEDH.[113]

*2. O art. 6 (1) do Convênio Europeu de Direitos Humanos*

No CEDH não há uma regra de exclusão a respeito da prova obtida mediante tortura. A proibição de tortura do art. 3 CEDH não se refere à questão das consequências processuais pela violação deste direito, e em particular não estabelece uma regra de exclusão.[114] Apesar disso, tal regra pode ser inferida de uma interpretação sistemática e teleológica do princípio do julgamento justo (justo processo) consagrado no art. 6 (1) do CEDH em concordância com o art. 3 do CEDH.

O Tribunal Europeu de Direitos Humanos (TEDH) não prescreve regras de admissibilidade de prova, pois nesse ponto deixa aos Estados-parte uma ampla discricionariedade.[115] Este Tribunal somente examina – através de uma espécie de avaliação do efeito geral – se o processo em sua totalidade foi justo. Por conseguinte, em *Schenk vs. Switzerland*, o Tribunal sustentou que sua tarefa não era decidir "como uma questão de princípio e em abstrato" se a prova – que foi obtida em contrariedade ao direito local – pode ser admissível em juízo sem privar o recorrente de seu direito a um julgamento justo, e sim analisar se o processo em sua totalidade foi justo.[116] Adotando este ponto de vista, o TEDH enfatizou,

---

[113] *Idem, A and others*, HL, nota *supra* 82, par. 27 (Lord Bingham): Os recorrentes "rely on the well established principle that the words of a United Kingdom statute, passed after the date of a treaty and dealing with the same subject matter, are to be construed, if they are reasonably capable of bearing such a meaning, as intended to carry out the treaty obligation and not to be inconsistent with it" ["se baseiam no muito confiável princípio de que o texto de uma lei do Reino Unido, aprovada logo em data próxima de um tratado e referindo-se ao mesmo tema, deve ser interpretado, se razoavelmente é capaz de ter tal significado, como se estivesse destinado a cumprir a obrigação do tratado e não como se fosse incompatível com ele"] (com citação de *Garland vs. British Rail Engineering Ltd.* [1983] 2 AC 751, 771).

[114] Zur Begründung eines Verwertungsverbots nun Esser, *supra*, nota 97, p. 658 s.

[115] *Schenk vs. Switzerland*, Eur. Ct. H.R., Application n. 10862/84, par. 46 (12 de Julho de 1988); *Miailhe vs. France* n.2 Eur. Ct. H.R., Application n. 18978/91, par. 43 (26 de setembro de 1996).

[116] *Schenk vs. Switzerland*, *supra*, nota 115, par. 46 ["as a matter of principle and in abstract"].

em julgado, o fato de que a conversação telefônica gravada ilicitamente não era a única prova sobre a qual se baseava a condenação do acusado,[117] pois tal imputado teve oportunidade suficiente para questionar a autenticidade da gravação.[118] Por isso, no caso de prova obtida em violação ao art. 8 CEDH (direito a uma vida privada e familiar), o TEDH estabeleceu que a admissão de tal prova somente viola o art. 6 (1) CEDH se o processo no todo não for justo.[119] *In casu,* o TEDH negou a violação, levando em consideração a sua natureza e a oportunidade do acusado de questionar a autenticidade da prova envolvida.[120]

O TEDH adotou, contudo, um ponto de vista diferente a respeito dos tratamentos desumanos e degradantes de acordo com o art. 3 CEDH. No caso *Jalloh vs. Germany*,[121] declarou – logo após repetir o princípio geral de uma avaliação geral – que a respeito da prova obtida mediante métodos constitutivos para uma avaliação do art. 3 CEDH eram aplicáveis considerações diferentes, visto que esta norma protege um dos valores mais fundamentais da sociedade e, diferentemente de outra disposição, não admite exceções.[122] Ainda que o TEDH tenha deixado aberta a questão sobre se a admissão da prova obtida por tratamentos

---

117 *Idem,* par. 48.

118 *Idem,* par. 47; *Kahn vs. United Kingdom*, Eur. Ct. H.R., Application n. 35394/97, par. 38 (12 de mayo de 2000).

119 *Kahn vs. United Kingdom*, *supra*, nota 118, par. 34; ver também *P.G. and J.H. vs. United Kingdom*, Eur. Ct. H.R., Application n. 44787/98, par. 76 ss. (25 de setembro de 2001) enfatizando que a prova viciada era "not the only evidence against the applicants" ["não era a única prova contra os recorrentes"] (par. 79).

120 *Kahn vs. United Kingdom*, nota *supra* 118, par. 38 ss.; P.*G. and J.H. vs. United Kingdom*, Eur. Ct. H.R., Application n. 44787/98, par. 79 ss. (25 de setiembre de 2001). Ver também Meyer-Ladewig, J. Europäische Menschenrechtskonvention, Handkommentar, Baden-Baden, Nomos, 2. ed. 2006, art. 6 n. 55b.

121 No caso *Jalloh vs. Germany* a polícia havia ministrado à força no recorrente, que era suspeito de tráfico de drogas, um remédio para causar vômito, com o fim de obter a droga escondida em seu corpo e utilizado essa como evidência contra o acusado.

122 *Jalloh vs. Germany*, Eur. Ct. H.R, Application n. 54810/00, par. 99 (11 de Julho de 2006).

desumanos e degradantes converte por si só o processo em injusto,[123] foi mais explícito a respeito da tortura:

> "(...) prova incriminatória – seja em forma de uma confissão ou de uma prova material – obtida como resultado de atos de violência ou brutalidade ou outras formas de tratamento que possam ser caracterizados como tortura nunca deveria ser usada como prova da culpabilidade da vítima, independentemente de seu valor probatório. Qualquer outra conclusão somente serviria para legitimar indiretamente o estigma de conduta moralmente repreensível que os autores do artigo e da Convenção tentaram proibir (...)."[124]

De alguma forma, com essa clara exclusão da prova obtida mediante tortura o TEDH deu ênfase à natureza e à gravidade da violação e, com isso, fez o mesmo que havia feito *in abstracto* no caso *Kahn vs. UK*.[125] Também vale a pena mencionar que o TEDH limitou o alcance de sua afirmação à "prova incriminadora (…) usada como prova de culpabilidade da vítima",[126] permitindo assim, aparentemente, a admissão de prova obtida mediante tortura, se for a favor do acusado. Ainda que este ponto de vista possa render homenagem ao amplo direito à defesa do acusado, o art. 6 (3) (c) CEDH está em conflito, todavia, com a *ratio* da regra de exclusão do art. 15 CT-ONU e, em consequência, deveria ser refutado.[127]

Porém, o TEDH confirmou sua posição no caso *Harutyunyan vs. Armenia*. A questão do caso referia-se ao fato de que o acusado havia sido privado de um processo justo por razão da admissão de sua confissão

---

123 *Idem,* par. 107.

124 *Idem,* par. 105.

125 *Kahn vs. United Kingdom, supra*, nota 118, par. 34 ["[i]ncriminating evidence – whether in the form of a confession or real evidence – obtained as a result of acts of violence or brutality or other forms of treatment which can be characterised as torture should never be relied on as proof of the victim's guilt, irrespective of its probative value. Any other conclusion would only serve to legitimate indirectly the sort of morally reprehensible conduct which the authors of Article 3 of the Convention sought to proscribe (...)."].

126 ["incriminating evidence (…) relied on as proof of the victims guilt"].

127 Para um enfoque flexível Pattenden, *supra*, nota 40, p. 11, 36 ss., que sustenta que a exclusão depende da importância da prova para o acusado; se é crucial para sua defesa, a exclusão seria injusta; ver também *infra* nota 159 y no texto principal.

e de outras declarações incriminatórias de terceiros que haviam sido obtidas mediante tortura. O TEDH resolveu – recordando expressamente os princípios desenvolvidos no caso *Jalloh vs. Germany*[128] – que "independentemente do impacto que as declarações obtidas sob tortura tiveram sobre o resultado do processo penal contra o recorrente, o uso desta prova converte seu processamento como um todo em um processo injusto".[129] Logo, depois desta conclusão, o tribunal não entendeu necessário ocupar-se com a diferente questão sobre se a admissão da prova obtida mediante tortura lesiona o direito a não se autoincriminar (*nemo tenetur se ipsum accusare*).[130] Ainda que o alcance deste direito se limite às declarações incriminatórias em prejuízo do acusado, é altamente relevante em nosso caso.[131] Esse direito, ainda que não explicitamente mencionado pelo art. 6 CEDH, é um princípio internacionalmente reconhecido e, de certa forma, uma outra vertente da presunção de inocência consagrada no art. 6 (2) CEDH.[132] Dele se segue que a autoridade de persecução penal deve tentar provar as acusações sem recorrer à prova que tenha sido obtida do acusado mediante supressão de sua vontade. Caso contrário, o tribunal deve decidir se o uso de tal prova constitui uma violação não justificada do direito à luz de todas as circunstâncias do caso.[133] Dado que sua razão subjacente é respeitar e proteger a vontade do acusado e evitar uma injustiça (*miscarriage of justice*),[134] é evidente que qualquer declaração obtida mediante tortura – enquanto método que explicitamente se propõe a quebrar a voluntariedade do suspeito e tende a produzir confissões falsas – constitui uma flagrante violação deste direito

---

128 *Harutyunyan vs. Armenia*, Eur. Ct. H.R., Application n. 36549/03, par. 63 (28 de junho de 2007).

129 *Idem,* par. 66 ["regardless of the impact of the statements obtained under torture had on the outcome of the applicant's criminal proceedings, the use of this evidence rendered his trial as a whole unfair."].

130 *Idem,* par. 67.

131 Ver também THIENEL, *supra*, nota 3, p. 356-357, 362; *idem*, nota *supra* 92, p. 404 (sem outros argumentos).

132 MEYER-LADEWIG, *supra*, nota 120, art. 6 n. 52. Ver também, a respeito dos tribunais penais internacionais: AMBOS, K., "The Right of Non Self-incrimination of Witnesses Before the ICC", en *Leiden Journal of International Law,* 2002, n. 15, p. 155-177, p. 156 ss.

133 *Saunders vs. United Kingdom,* Eur. Ct. H.R., Application n. 19187/91, par. 68 ss. (17 de dezembro de 1996).

134 *Idem,* par. 68 ss.

e, por consequência, deve ser excluída para preservar um julgamento justo. *Last but not least*, no recente caso *Gäfgen*,[135] a Corte distinguiu entre o uso da prova que é resultado da violação de um direito do art. 3 CEDH e o uso daquela que é somente fruto (indireto) de tal violação. Enquanto no primeiro caso a prova "nunca deveria estar baseada na violação para provar a culpabilidade da vítima, independentemente de seu valor probatório",[136] no último caso há pelo menos uma "forte presunção" de que o uso de tal prova caracterizaria o julgamento, em seu conjunto, como injusto.[137]

Em suma, a jurisprudência recente do TEDH considera que a admissão da prova obtida mediante tortura lesa o julgamento justo no sentido do art. 6 (1) CEDH, visto que a tortura é tão grave que seu uso converteria o procedimento em seu conjunto em injusto.[138] Ainda que o tribunal não se refira especificamente ao uso "transnacional" da prova obtida mediante tortura, a jurisprudência analisada, especialmente com relação à importância dada à proteção frente a tortura, dá a entender que para o tribunal seria indiferente se a prova foi obtida por meio de tortura provocada por terceiros ou não. Com efeito, no caso *Schenk vs. Switzerland*, o Tribunal não questionou o fato de que a gravação tivesse sido feita por um particular, quer dizer, neste caso, tal como no caso de autoridades nacionais estrangeiras, apesar de não poder ser atribuída diretamente ao

---

135 *Gäfgen vs. Germany*, Eur. Ct. H. R., Application n. 22978/05, par. 99, 105 ss. (30 de junho de 2008).

136 *Ibidem*, par. 99 ["should never be relied on as proof of the victim's guilt, irrespective of its probative value"].

137 *Ibidem*, par. 105 ["strong presumption"].

138 No mesmo sentido Pattenden, nota *supra* 40, p. 34 ss.; Gaede, K., Fairness als Teilhabe – Das Recht auf konkrete und wirksame Teilhabe durch Verteidigung gemäß Art. 6 EMRK, Berlin, Duncker & Humblot, 2007, p. 322; Thienel, *supra*, nota 92, 404; Lubig, S./Sprenger, J., "Beweisverwertungsverbote aus dem Fairnessgebot des Art. 6 EMRK in der Rechtsprechung des EGMR", em *ZIS*, disponível em <www.zis-online.com>), 2008, n. 3, p. 433-440, p. 439, quem contudo somente quer aceitar a proibição de valoração em caso de violação dos direitos de participação; Talmon, S., "Der Anti-Terror-Kampf der USA und die Grundrechte", en Kämmerer, A. (coord.), An den Grenzen des Staates, Berlin, Duncker & Humblot, 2008, p. 75, p. 94 ss., quem de modo similar ressalta o "Anspruch auf materielle Beweisteilhabe" ["direito à participação material na produção da prova"] (p. 98); Esser, nota *supra* 97, p. 661 s. Com uma tripla diferenciação; Möhlenbeck, *supra*, nota 46, p. 171.

Estado, embasou-se essencialmente na natureza da violação, com consideração de uma ponderação de interesses.[139] Isso significa que a questão decisiva é a natureza da violação – como o interesse lesado do acusado – e tal prevaleceria sobre o interesse do Estado em utilizar a dita prova e por consequência converteria o processo no seu todo em injusto. É interessante notar que à mesma conclusão chegou a Câmara dos Lordes em sua decisão no caso *A and others*. Embora no momento da decisão dos Lords o TEDH não houvesse ainda decidido o caso *Harutyunyan vs. Armenia*, Lord Bringham of Cornhill expressou que ele tinha poucas dúvidas acerca da convicção de que o tribunal havia considerado que a admissão de prova obtida mediante tortura constitui uma violação ao art. 6 (1) da CEDH.[140] Para chegar a esta conclusão, os Lords invocaram o art. 15 da CT-ONU para interpretar a garantia do julgamento justo do art. 6 CADH,[141] incorporado pelo direito britânico doméstico através da Lei de Direitos Humanos de 1998 (*Human Rights Act 1998*).[142] Este enfoque está correto, visto que o art. 31 (3) (c) da Convenção de Viena sobre o direito dos Tratados[143] prevê que "toda norma pertinente de direito internacional aplicável às relações entre as partes" deverá ser tomada em consideração para interpretar os tratados internacionais. O mesmo TEDH invocou a definição de tortura do art. 1 de la CT-ONU para dar ao termo tortura do art. 3 CEDH um significado mais concreto.[144] A referência ao art. 15 CT-ONU também é convincente, porque é a única disposição com alcance universal que se ocupa explicitamente da questão discutida neste estudo e dá a ela uma clara resposta, isto é, a absoluta exclusão da prova obtida mediante tortura, independentemente de sua proveniência. Dado o status da CT-ONU como tratado internacional e a importância

---

139 Ver também Thienel, nota *supra* 3, p. 362.

140 *A and Others*, *HL*, *supra*, nota 82, par. 26 (Lord Bingham). Ver também Pattenden, nota *supra* 40, p. 13 enfatizando corretamente a gravidade da violação.

141 *A and others*, HL, *supra*, nota 82, par. 29 (Lord Bingham).

142 May, R./Powles, S., *Criminal Evidence*, London, Sweet & Maxwell, 5. ed. 2004, p. 369; La *Human rights Act 1998* está disponível na internet: <www.opsi.gov.uk/acts/acts1998/ukpga_19980042_en_1> (consultada pela última vez em 25 de fevereiro de 2008).

143 Adaptada em 22 de maio de 1969; em vigor desde 27 de janeiro de 1980, UN-Treaty Series vol. 1155, p. 331.

144 *Selmouni vs. France*, E. Ct. H.R., Application n. 25803/94, par. 97 (28 de julho de 1999).

fundamental da proibição de tortura em direito internacional, esta é uma resposta final e de autoridade acerca do problema.

## II. O uso "transnacional" de prova obtida mediante tortura a luz da tradição do *civil law* alemã e da *common law* inglesa

Como resultado das referências esporádicas ao direito (jurisprudencial) alemão e inglês no texto precedente, a posição destas jurisdições em relação a nossa questão é muito similar. Visto que estas jurisdições pertencem a diferentes famílias jurídicas (o *civil law* romano-germânico e o *common law* anglo-americano), e, não obstante, se aproximam, mesmo que por razões diferentes, no que tange ao problema da prova obtida ilicitamente, com um resultado similar ou idêntico com relação à questão da prova obtida mediante tortura, o que produz um forte argumento e um ponto de partida para um princípio geral de direito no sentido do art. 38 (c) do Estatuto da Corte Internacional de Justiça.

### *1. Alemanha: o § 136 da Ordenação Processual Penal*

A questão do uso da prova obtida ilicitamente na Alemanha foi enormemente influenciada pela teoria de Ernst Beling das "proibições probatórias" (*Beweisverbote*), publicada em 1903.[145] A ideia básica desta teoria é que o interesse público em averiguar a verdade em um processo penal pode ser superado por interesses privados protegidos como direitos ou garantias fundamentais. Como o Supremo Tribunal Federal alemão (*Bundesgerichtshof; BGH*) assinalou: ainda que o objetivo do processo penal seja descobrir a verdade, em um Estado constitucional a verdade não poder ser perseguida a qualquer preço.[146] O § 136a da Ordenação Processual Penal Alemã (OPP) contém uma regra de exclusão obrigatória para toda prova obtida mediante tortura pelas autoridades nacionais. Embora a "tortura" não esteja expressamente mencionada n. 1 (seção – apartado) do dispositivo, os métodos enumerados neste número podem se constituir em tortura. Ainda que existam muitas regras na OPP destinadas à salvaguarda de direitos individuais, o § 136a é um dos poucos casos em que o direito explicitamente dispõe sobre uma proibição absoluta em utilizar em um processo tal prova ilícita. A razão de tal regra estrita de exclusão

---

145 Beling, *supra*, nota 4; ver também *Senge*, nota *supra* 4, antes do § 48 n. 20.

146 Decisão de 14 de junho de 1960, *supra*, nota 9, p. 365 = 1582; ver também a decisão de BGH de 17 de março de 1983, nota *supra* 9, p. 309 = 1571.

é a proteção da dignidade humana, consagrada no art. 1 da *Grundgesetz* (Lei Fundamental Alemã ou Constituição Alemã), a *Grundnorm* (norma fundamental) da Constituição alemã.[147] Forçar o acusado, por meio de torturas ou meios similares, a prestar uma declaração ou interrogatório o degradaria a "objeto" do procedimento penal, o qual é incompatível com seu *status* de parte processual[148] e com a sua dignidade. A regra de exclusão também é aplicável aos depoimentos das testemunhas.[149]

Ainda que o § 136a OPP se dirija de maneira explícita unicamente às autoridades nacionais[150] e, em consequência, não seja diretamente aplicável a terceiros,[151] incluídas nestes as autoridades estrangeiras, é geralmente reconhecido que, independentemente de sua origem, a prova não pode ser utilizada se foi obtida de uma maneira que constitua uma violação particularmente grave à dignidade do acusado. Em tal situação, por exemplo, no caso da prova obtida mediante tortura, há de ser aplicado analogicamente o § 136a (3) OPP.[152] De fato, no caso *Motassadeq*, o Tribunal Superior estadual de Hamburgo entendeu que a regra de exclusão também é aplicável em caso de prova obtida mediante tortura

---

[147] BVerfG, decisão de 19 de outubro de 1983, em *NJW*, 1984, n. 37, p. 428 ss., p. 428; BGH, decisão de 16 de fevereiro de 1954, en BGHSt 5, p. 332, p. 333 = *NJW*, 1954, n. 7, p. 649 ss., p. 649.

[148] BGH, decisão de 16 de fevereiro de 1954, *supra*, nota 147, p. 333 = 649: "Der Beschuldigte ist Beteiligter, nicht Gegenstand des Strafverfahrens" ["O imputado é um sujeito, não um objeto do processo penal"] (argumento contra o uso de um detector de mentiras).

[149] O § 69 III OPP estabelece que o § 136 a OPP também é aplicável às testemunhas.

[150] BGH, decisão de 6 de dezembro de 1996, en BGHSt 17, p. 14, p. 19 = *NJW*, 1962, n. 15, p. 598 ss., p. 598; Meyer-Gossner, L., *Kurzkommentar zur Strafprozessordnung*, München, C.H.Beck, 50.ed. 2007, § 136 a, n. 2.

[151] Meyer-Gossner, nota *supra* 150, § 136 a n. 3.

[152] OLG Hamburg, *El Motassadeq*, nota *supra* 85, segundo princípio guia tal como citado *supra* na nota 88; Meyer-Gossner, *supra*, nota 150, § 136a n. 3; Jahn, nota *supra* 4, C 102, 103; vide também a decisão do Tribunal Superior estadual de Celle (OLG Celle) de 19 de setembro de 1984, em *NJW*, 1985, n. 38, p. 640 ss., p. 641 (sobre a aplicação análoga do princípio do *nemo tenetur* a particulares); deixando a questão aberta recentemente *BGH*, NStZ, 2008, p. 643. Para uma proibição de valoração probatória de resultados obtidos por particulares por meios penalmente puníveis ou mediante violação da dignidade humana cfr. Decisões 12 c) cc) und dd) da Seção de Direito Penal do 67. *DJT* 2008, nota *supra* 4.

por órgão de outro Estado.[153] Por várias razões, realmente, este é o ponto de vista correto. Antes de mais nada, o uso de tal prova por um tribunal nacional seria em si mesmo uma violação das obrigações a que o Estado se comprometeu pela CT-ONU. Como se concluiu anteriormente (C.I.1.a)), o art. 15 CT-ONU exclui qualquer declaração obtida mediante tortura, independentemente de sua origem. Além disso, uma leitura conjunta das obrigações que derivam da CT-ONU, em particular dos arts. 2 (1), 4 e 14 (1), e o *status* de *ius cogens* da proibição levam à conclusão de que o Estado deve fazer tudo que está dentro de seu alcance e autoridade para prevenir e abster-se de consentir com práticas de tortura.[154] Ainda que a obrigação do Estado de proteção das pessoas frente à submissão à tortura, inclusive aquelas levada a efeito por particulares,[155] somente possa se estender a seu território,[156] cabe aos tribunais a decisão de aceitar ou não em um processo penal a prova obtida mediante tortura por parte de autoridades de outro Estado. Caso se aceitasse esta prova, se passaria a impressão ou sinalização contraditória de que a tortura por alguns é inadmissível, mas por outros poderia ser tolerada, como se isso alterasse a natureza do ato de tortura como ataque patente à dignidade humana. Admitir a prova obtida mediante tortura prejudicaria, portanto, o efeito dissuasivo geral da regra de exclusão, isto é, para dissuadir as autoridades nacionais – ou neste caso: estrangeiras – do uso da tortura.[157]

---

[153] OLG Hamburg, *El Motassadeq*, *supra*, nota 85, terceiro princípio guia tal como citado *supra* en la nota 88 p. 2329; no mesmo sentido também Meyer-Gossner, nota *supra* 150, § 136 a n. 3; Gless, S., em *Löwe-Rosenberg, Strafprozessordnung und das Gerichtsverfassungsgesetz*, Tomo 2, Berlin, de Gruyter, 25.ed. 2004, § 136a n. 79.

[154] No mesmo sentido Lord Bingham, *A and others*, HL, *supra*, nota 82, par. 34: "There is reason to regard it a duty of state, (...) to reject the fruits of torture inflicted in breach of international law" ["Há razão para considerar um dever de Estado (...) recusar o fruto de tortura infligida em infração ao direito internacional"] (remetendo à várias fontes internacionais); também Thienel, *supra*, nota 3, p. 363 ss.; criticamente Pattender, nota *supra* 40, p. 15 ss.; Scharf, nota *supra* 62, p. 23.

[155] Meyer-Ladewig, *supra*, nota 120, art. 3 n. 3.

[156] Cf. art. 2 (1) CT-ONU: "sob sua jurisdição"; art. 3 CEDH em conjunto com art. 1 CEDH: "de sua jurisdição"; no mesmo sentido Thienel, nota *supra* 3, p. 361; para uma possível aplicação extraterritorial da CEDH a casos de extradição ver *infra* C. III.

[157] Para a maioria da doutrina alemã esse efeito dissuasivo é somente um efeito colateral, ver Volk, K., *Grundkurs StPO*, München, Beck, 5.ed. 2006, § 28 n. 7;

Em segundo lugar, o uso de prova obtida por meio de tortura no processo se traduziria em duplo atentado para a vítima da tortura, atacando novamente sua dignidade, o que a tornaria duplamente vitimada.[158] Em terceiro lugar, a não confiabilidade da prova obtida por meio de tortura, antes demonstrada (B. I. 1.), seria uma outra razão para não se admitir tal evidência, e tal condição não é alterada em razão da origem da prova. Por último, mas não por isso tal fundamento é menos importante: a prova obtida sob tortura que é admitida no processo traduz-se sempre em lesão, seja qual for a sua origem (proveniente de terceiro ou de agente estatal), no que diz respeito à integridade do processo, tornando-o injusto (ver *supra* B. I. 2.).

Pelas mesmas razões, não parece que deva ser feita uma exceção à aplicação estrita da regra de exclusão a casos em que a prova obtida mediante tortura opere a favor do acusado.[159] O fato de que o § 136a PPP está destinado, em princípio, a proteger o acusado não muda a avaliação crítica conjunta do uso de prova obtida por meio de tortura. O efetivo exercício do direito de defesa (ver *supra* I. I. 2.) não depende de aferição sobre se a admissão da prova obtida mediante tortura seja favorável ou não ao acusado.

---

criticamente sob a perspectiva do *common law* ROBERTS/ZUCKERMAN, nota *supra* 14, p. 155 ss.; para MAY/POWLES, *supra*, nota 142, p. 298, não é função dos tribunais disciplinar a polícia; ZANDER, M., *The Police and Criminal Evidence Act 1984*, London, Sweet & Maxwell, 5.ed. 2005, p. 362, faz referência à crítica da *Philips Royal Commission* [N. del T.: o autor se refere à Comissão Real sobre Procedimento Penal – *Royal Commission on Criminal Procedure*- presidida por Cyril Philips e que apresentou seu relatório em janeiro de 1981].

158 Ver VOLK, *supra*, nota 157, § 28 n. 35.

159 Esse é o ponto de vista majoritário: BAUJONG, K. em *Karlsruher Kommentar zur Strafprozessordnung*, München, Beck, 5. ed. 2003, § 136a n. 37; *Diemer*, H., em *ibidem*, 6. ed. 2008, § 136a n. 37; HANACK, E.-W., em *Löwe-Rosenberg*, Strafprozessordnung und das Gerichtsverfassungsgesetz, Tomo 2, Berlin, de Gruyter, 25. ed. 2004, p. 63; GLESS, nota *supra* 153, § 136a n. 71; MEYER-GOSSNER, nota *supra* 150, § 136 a n. 27; VOLK, nota *supra* 157, § 28 n. 24; para uma exceção DENCKER, F., *Verwertungsverbote im Strafprozeß*, Köln, Heymann, 1977, p. 73 ss.; ver também BGH, decisão de 7 de maio de 1953, em BGHSt 5, p. 290, p. 290-291 segundo qual a proibição do § 136a OPP não depende do resultado obtido (distinguindo *in casu* entre uma confissão verdadeira e uma falsa). Vide para uma discussão internacional nota *supra* 127 e o texto respectivo.

*2. Grã- Bretanha: Regra de exclusão?*

A abordagem do *common law* quanto à admissão da prova (não somente da confissão) pode ser descrita como abertamente "liberal" e sem princípios definidos, admitindo-se basicamente toda evidência que for considerada relevante.[160] Uma conhecida frase de um juiz do século XIX expressa a situação da seguinte forma: "não importa como se obtém a prova: sendo que mesmo as roubadas ou subtraídas, seriam admissíveis".[161] Somente ao final do último século essa posição tornou-se mais restritiva, permitindo aos juízes excluir uma prova relevante,[162] se esta foi obtida ilegalmente e sua admissão tenha sido contrária a um julgamento justo ou lesionaria a regra da não autoincriminação.[163] O grande avanço atual, dando mais peso às considerações dos princípios de direitos humanos, foi levado a cabo com a Lei de Polícia e Prova Criminal de 1984 (*Police and Criminal Evidence* Act 1984, PACE)[164] e com a Lei de Direitos Humanos de 1988 (*Human Rights Act* 1998) que incorporou o CEDH, e especialmente seu artigo 6.[165] O sistema atual pode ser descrito ainda como flexível, pois em geral a admissão da prova é decidida com base em uma análise do caso concreto por meio de uma ponderação de interesses (direitos vs. Condenação).[166]

As seções 76 (2) e 76A (2) PACE preveem que as confissões obtidas por meio de "opressão" ou através de um interrogatório que sejam "não

---

[160] Ver May/Powles, nota *supra* 142, p. 285-286; Roberts/Zuckerman, nota *supra* 13, p. 148 ss.; Zander, nota *supra* 157, p. 360.

[161] Citado segundo May/Powles, nota *supra* 142, p. 286.

[162] Sobre a importância da relevância como a primeira questão de admissibilidade Roberts/Zuckerman, nota *supra* 14, p. 96, 98 ss., p. 150-151.

[163] Cf. May/Powles, nota *supra* 142, p. 286 ss.

[164] Sobre sua importância ver Zander, nota *supra* 157, p. 360 ss. (366); Roberts/Zuckerman, nota *supra* 14, p. 147.

[165] A doutrina fala neste contexto de "constitucionalização"do direito à prova penal, ver Roberts/Zuckerman, *supra*, nota 14, p. 175; ver também May/Powles, nota *supra* 142, p. 304-306.

[166] Roberts/Zuckerman, nota *supra* 14, p. 162: "sensible relationship of proportionality between the seriousness of a rule violation and the implications for justice and public safety of excluding evidence ...". ["sensata relação de proporcionalidade entre a gravidade da violação de uma regra e as implicações para a justiça e a segurança pública da prova a excluir..."].

confiáveis" *não* "deverão" ser admitidas como evidência ou prova.[167] Esta é uma regra de exclusão[168] que primeiramente estava justificada na inerente falta de confiabilidade de tal evidência e, logo depois, no princípio do *nemo tenetur* e na importância de um adequado comportamento da polícia no que diz respeito às pessoas sob sua custódia.[169] O termo "opressão" deve ser entendido de maneira ampla, incluindo, em particular, a tortura (subseção 8).[170] De acordo com a seção 78, o tribunal pode excluir uma prova que possa ter um "efeito adverso em relação a um processo justo".[171] Portanto, o juiz tem a discricionariedade[172] para

---

167 ["oppression"], ["unreliable"], ["shall not"].

168 Ver também *A and others, HL, supra,* nota 82, par. 15, em que Lord Bingham expressa que a importância do princípio reside no fato "that common law has refused to accept that oppression [...] should go to the weight rather than the admissibility of the confession" ["que o common law recusou-se a aceitar que a opressão [...] deva se referir ao peso mais que à admissibilidade da confição"].

169 *Idem,* par. 16-17 com outras referências. Ver também ZANDER, nota *supra* 157, p. 342.

170 [oppression]; Ver ZANDER, nota *supra* 157, p. 347 ss.

171 ["adverse effect on the fairness of the proceedings"]; O texto completo é mais complicado: "In any proceedings the court may refuse to allow evidence on which the prosecution proposes to rely to be given if it appears to the court that, having regard to all the circumstances, including the circumstances in which the evidence was obtained, the admission of the evidence would have such an adverse effect on the fairness of the proceedings that the court ought not to admit it." ["Em qualquer processo, a Corte pode se negar a aceitar prova que a autoridade de persecução propõe que seja levada em conta, se a Corte estima, considerando todas as circunstâncias, incluídas as circunstâncias em que a prova foi obtida, que a admissão da prova teria tal efeito adverso para um processo justo que a corte não deva admiti-la".].

172 Ver também a seção 82 (3) *Pace* que dispõe que nada da parte VIII da Lei (se refere à prova no procedimento penal em geral) "shall prejudice any power of a court to exclude evidence at its discretion." ["prejudicará o poder da Corte para excluir evidência à sua discricionariedade"]. Os antecedentes históricos mostram que se quis ampliar a discricionariedade da Corte em comparação com o *common law* tradicional (cf. ZANDER, *supra*, nota 157, p. 363-364; pouco claro ARCHBOLD, *Criminal Pleading, Evidence and Practice* (*Richardson*, P.J. *et alii* (eds.)), London, Sweet & Maxwell, 2007, § 15-453. Criticamente sobre o conceito de discricionariedade judicial neste contexto ROBERTS/ZUCKERMAN, *supra*, nota 14, p. 96, aqueles que concedem, contudo, em sua análise concreta da seção 78 que "is no feasible substitute for trial judges' good faith judgement

excluir uma prova que seja, segundo a regra tradicional do *common law*, admissível em princípio, mas que *in casu* seria contrária a um julgamento justo,[173] em particular se ela "foi obtida de uma forma indigna para os valores civilizados".[174] Ainda que o argumento do julgamento justo tenha sido reforçado com a Lei dos direitos humanos, ele está intimamente relacionado com a ideia de preservar a *integridade moral* do procedimento penal e evitar o *abuso do processo.*[175] Esta última doutrina proíbe "o exercício arbitrário, opressivo ou abusivo do poder estatal", em particular o de "receber a prova em um procedimento em curso, caso isso se dê incentivando ou premiando o cometimento de tais ilícitos por um agente do Estado".[176] Contudo, ainda que a seção 78 tenha se "convertido em um bastião primário da lealdade e da integridade moral no processo penal inglês",[177] a regra limita-se à prova da acusação[178] e a jurisprudência proporciona poucas orientações quanto a sua aplicação concreta, excetuando a exigência de uma violação da dita regra de forma significativa e substancial.[179] É controvertido se a seção 78 é aplicável à prova

---

in the exercise of their discretion ..." [não há um "substituto possível para o juízo de boa-fé dos juízes no exercício de sua discricionariedade ..."] (p. 174).

[173] Ver *Halawa vs. F.A.C.T.* [1995] 1 Cr.App.R. 21, 33.

[174] *Regina vs. Govern of Brixton Prison*, ex p. Levin [1997] AC 741, 748, HL ["has been obtained in a way which outrages civilised values."].

[175] Sobre essa doutrina ver também *idem* p. 179; Pattenden, nota *supra* 40, p. 30 ss.

[176] Ver *A and others, EWCA, supra*, nota 98, par. 248 ["the exercise of State power in an arbitrary, oppressive or abusive manner"], ["receive evidence in ongoing proceedings, if to do so would lend aid or reward to the perpetration of any such wrongdoing by an agency of the State"]; Roberts/Zuckerman, *supra*, nota 14, p. 179.

[177] Roberts/Zuckerman, nota *supra* 14, p. 180 ["moulded into a primary bulwark of fairness and moral integrity in English criminal proceedings"].

[178] Isso se segue da formulação: "... evidence on which the prosecution proposes to rely to be given ..." ["prova que a autoridade de persecução propõe que seja levada em conta"], ver também *Pattenden*, nota *supra* 40, p. 39.

[179] Para uma análise critica e rigorosa ver Roberts/Zuckerman, nota *supra* 14, p. 160 ss. (p. 164: "judicial task of developing an admissibility regime ... remains an unfinished project ..." ["a tarefa judicial de desenvolver um regime de admissibilidade... segue sendo um projeto inclusivo"]; p. 174: "little or no concrete guidance for trial judges ..." ["pouca ou nenhuma orientação concreta para os juízos de mérito ..."] da parte da Corte de Apelação); ver também Zander, *supra*, nota 157, p. 367 ss. (p. 367: "on a case-by-case basis, without

(transnacional) obtida mediante tortura sem intervenção de autoridades britânicas. Ainda que o uso da tortura fosse considerado, com segurança, como uma violação à regra significativa e substancial, questão diversa traduz-se na indagação se isso também tornaria inadmissível a prova obtida mediante tortura por parte de autoridades estrangeiras. A Corte de Apelações no caso *A and others* afastou o uso da tortura,[180] sendo que Lord Bringham argumentou que a doutrina do abuso de processo também é aplicável se a prova fundamental do caso for moralmente inaceitável.[181] Lord Nicholls invocou a condenação universal e a repugnância da tortura para justificar a exclusão do processo da prova assim obtida. Ele faz distinção, ainda, entre o uso preventivo da tortura pela polícia para evitar a explosão de uma "bomba relógio ativada"[182] e o uso repressivo (mediante tortura) da prova para se alcançar a condenação do acusado. Enquanto a primeira utilização é viável e pode ser considerado correta, a última não pode ser admitida.[183] A distinção entre tortura preventiva e tortura repressiva é, com efeito, importante, e nos recorda a controver-

---

any clearly articulated theory." ["com base no caso concreto, sem uma teoria claramente articulada"]; p. 378: "no general guidelines" ["sem pautas gerais"]); MAY/POWLES, nota *supra* 142, p. 293 ss. (p. 301: "no hard and fast rules" ["sem regras resistentes e rápidas"]); mas também ARCHBOLD, nota *supra* 172, acenando, por um lado, que o "precise scope [is] ... unclear" ["alvance exato ... não [é] claro"] (§ 15-453), por outro lado, que há uma "substantial guidance" ["orientação substancial"] pela jurisprudência (§ 15-455) e, novamente, que "no general guidance" [não há "nenhuma orientação geral"] (§ 14-457).

180 Ver *A and others*, EWCA, *supra*, nota 98, par. 137, 252, 253: "given that the specific rule against involuntary confessions is not engaged (we are not dealing with tortured defendants), the general rule – evidence is admissible if it is relevant, and the court is not generally concerned with its provenance – applies" ["visto que não está comprometida a regra específica contra confissões não voluntárias (não estamos tratando de acusados torturados), é aplicável a regra geral – a prova é admissível se é relevante e se a Corte não está em geral envolvida com sua proveniência"]. É interessante destacar que nenhum dos *Law Lords* (juízes da Câmara dos Lords) sustentou essa posição em *A and others*, HL, nota *supra* 82.

181 Ver *A and others*, *HL*, *supra*, nota 82, par. 19 (Lord Bingham) ["if the foundation for the case would be morally unacceptable"].

182 ["a ticking bomb"].

183 Ver *A and others*, HL, *supra*, nota 82, par. 67 ss. (Lord Nicholls); A favor da flexibilidade e uma ponderação similar, sem distinguir, contudo, entre tortura preventiva e repressiva PATTENDEN, *supra*, nota 40, p. 32 ss.; pela admissibi-

tida discussão quanto à punibilidade do torturador (preventivo) nos casos de uma bomba a ponto de explodir, nos quais era indiscutível que tal evidência não poderia ser usada em um processo penal.[184] Em síntese, a prova transnacional somente pode ser admitida se no Estado estrangeiro foram respeitadas as regras de procedimento.[185] Este não é o caso quando a prova foi obtida mediante tortura. A admissão da dita evidência se caraterizaria sempre como uma lesão ao direito, independentemente de sua proveniência ou origem, atingindo a integridade do processo e se constituiria em um abuso de processo ou tornaria o processo injusto.

### III. Segunda conclusão intermediária a respeito da prova transnacional obtida por meio de tortura

Tanto o direito internacional aplicável (vide tópico supra I.) como o direito nacional da Alemanha e Grã-Bretanha (II.) indicam que a proibição do uso de prova obtida mediante tortura é "taxativa" e que, como tal, se estende também à prova transnacional obtida por autoridades estrangeiras mediante submissão de tortura, ainda que as autoridades nacionais não estejam envolvidas de nenhuma forma (outra – segunda – situação, vide introdução e B *in fine).* A regra de exclusão respectiva também é aplicável, *a fortiori,* à primeira situação acima descrita, na qual um Estado colhe tal prova ativamente, ou ao menos, estando envolvido, de alguma forma, em sua produção. Qualquer outra conclusão deixaria expostas as provas aos *standards* de contaminação e prejudicaria a natureza absoluta da proibição da tortura.

No que se refere à primeira situação, ou seja à coleta através de um Estado proativo, temos ainda um argumento adicional a favor da regra de exclusão: de acordo com o art. 3 da CEDH (o art. 7 PIDCP), um Estado-parte está obrigado a abster-se de qualquer ato que possa expor pessoas sob sua jurisdição a tortura; em particular, está neste dispositivo estabelecido que uma pessoa não deve ser extraditada a um Estado onde corra o risco de ser torturada.[186] O Estado que recebe a solicitação

---

lidade no caso de uma bomba a ponto de explodir também Roberts/Zuckerman, nota *supra* 14, p. 153.

184 Ver Ambos, nota *supra* 1, p. 263 com nota 6.

185 Cf. May/Powles, nota *supra* 142, p. 300.

186 Ver por exemplo *Soering vs. United Kingdom*, Eur. Ct. H.R., Application n. 14038/88, par. 111 (7 de julho de 1989); mais recentemente também Tribunal

de extradição (Estado requerido) é considerado nesta situação responsável pela violação do art. 3 da CEDH, em razão da mera possibilidade de violação ao dispositivo no Estado requerente, mesmo que esta não tenha sido a sua intenção. Uma situação ainda pior existe no caso de extradição a um Estado torturador: o Estado que entrega a pessoa acaba sendo responsável, pois torna possível a tortura no Estado receptor e inclusive se propõe a fazê-lo.[187] Este Estado agiu, portanto, com plena "jurisdição" no sentido do art. 1 da CEDH sobre a pessoa entregue.[188] De maneira semelhante, se o Estado que recebe a prova esteve envolvido na produção da prova (ilegal), torna seu subsequente uso em um abuso de direito no processo.[189]

## D. O ÔNUS E O STANDARD DA PROVA

Ainda que as considerações precedentes tenham levado à conclusão de que a tortura, abstraindo-se dos problemas acerca de sua definição,[190] tenha sido efetivamente aplicada, na prática muitas vezes isso é desconhecido e, em consequência, surge a questão acerca de a quem incumbe ou corresponde o ônus da prova e qual *standard* de prova há de ser aplicado, ou seja, qual a natureza dessa prova.

De forma geral, *o ônus da prova* somente pode ser distribuído entre as diferentes partes em um tipo de procedimento que deixa a responsabilidade da produção e apresentação da prova nas mãos das partes. No dito sistema adversarial, como o inglês, o ônus da prova quanto à culpabilidade corresponde normalmente ao Ministério Público, mas quanto a outros elementos de prova, é princípio geral do *common law*, que incumbe à parte que invocar a prova o ônus de provar.[191] Pelo contrário, em um

---

Estadual de Thüringen, Thür. OLG Ausl 7-06 v. 25.1.2007, en *StV,* 2008, p. 650.

187 Ver também THIENEL, nota *supra* 3, p. 366.

188 ["jurisdiction"]; Ver *supra*, nota 156 y THIENEL, nota *supra* 3, p. 366-367.

189 Cf. MAY/POWLES, nota *supra* 142, p. 300. Sobre os paralelos com as extradições jurídicas com idêntico resultado, cf. também TALMON, nota *supra* 138, p. 93 s.

190 Sobre isso, com ulteriores referências AMBOS, *supra*, nota 1, p. 265 ss.

191 Cf. MAY/POWLES, *supra*, nota 142, § 04-35 ("The burden of establishing the conditions of admissibility of other evidence will fall on whichever side is seeking to adduce it." ["O ônus de estabelecer as condições de admissibilidade de outra prova recairá sobre a parte que busca argui-la"]); SEABROOKE, S./

sistema do tipo inquisitivo ou dirigido por um juiz, como o alemão, sempre é o Estado (o Ministério Público ou o juiz), e não as partes, quem deverá se indagar sobre o assunto, ou seja, o ônus é estatal. Se bem que o acusado pode propor uma prova relevante, mesmo que o tribunal não dependa desta atividade da parte. O juiz está obrigado a investigar os fatos *ex officio* (ver o § 244 (2) OPP), estendendo a recepção da prova a todos os fatos relevantes para o caso.[192]

Quanto à prova (transnacional) obtida sob tortura é discutível se o enfoque ordinário acima descrito seria apropriado. Em um procedimento adversarial, isso significa que o acusado teria que provar a aplicação da tortura, visto que a ele interessa aduzir este argumento para anular a evidência produzida pelo Estado; em um procedimento inquisitivo, o tribunal deve investigar o assunto, mas o risco de que possa ou não ser provado é suportado pelo acusado e, assim, a parte pode agir para evitar este risco.[193] Destarte, no caso Motassadeq, o Tribunal Superior estadual de Hamburgo não entendeu provado que as declarações de três testemunhas, cujos depoimentos foram remetidos por autoridades norte-americanas, haviam sido obtidas mediante tortura e, em consequência, foram admitidas como evidência.[194] Nenhum destes enfoques é apropriado por razões práticas e considerações relacionadas com o princípio do julgamento justo. Em termos práticos, é difícil para o acusado provar o uso da tortura se ele não foi vítima de tal prática e consequentemente não tem ou conserva sinais físicos para demonstrá-la. Em quase todos os casos de possível tortura de uma testemunha, o acusado não tem condições de apresentar ao Tribunal fatos confiáveis para demonstrar e provar

---

Sprack, J., *Criminal Evidence & Procedure*, London, Blackstone, 2.ed. 2004, p. 14 ("In general the burden of proof in the 'voir dire' will be upon the party who asserts that the evidence should be admitted." ["Em geral, o ônus da prova no 'voir dire' recairá sobre a parte que afirma que a prova deve ser admitida"]); Roberts/Zuckerman, *supra*, nota 14, p. 331. [*N. do T.:* no direito norte-americano chama-se "voir dire" o procedimento pelo qual as partes discutem a composição do júri e questionam eventualmente sua imparcialidade].

192 BGH, decisión del 4 de abril de 1951, en BGHSt 1, p. 94, p. 96; BGH, decisión del 17 de octubre de 1983, en BGHSt 32, p. 115, p. 122 = *NJW*, 1984, n. 37, p. 247 ss., p. 248.

193 BGH, decisión del 28 de junho de 1961, en BGHSt 16, p. 164, p. 167 = *NJW* 1979, 1980 (1961), n. 14; Meyer-Gossner, *supra*, nota 150, § 136 a n. 32.

194 OLG Hamburg, *El Motassadeq*, nota *supra* 85, p. 2326, 2328.

a tortura.[195] Portanto, do acusado não se pode esperar que "exponha alguma razão plausível (...) para justificar que a prova provenha, ou que seja provável que tenha vindo de um daqueles países que amplamente se sabe ou se acredita ser praticante de tortura".[196] Com efeito, a seção 78 PACE permite a Corte excluir a prova caso entenda necessário e, para tanto, seria suficiente que a defesa levantasse a questão.[197] Com isso, o ônus da prova se transfere para a parte que apresenta a prova que supostamente tenha sido obtida mediante tortura, e esta parte, normalmente, é o Estado, e, assim, é este que deve provar que não foi aplicada tortura ou que não tem um "risco real" de que ocorreu.[198] Isso está em conformidade com a interpretação feita pelo Comitê contra a Tortura do art. 15 CT-ONU, segundo a qual se pressupõe um dever positivo do Estado de examinar se as declarações levadas a seus tribunais tenham sido feitas

---

[195] *A and others*, HL, *supra*, nota 82, par. 55 (Lord Bingham), par. 116 (Lord Hope). Pelas mesmas razões, Nigel Rodley, Relator Especial sobre a Tortura na ONU, recomendou que no se pode exigir do detido uma "conclusive proof of physical torture" ["prova contundente e decisiva de tortura física"], em *Report of Visit to Turkey*, U.N. Doc. E/CN. 4/1999/61/Add. 1 (1999), par. 113 (e)) disponível na internet <http://daccessdds.un.org/doc/UNDOC/GEN/G99/104/37/PDF/G9910437.pdf?OpenElement> (consultado pela última vez em 26 de fevereiro de 2008); similar Nowak/Mc Arthur, nota *supra* n. 97, n. 81.

[196] *A and others*, HL, *supra*, nota 82, par. 56 (Lord Bingham) ["advance some plausible reason (...) that evidence has, or is likely to have, come from one of those countries widely known or believed to practice torture"]; também par. 116 (Lord Hope): "All he can reasonably be expected to do is to raise the issue (...)" ["Tudo o que razoavelmente pode se esperar que ele faça é que levante a questão (...)"]. Conc. Nowak/McArthur, *supra*, nota 97, n. 84. Criticamente em relação ao art. 6 (1) CEDH Thienel, nota *supra* 92, p. 407.

[197] Cf. May/Powles, nota *supra* 142, p. 308.

[198] *A and others, HL*, nota *supra* 82, par. 56 (Lord Bingham); no mesmo sentido par. 80 (Lord Nicholls), par. 98 (Lord Hoffmann); também conc. Nowak/McArthur, *supra*, nota 97, n. 82, 84. Para outro ponto de vista cf. Zander, nota *supra* 157, p. 380-381 segundo o qual a diferença tem que "to persuade the court that there is a serious issue as to unfairness ..." ["convencer a Corte de que há uma grave questão de injustiça [processual] ..."] e que, em sintese, se chega "remarkably close" ["incrivelmente perto"] do ônus da prova que recai sobre a defesa. De forma similar Archbold, nota *supra* 172, § 15-462: "evidential burden (...) that there is an issue to be decided (...) will rest on the defence" ["ônus probatório (...) que há uma questão a decidir (...) e recairá sobre a defesa"].

sob tortura.[199] Em um sistema inquisitivo, a mesma solução poderia ser alcançada mediante uma aplicação analógica do princípio do *in dubio pro reo*, normalmente aplicável somente em relação a fatos relativos à culpabilidade do acusado,[200] ao caso de produção de prova mediante tortura ou por métodos comparáveis.[201] Assim, como ocorreu no caso Motassadeq, se o uso da tortura não lograr ser provado, a dúvida se opera a favor do acusado, quer dizer, deve-se supor que a prova controvertida foi produzida sob tortura e, por consequência, não poderia ser admitida. Por sua vez, a prova somente pode ser admitida se o uso da tortura for definitivamente refutado.[202] Neste sentido já decidiu o BGH, ou seja, que em caso de faltar elementos probatórios suficientes e confiáveis para o êxito da instrução, as correspondentes manifestações do acusado suspeitas de serem obtidas mediante tortura não podem ser valoradas.[203] O BGH, assim, implicitamente, e em favor do acusado, parte do pressuposto de verdadeira falta de uma instrução, quando não for seguro que possa ser produzida a prova de forma a convencer o Tribunal responsável pelo julgamento.

Essas considerações evidenciam que a questão do ônus da prova está relacionada com o standard ou qualidade da prova. Enquanto que em um sistema adversarial deve se exigir desde o início uma inversão do ônus da prova, em um sistema inquisitivo a questão não se embasa meramente no ônus, mas sim na aferição sobre a qualidade ou standard da prova, visto que o ônus recai de qualquer maneira sobre o Estado (tribunal). A questão crucial, então, é saber o que se faz necessário de ser demonstrado para se excluir a prova: é suficiente que haja um risco real ou basta alta probabilidade de que a tortura foi aplicada, ou, ainda, esta deve ser

---

[199] *P.E. vs. France*, Complaint n. 193/2001, UN Doc. A/58/44, p. 150 (par. 6.3.); *G.K. vs. Switzerland*, Complaint. n. 219/2002, *ibidem*, p. 185 (par. 6.10); disto Thienel, nota *supra* 3, p. 355 deriva que o art. 15 reduce "any burden of proof on persons other than the state to an evidentiary burden only of triggering the positive obligation of the state" ["todo ônus da prova sobre pessoas diversas ou alheias ao Estado deve somente provocar a obrigação probatória positiva do Estado"].

[200] BGH, decisão de 28 de junho de 1961, nota *supra* 193, p. 166 = 1980.

[201] Ver por exemplo Volk, nota *supra* 157, § 18, n. 22 no caso do § 136 a OPP; e de acordo com nosso contexto, vide, também, Talmon, nota *supra* 138, p. 84..

[202] Para a inversão do ônus da prova que ali se apresenta cf. também Jahn, nota *supra* 4, C 109; e Talmon, nota *supra* 138, p. 84.

[203] BGH NStZ-Rechtsprechungsreport Strafrecht 2007, p. 80 ss., p. 81.

provada plenamente? Enquanto a Câmara dos Lordes seguiu a primeira posição, que é a mais flexível, no caso *A and others* (a minoria[204] optou por um "risco real", e principalmente[205] por uma "alta probabilidade"), o Oberlandesgericht de Hamburgo[206] seguiu a última posição, que é a mais restrita. Esta posição parece encontrar uma sustentação no art. 15 da CT-ONU que se refere a uma declaração "que se demonstre que tenha sido obtida através de tortura",[207] ou seja, a utilização da tortura deve ser efetivamente "demonstrada". Contudo, outra vez aqui se coloca a questão sobre se um standard restrito desse tipo é apropriado à luz das dificuldades em provar com certeza o uso de tortura por parte de um Estado estrangeiro. Este Estado dificilmente cooperará no esclarecimento desses fatos[208] e sem sua cooperação é difícil encontrar prova segura para provar a tortura. Além disso, o risco real ou ainda a probabilidade de que a prova tenha sido obtida mediante tortura é suficiente para contaminar a prova ou evidência e assim desacreditar o procedimento. Finalmente, para um verdadeiro Estado de Direito o risco real, ou seja, a possibilidade de que tenha sido utilizada prova obtida mediante tortura deve ser suficiente

---

204 Nota *supra* 199 e texto principal.

205 Ver *A and others*, *HL*, nota *supra* 82, par. 120 ss., 121 (*Lord Hope*): "Is it *established*, by means of such diligent inquiries into the sources that it is practicable to carry out and on a balance of probabilities, that the information relied on by the Secretary of State *was* obtained under torture?" ["Está *estabelecido* por meio das diligentes investigações que é factível se extrair das fontes e com base em uma ponderação de probabilidades, que a informação invocada pelo Secretário de Estado *foi* obtida sob tortura?"] (destaque no original); ver também *ibidem*, par. 138 ss. (Lord Rodger), par. 156 ss. (Lord Carswell), par. 172 ss. (Lord Brown).

206 O *Oberlandesgericht* de Hamburgo exigiu a plena prova da tortura e considerou que as dúvidas existentes sobre as circunstâncias do interrogatório relacionam-se ao valor probatório e não à admissibilidade das declarações (OLG Hamburg, *El Motassadeq*, *supra*, nota 85, p. 2326, 2328); crít. GLESS, *supra*, nota 153, § 136a n. 79 com nota 351. Do mesmo modo a Decisão n. 11 c) da Seção Penal do 67. *DJT* ("Die ein Beweisverwertungsverbot begründenden Umstände bedürfen des vollen Nachweises im Einzelfall". ["As circunstâncias que se fundam em uma proibição de valoração probatória devem ser plenamente comprovadas no caso concreto."]).

207 Grifo do autor.

208 Cfr. Também JAHN, nota *supra* 4, C 109 (Prova "praktisch unmöglich" ["praticamente impossível"]); assim como TALMON, nota *supra* 138, p. 84.

para tornar insustentável o processo.[209] Por todas essas razões, deve se considerar suficiente o standard ou a exigência de um risco real, sério.[210]

## CONCLUSÃO FINAL: INADMISSIBILIDADE DE ADMISSÃO DA PROVA "TRANSNACIONAL" OBTIDA MEDIANTE TORTURA

A análise do direito dos tribunais penais internacionais mostrou que a prova (supranacional) obtida mediante tortura não deve ser admitida, visto que tal prova não é confiável e prejudica a integridade do processo (B. III.). O mesmo vale para a admissão diante dos tribunais nacionais da prova (transnacional) obtida mediante tortura (C. III.). A regra de exclusão do art. 15 CT-ONU confirma este ponto de vista. A *ratio* desta regra é a não confiabilidade geral da prova obtida mediante tortura, seu caráter lesivo aos valores civilizados e seu efeito degradante sobre a administração da justiça.[211] Dada a desvantagem da defesa no processo penal, a responsabilidade de provar deve recair sobre a parte que quer apresentar a prova controvertida, ou seja, o Estado. Segundo considerações práticas e fundamentais baseadas no princípio do julgamento justo (justo processo) tal prova ou evidência não deve ser admitida caso haja um risco real e contundente de que tenha sido obtida mediante tortura (D.).

---

[209] Em relação a esse argumento e em relação ao art. 6 (1) CEDH ver também Thienel, nota *supra* 92, p. 408-409. Sobre as presunções de fato do TEDH cfr. Esser, nota *supra* 97, p. 660.

[210] Chegando ao mesmo resultado Thienel, nota *supra* 92, p. 409; Nowak/McArthur, nota *supra* 97, Art. 15 n. 84. Ver também Jahn, nota *supra* 4, C 109 com fundamentação no direito constitucional.

[211] Ver a posição das correntes citadas em *A and Others*, HL, nota *supra* 82, par. 28 (6) (Lord Bingham).

KAI AMBOS

Catedrático de Direito Penal, Direito Processual Penal, Direito Comparado e Direito Penal Internacional.

Diretor do Departamento de Direito Penal Internacional e Estrangeiro e do Centro de Estudos de Direito Penal e Processual Penal Latino-americano (CEDPAL) do Instituto de Ciências Criminais da Georg-August-Universität Göttingen.

Juiz no Tribunal Estadual de Göttingen, Alemanha.

## Tradutores

ALEXEY CHOI CARUNCHO – Doutorando em Ciências Jurídicas e Políticas pela Universidad Pablo de Olavide, Espanha; Mestre em Criminologia e Ciências Forenses pela mesma Instituição e em Ciências Sociais Aplicadas pela Universidade Estadual de Ponta Grossa. Promotor de Justiça no Ministério Público do Estado do Paraná.

DIEGO REIS – Bacharel e Mestre em Direito Público pela Universidade Federal de Pernambuco (UFPE), Doutorando pela Georg-August Universität Göttingen (Alemanha), Promotor de Justiça do Estado de Pernambuco.

MARGARETH VETIS ZAGANELLI – Professora da Universidade Federal do Espírito Santo (UFES).

ORLINDO BORGES JUNIOR – Professor aposentado da Universidade Federal do Espírito Santos (UFES). Advogado.

PABLO RODRIGO ALFLEN – Professor Adjunto do Departamento de Ciências Penais, da Universidade Federal do Rio Grande do Sul (UFRGS), Doutor em Ciências Criminais pela PUCRS. Pesquisador Visitante na Georg-August Universität Göttingen (2015/1).

RAQUEL LIMA SCALCON – Doutoranda em Direito pela Universidade Federal do Rio Grande do Sul (UFRGS), Pesquisadora Visitante na Georg-August Universität, Göttingen, Alemanha (2014/1) e Mestre em Ciências Criminais pela PUCRS.

*Impressão e acabamento*
Psi7 | Book7